ASSEX Vorbereitungslehrgang zum Assessorexamen

Examensklausuren
Strafrecht I
Anklageschrift
und Einstellungsverfügung
Band 1

Prof. Günter Solbach
Leitender Oberstaatsanwalt
Aachen

5. Auflage 1990

D1697195

Lange Verlag · Düsseldorf

ISBN 3-926702-27-3

Vorwort

Dem nach Erscheinen des in der Reihe ASSEX verlegten Bandes "Anklageschrift, Einstellungsverfügung, Dezernat und Plädoyer", von dem jetzt die
8. überarbeitete und erweiterte Auflage vorliegt, vielfach an mich heran-
getragenen Wunsch, Texte strafrechtlicher Assessorklausuren mit Hinweisen
und Musterlösungen zu veröffentlichen, bin ich 1979 nachgekommen. Auch
dieser - für die Vorbereitung auf das schriftliche Assessorexamen wichti-
ge - Band hat so zahlreiche Abnehmer gefunden, daß nunmehr die 5. Auflage
erscheinen kann, die wiederum ergänzt worden ist. Der Band enthält ausschließlich Klausuren mit der Aufgabe, den Sachverhalt zu begutachten und
die Entschließung der Staatsanwaltschaft nach dem Abschluß der Ermittlungen
zu entwerfen. Im Assessorexamen sind seit geraumer Zeit zunehmend auch
andere strafverfahrensrechtliche Entscheidungen wie Beschlüsse und Urteile
sowie Anträge und Begründungen (z.B. Klageerzwingungsantrag und Revisions-
begründung) Gegenstand der Aufgabe. Mit diesen Klausuren befassen sich die
Klausurenbände II, Band 1 und 2.

Den sechs exemplarischen Klausuren sind Hinweise zu Inhalt und Aufbau des
strafrechtlichen Gutachtens, zu typischen Fehlerquellen sowie das Muster
einer Aufbaustruktur vorangestellt. Die Lösungsbeispiele mit Gutachten und
staatsanwaltschaftlicher Abschlußverfügung entsprechen in Inhalt und Aufbau
unter Examensbedingungen geschriebenen Klausuren. Wo Hinweise auf Methodik
und zur Vertiefung der behandelten Problematik angebracht schienen, sind
sie in Anmerkungen zusammengefaßt worden. Die Gutachten sind allerdings aus
didaktischen Gründen ausführlicher gefaßt worden, als dies unter Examensbedingungen möglich ist. Die Abschlußentscheidungen sind in der in Nordrhein-Westfalen üblichen Form, die Anklageschriften der Klausuren 1 und 2
zusätzlich in der in Baden-Württemberg bzw. in Bayern üblichen Art gefaßt.
Die Unterschiede, die im ASSEX-Band "Anklageschrift, Einstellungsverfügung,
Dezernat und Plädoyer" näher erläutert werden, sind vornehmlich formaler
Art.

Herrn Oberamtsanwalt Wassenhoven aus Aachen gebührt Dank für seine Hilfe
bei der Zusammenstellung der Aufgaben, Herrn Staatsanwalt H.M. Thiele aus
Osnabrück für seine kritische Durchsicht.

Prof. Günter Solbach

Inhaltsverzeichnis

A. Hinweise zur Anfertigung der strafrechtlichen Assessorklausur 1

    I.   Aufgabe des Gutachtens 1

    II. Sachverhaltsfeststellung 4

    III. Aufbau des Gutachtens 6

    IV. Hinweise für die Darlegungen 12

    V.   Möglichkeiten der Entscheidung 14

    VI. Musteraufbau 16

    VII. Besonderheiten in Süddeutschland 18

B. Klausuren und Lösungen 21

Klausur Nr. 1

(Gewildertes Kaninchen)

Aufgabe 22

Gutachten 31

Anklageschrift (Nordrhein-Westfalen) 39

Begleitverfügung 41

Anklageschrift (Baden-Württemberg) 42

Anmerkungen 44

Klausur Nr. 2

(Verkauf einer Enthaarungsmaschine)

Aufgabe 48

Gutachten 60

Anklageschrift (Nordrhein-Westfalen) 65

Begleitverfügung 67

Anklageschrift (Bayern) 67

Anmerkungen 69

Klausur Nr. 3

(Bestochener Polizeibeamter)

Aufgabe 72

Gutachten 81

Anklageschrift 88

Begleitverfügung 90

Anmerkungen 92

Klausur Nr. 4

(Raub an der Müllkippe)

Aufgabe 96

Gutachten 106

Anklageschrift 113

Begleitverfügung 115

Anmerkungen 116

Klausur Nr. 5

("Gefundener" Blankoscheck)

Aufgabe 120
Gutachten 130
Anklageschrift 137
Begleitverfügung 138
Anmerkungen 138

Klausur Nr. 6

(Kampf um den Parkplatz)

Aufgabe 142
Gutachten 157
Anklageschrift 164
Begleitverfügung 166
Anmerkungen 167

Sachverzeichnis 170

Literaturverzeichnis

Arndt, Juristische Ausbildung, 3. Aufl. 1972

Arzt, Die Strafrechtsklausur, 4. Aufl. 1984

Dreher/Tröndle, Strafgesetzbuch, 44. Aufl. 1989

Dubro, Assessorklausur, 2. Aufl. 1967

Göhler, Ordnungswidrigkeitengesetz, 8. Aufl. 1987

v. Hippel, Einführung in die Rechtstheorie, 2. Aufl. 1947

Juristische Arbeitsblätter, JA-Sonderheft für Referendare, 2. Aufl. 1984

Karlsruher Kommentar, Strafprozeßordnung, Gerichtsverfassungsgesetz,
     2. Aufl. 1987

Kern, Anleitung zur Bearbeitung von Strafrechtsfällen, 7. Aufl. 1970

Kienapfel, Strafrechtsfälle, 9. Aufl. 1989

Kleinknecht/Meyer, Strafprozeßordnung, 39. Aufl. 1989

Leipziger Kommentar, Strafgesetzbuch, 10. Aufl. 1978 ff.

Löwe/Rosenberg, Die Strafprozeßordnung und das Gerichtsverfassungsgesetz,
     24. Aufl. 1984 ff.

Maurach/Gössel, Strafrecht mit Anleitungen zur Fallbehandlung und zur
     Subsumtion für Studenten und Referendare, 4. Aufl. 1983

Roxin/Schünemann/Haffke, Strafrechtliche Klausurenlehre mit Fallrepetito-
     rium, 4. Aufl. 1982

Sattelmacher/Sirp, Bericht, Gutachten und Urteil, 31. Aufl. 1989

Schneider, Strafrechtliche Klausuren und Hausarbeiten, 3. Aufl. 1967,
     Nachdruck 1971

Schönfelder, Strafprozeßrecht (ASSEX), 3. Aufl. 1989

Schönke/Schröder, Strafgesetzbuch, 23. Aufl. 1988

Schramm, Klausurentechnik, 7. Aufl. 1986

Schweichel/Schmidt, Die strafrechtliche Klausur im Assessorexamen, 1967

Solbach, Anklageschrift, Einstellungsverfügung, Dezernat und Plädoyer
     (ASSEX), 8. Aufl. 1990

Solbach/Wunderlich, Examensklausuren Strafrecht I - Anklageschrift und
     Einstellungsverfügung, Band 2 (ASSEX), 1989

Welzel, Das deutsche Strafrecht, 11. Aufl. 1969

A. Hinweise zur Anfertigung der strafrechtlichen Assessorklausur

I. Aufgabe des Gutachtens

Die strafrechtlichen Gutachten, die Studenten während des Studiums und die Referendare während der praktischen Ausbildung anzufertigen haben, dienen unterschiedlichen Zwecken. Mit den ersteren sollen strafrechtliche Fragen, die ein vorgegebener und festgelegter Sachverhalt aufwerfen kann, beantwortet werden. Die Fragestellung lautet in der Regel: " W i e h a b e n s i c h d i e B e t e i l i g t e n s t r a f b a r g e - m a c h t ? " Dabei wird traditionsgemäß eine umfassende Erörterung der Rechtslage gewünscht. Die in der praktischen Ausbildung zu erstattenden Gutachten sollen eine bestimmte strafverfahrensrechtliche Entscheidung vorbereiten: Es geht um die Entschließung der Staatsanwaltschaft, ob das Verfahren einzustellen (§ 170 Abs. 2 StPO) oder ob Anklage zu erheben ist (§ 170 Abs. 1 StPO). Die Aufgabenstellung lautet: " D a s E r g e b - n i s d e r E r m i t t l u n g e n i s t z u b e g u t a c h - t e n u n d d i e A b s c h l u ß e n t s c h e i d u n g d e r S t a a t s a n w a l t s c h a f t z u e n t w e r f e n . " Diese verschiedenen Zwecke bedingen unterschiedliche Arbeitsmethoden.

Der Student braucht sich mit der Sachverhaltsfeststellung, also mit der Beweiswürdigung, nicht zu beschäftigen. Er soll aber nicht (so verlangt es m.E. die Aufgabenstellung: vgl. Welzel, S. 560, Kienapfel, S. 18, 130, 138, Kern, S. 19 ff., Maurach/Gössel, S. 16 f.) die Erörterung vorrangiger Deliktsmerkmale, also etwa der Tatbestandsmäßigkeit der Täterhandlung, unterlassen, weil Strafbarkeit wegen Fehlens eines nachrangigen Deliktsmerkmals, z.B. des Vorsatzes wegen Irrtums gem. § 16 Abs. 1 StGB, nicht gegeben ist. Wie Studenten ihr Gutachten aufzubauen haben, ist in vielen Punkten streitig (vgl. Arzt, S. 99 ff., Schneider, S. 10, Geerds DRiZ 63, 429, Schramm, S. 55 ff., Lampe JuS 67, 568 ff., Roxin/Schünemann/Haffke, S. 11 ff.). Je mehr Wert auf eine an der Praxis ausgerichtete Ausbildung gelegt wird, desto weiter rückt das Gutachten vom alles erörternden Rechtsgutachten zur rationell erarbeiteten und dargestellten Entscheidungshilfe hin. Die für die Anfertigung des strafrechtlichen Gutachtens im ersten juristischen Staatsexamen erteilten Ratschläge können - auch soweit sich ihre Verfasser bemühen, einen praxisnahen, überflüssige Arbeit vermeidenden Aufbau zu empfehlen (vgl. z.B. Arzt, S. 117 ff., Schneider, S. 10, Schramm, S. 61 ff.) - nicht ohne weiteres für die strafrechtliche Klausur im Assessorexamen übernommen werden. Die Anleitungen zum Aufbau dieser Arbeit (Solbach DRiZ 74, 288, Schweichel/Schmidt, S. 51 ff., Dubro, S. 49 ff.) sind spärlich und lassen den Referendar zum Teil auch bei vielen Fragen im Stich. Die älteren Abhandlungen sind durch praxisnähere Darlegungen zum Aufbau einer strafrechtlichen Arbeit während des Studiums überholt (so Schweichel/Schmidt, S. 51 ff. durch Arzt, S. 117 ff.), zum Teil begegnen die Empfehlungen - auch in der Begründung - durchgreifenden Bedenken.

Aufgabe des vom Referendar zu erstattenden Gutachtens ist es, seine Entscheidung, die er - allein - als Staatsanwalt treffen würde, zu begründen: Das Gutachten ist nicht Beratungsgegenstand eines Kollegiums. A l l e n i c h t e n t s c h e i d u n g s e r h e b l i c h e n E r ö r t e - r u n g e n h a b e n z u u n t e r b l e i b e n ; das gilt für Rechtsfragen wie für die Sachverhaltsfeststellung. Sowohl die Entschließung darüber, ob hinreichender Verdacht hinsichtlich der dem Beschuldigten vorgeworfenen Handlungen gegeben ist, als auch die Entscheidung von Rechtsfragen dürfen allerdings im strafrechtlichen Gutachten für das Examen (also entgegen der praktischen Handhabung) nicht durch die Anwendung verfahrensrechtlicher Normen umgangen werden. In der nach dem Gutachten zu fertigenden staatsanwaltschaftlichen Abschlußverfügung kann die Entscheidung auch auf diese Vorschriften gestützt werden. Eine Einstellung nach §§ 153 ff. StPO sowie eine Verweisung auf den Weg der Privatklage darf also nur erfolgen, wenn zuvor die gutachtlichen Erwägungen abgeschlossen sind. Anders ist es bei der praktischen Dezernatsarbeit des Staatsanwalts, etwa bei einer Einstellung gem. § 153 StPO; hier ergibt sich schon aus dem Gesetzestext ("wäre"), daß eine Sachverhaltsfeststellung nicht in vollem Umfang erforderlich ist, während bei der Anwendung von § 153 a StPO ein hinreichender Verdacht festzustellen ist (vgl. Kleinknecht/Meyer § 153 Rdnr. 3 u. § 153 a Rdnr. 7).

> **Fehlerquelle:**
>
> Häufig wird die erforderliche gutachtliche Prüfung mit dem Hinweis darauf unterlassen, daß die zu erwartende Strafe wegen der zur Prüfung anstehenden Tat neben der Strafe für die Tat, hinsichtlich derer Strafbarkeit schon bejaht ist, nicht beträchtlich ins Gewicht falle (§ 154 StPO). Das ist im Examen - es sei wiederholt gesagt - nur für die Abschlußentscheidung, nicht aber für das Gutachten vertretbar.

Es ist rationell zu arbeiten. Das ist eine Forderung, der Referendare selten nachkommen. Dies hat zur Folge, daß sie bei Strafrechtsklausuren häufiger als in anderen Klausuren in Zeitnot geraten, deren Ursache sie in der Aufgabe und nicht in ihrer f a l s c h e n A r b e i t s m e t h o d e (vgl. dazu im einzelnen mit Fall- und Fehlerbeispielen Solbach JA 81, 164 ff.) suchen.

> **Fehlerquelle:**
>
> Häufig werden Handlungen von Personen erörtert, die nicht verantwortlich vernommen sind. Dies gehört jedoch - enthält die Arbeit keinen besonderen Hinweis - nicht zur gestellten Aufgabe.

Besteht Anlaß zu dem Verdacht, eine nicht verantwortlich vernommene Person könne sich strafbar gemacht haben, so genügt ein kurzer Hinweis hierauf im Gutachten ("Prozeßstation") und in der Begleitverfügung die Anordnung, Abschriften aus den Akten anzufertigen und den Vorgang als neue Js-Sache gegen ... wegen ... einzutragen. Daß Handlungen von Verstorbenen nicht geprüft zu werden brauchen, sollte auf der Hand liegen. Auch dieser Fehler ist allerdings gelegentlich anzutreffen, zum Teil sogar mit der - bösen - Folge, daß der Kandidat nun glaubt, gegen den Toten Anklage erheben zu müssen.

Das Gutachten gibt weder alle Überlegungen wieder, die der Verfasser sich gemacht hat, noch deren Reihenfolge. Der Aufbau des Gutachtens richtet sich danach, wie die - gedanklich bereits vollzogene - sachliche Lösung der zu erörternden Fragen, die der Verfasser gefunden hat, z w e c k -

m ä ß i g   d a r g e s t e l l t   werden kann. Oder mit anderen Worten:
Der Aufbau des Gutachtens - für den es kein Dogma gibt - sollte so sein,
daß es dem "Bearbeiter hilft, seine Aufgabe zuverlässig und rationell zu
bewältigen" (Lohmann DRiZ 75, 400). Im Gutachten sind, weil hiervon die
Antwort auf die Frage abhängt, ob der Beschuldigte einer Straftat
h i n r e i c h e n d   v e r d ä c h t i g   ist (§§ 170 Abs. 1, 203 StPO),
alle rechtlichen Deliktsmerkmale und alle tatsächlichen Verhaltensmerk-
male zu erörtern, soweit dies für die Feststellung, ob Anklage erhoben
werden kann oder das Verfahren einzustellen ist, e r f o r d e r l i c h
ist.

Fehlerquelle:

Obwohl hinreichender Verdacht schließlich verneint wird, werden
rechtliche Merkmale geprüft und/oder Beweiswürdigungen zu Tatsachen
getroffen, die für die Entscheidungsfindung nicht erforderlich, also
unnütz waren.

Gelangt der Verfasser zu der Annahme, es liege hinreichender Tatverdacht
vor, so muß er feststellen und begründen, daß die tatsächlichen Gegebenheiten (einschließlich der zur Strafbarkeit gehörenden subjektiven Vorstellungen) mit der für eine Anklage erforderlichen Sicherheit nachzuwei-
sen sind. Er muß die ihm zur Beurteilung vorgelegten Ergebnisse der Ermittlungen, die vorhandenen Beweise, w ü r d i g e n : ein bedeutsamer
Teil der dem Kandidaten abverlangten Aufgabe (Solbach, Anklageschrift, Einstellungsverfügung, Dezernat und Plädoyer, F VII).

Fehlerquelle:

Viele Referendare beschränken sich darauf, nur Aussagen wiederzuge-
ben, statt eine brauchbare Beweiswürdigung vorzunehmen.

Zunächst ist die Ergiebigkeit der Aussagen für die zu entscheidende Frage
zu prüfen und sodann die Glaubhaftigkeit der Bekundungen im einzelnen mit
entsprechender Begründung zu bejahen oder zu verneinen; dazu gehört auch
eine Prüfung der Glaubwürdigkeit des Zeugen.

Verfahrensrechtlicher Ansatz für das Gutachten, das beantworten soll, ob
Anklage zu erheben oder das Verfahren einzustellen ist, ist die Frage nach
dem h i n r e i c h e n d e n   T a t v e r d a c h t . Allein davon ist
auszugehen.

Fehlerquelle:

Im Gutachten wird fälschlicherweise zu einer geringeren oder stärke-
ren Stufe des Verdachts gewechselt (Verdacht bzw. dringender Tatverdacht). Auch Wendungen wie: "Es ist festgestellt", "es ist davon
auszugehen" o.ä. führen in die Irre.

II. Sachverhaltsfeststellung

Die Frage, ob die Sachverhaltsfeststellung nur in der Anklage oder nur im Gutachten oder in beiden Teilen der Arbeit und an welcher Stelle im Gutachten zu erfolgen hat, ist im Lande Nordrhein-Westfalen durch eine Weisung des Prüfungsamtes beantwortet. Die Aufgaben enthalten folgenden Hinweis:

"Der Sachverhalt ist zu begutachten; die Entschließung der Staatsanwaltschaft ist zu entwerfen.

Im Gutachten ist bei der Erörterung der einzelnen Merkmale der untersuchten Straftatbestände nicht nur in rechtlicher, sondern auch in tatsächlicher Hinsicht zu prüfen, ob die Beschuldigten nach den Ergebnissen des vorbereitenden Verfahrens der Begehung von Straftaten hinreichend verdächtig sind.

Im wesentlichen Ergebnis der Ermittlungen (§ 200 Abs. 2 Satz 1 StPO) braucht die tatsächliche Würdigung nicht ausführlich wiederholt zu werden.

Sollten weitere Ermittlungen für erforderlich gehalten werden, so ist davon auszugehen, daß diese durchgeführt worden sind und keine neuen Gesichtspunkte ergeben haben.

Wird Anklage beim Strafrichter erhoben, so ist § 200 Abs. 2 Satz 2 StPO nicht anzuwenden."

Diese Regelung ist sachlich geboten. Eine Sachverhalts"feststellung" vor der strafrechtlichen Würdigung ist nicht an den Deliktstatbeständen ausgerichtet. Nur die Deliktsnormen geben aber Auskunft darüber, ob ein Verhalten strafbar ist. Von ihnen ist auszugehen und somit erst bei der Subsumtion zu erörtern, ob hinreichender Tatverdacht dafür, daß ein bestimmter Sachverhalt vorlag, zu bejahen ist. Der Verfasser, der vor jedem strafrechtlichen Ansatz alle Beweise würdigen und den Sachverhalt vorweg feststellen wollte, den er erst danach gutachtlich zu prüfen beabsichtigt, geriete in die Gefahr, breite Darlegungen zur Feststellung eines Sachverhalts zu machen, der für die strafverfahrensrechtliche Entscheidung ohne Bedeutung oder gar strafrechtlich irrelevant ist. Die Beweiswürdigung ist also - falls erforderlich - bei der Subsumtion zu j e d e m   e i n z e l - n e n   M e r k m a l des Tatbestandes, der Rechtfertigungsgründe, der Schuld usw. vorzunehmen. Dabei ist die Erörterung, ob der Beschuldigte der Täterschaft hinreichend verdächtig ist, bei den Erfolgsdelikten an die Feststellung des eingetretenen tatbestandsmäßigen Erfolges anzuschließen, sonst an den Anfang zu stellen (vgl. Lohmann DRiZ 75, 401).

Anderer Ansicht ist Arndt (Arndt, S. 113); er meint, "der Kandidat solle ... ein Aktenstück so bearbeiten, wie es in der Praxis geschehen würde, und daneben ein Gutachten liefern." Dabei wird verkannt, daß das Gutachten nicht n e b e n der praktischen Entscheidung, sondern zur V o r b e - r e i t u n g   d e r   E n t s c h e i d u n g   d e r   S t a a t s a n - w a l t s c h a f t anzufertigen ist. Arndt trägt dem Argument nicht genügend Rechnung, daß nach der von ihm vorgeschlagenen Methode Sachverhalte zu bedeutungslosen Vorgängen festgestellt werden müssen. Bedenklich stimmt sein Rat, der Kandidat müsse sein Beweisergebnis überprüfen, wenn er bemerke, daß alle wichtigen Rechtsfragen aus tatsächlichen Gründen im Gutachten nicht erörtert würden. Gerade so darf praktisch nicht gearbeitet werden. Solche Fallgruben für die (vielen) Problemsucher unter den Referendaren müssen zugeschüttet werden.

Arndt hat seine Auffassung nochmals - deutlicher und nachdrücklicher - bestätigt (Arndt DRiZ 75, 139 im Anschluß an Solbach DRiZ 74, 288). Seine Ratschläge (die - soweit mir bekannt - Prüfer und Ausbilder allgemein ablehnen, vgl. Lohmann DRiZ 75, 400), zumal seine Fallösungen, müssen Referendare verwirren. Denn Arndt wechselt teilweise von seiner zu der von mir empfohlenen Methode über. Nach der von Arndt vorgeschlagenen Methode der Vorwegfeststellung des Sachverhalts lassen sich sicher Ausführungen zum Sachverhalt und zu Beweisfragen nicht vermeiden, die rechtlich ohne Bedeutung sind. Denn ohne rechtlichen Ansatz wird das "ganze" Ergebnis der Ermittlungen geprüft, jeder Beweis gewürdigt, der "ganze" Sachverhalt festgestellt. Neben dieses aus der praktischen Arbeit abgeleitete Argument tritt ein - gewichtigeres - rechtstheoretisches: Für rechtliche Überlegungen gibt es keinen Sachverhalt an sich, sondern es gibt ihn nur als Korrelat, als Widerspiel einer Rechtsnorm (v. Hippel, S. 21). Darüber hinaus sticht Arndts Argument nicht, die Methode, Tatsachen jeweils bei den einzelnen Merkmalen des geprüften Delikts zu erörtern, könne zur Folge haben, daß der Kandidat überflüssige Rechtsfragen behandele: Diese Ansicht beruht nur darauf, daß Arndt die weiteren methodischen Vorschläge, die unten näher ausgeführt werden, unberücksichtigt läßt. Hat nämlich der Kandidat bei seinen vor der schriftlichen Abfassung des Gutachtens anzustellenden Überlegungen erkannt, daß aus tatsächlichen Gründen z.B. das Tatbestandsmerkmal Nr. 5 nicht gegeben ist, so kann er die Erörterung der anderen Tatbestandsmerkmale unterlassen, und zwar sowohl in rechtlicher wie in tatsächlicher Hinsicht. So wird p r a k t i s c h   g e a r b e i t e t , und für die praktische Arbeit wird der Referendar ausgebildet; seine Fähigkeit hierzu wird geprüft.

Niemand rät - wie Arndt glaubt - dem Kandidaten, "sogleich" mit der Ausarbeitung eines Rechtsgutachtens zu beginnen. Im Gegenteil: Der Ermittlungsvorgang soll - vor der Niederschrift des Gutachtens - s o r g s a m   d u r c h g e a r b e i t e t und es sollen Überlegungen sowohl in tatsächlicher als auch in rechtlicher Hinsicht sowie zum methodischen Aufbau des Gutachtens angestellt werden. Die Überlegungen knüpfen aber immer an einen   r e c h t l i c h e n   A n s a t z an. So arbeitet auch der Staatsanwalt, der - überflüssig zu betonen - zwar in der Regel kein schulgerechtes Gutachten vor der abschließenden Entscheidung anfertigt, aber in gleicher Weise überlegt. Erkennt der Staatsanwalt, daß aus rechtlichen Gründen - z.B. wegen Fehlens des erforderlichen Strafantrages oder Eintritts der Verfolgungsverjährung - eine Strafbarkeit wegen einer Handlung ausscheidet, hat er sich nicht mehr damit zu beschäftigen, ob ein unter ein bestimmtes Tatbestandsmerkmal zu subsumierender Sachverhalt mit der für eine Anklage erforderlichen Sicherheit nachweisbar ist. Stellt er fest, daß eine Strafbarkeit in Betracht kommt, prüft er, ob die Ermittlungen hinreichenden Tatverdacht für alle die Strafbarkeit begründenden Merkmale ergeben haben; ist das nicht der Fall, setzt er seine Ermittlungen fort, falls w e i t e r e   E r k e n n t n i s q u e l l e n vorhanden sind. Sonst trifft er seine Entscheidung, daß das Verfahren e i n z u s t e l l e n ist. Das ist auch die Aufgabe des Referendars. Ob eine "unbewiesene Tat", die nach Arndt im strafrechtlichen Gutachten nicht bewertet werden soll, vorliegt, kann gerade nur im strafrechtlichen Gutachten geprüft werden; das hängt nämlich davon ab, welche Tatsachen die Strafbarkeit begründen, was nur v o m   t a t b e s t a n d l i c h e n   A n s a t z   h e r   f e s t g e -   s t e l l t werden kann.

Für seine Behauptung, daß - anders als beim zivilrechtlichen Gutachten -
das strafrechtliche Rechtsgutachten die Festlegung eines bestimmten Sachverhalts "voraussetze", bleibt Arndt eine Begründung schuldig. Er schränkt
seine Forderung nach vorheriger Festlegung des Sachverhalts auch dahin ein
(Arndt DRiZ 75, 139 f.), daß dies nur für den objektiven Tatbestand gelte,
nicht aber für die Rechtswidrigkeit und die Schuld. Warum das, was für die
Prüfung der Rechtswidrigkeit und Schuld richtig ist, nicht auch für die
Erörterung des Tatbestandes zutreffend sein soll, ist nicht zu erkennen.
Denn natürlich gehören die hierunter zu subsumierenden Tatsachen auch zum
"Sachverhalt".

> Fehlerquelle:
>
> In vielen Gutachten schleichen sich Teilsachverhaltsdarstellungen
> und -wiederholungen bei der Untersuchung einzelner strafrecht-
> licher Tatbestände ein, ohne daß ein konkreter Bezug zu den Tat-
> bestandsmerkmalen hergestellt wird.

Ergeben sich k e i n e weiteren E r m i t t l u n g s m ö g l i c h -
k e i t e n oder gehen - was in der Examensarbeit zu unterstellen ist -
diese e r g e b n i s l o s aus, so ist zu prüfen, ob alle Merkmale eines
Delikts durch hinreichend beweisbare Tatsachen erfüllt sind. Ist das nicht
der Fall, trifft der Bearbeiter die E i n s t e l l u n g s v e r f ü -
g u n g .

Die im Assessorexamen zu bearbeitenden Ermittlungsvorgänge lassen - wenn
auch in der Regel die Entscheidung lauten wird, Anklage zu erheben - durchaus die Möglichkeit offen, hinreichenden Tatverdacht dafür, daß der Beschuldigte sich strafbar gemacht hat, zu verneinen. Das heißt dann aber nicht
notwendig, daß im Gutachten keine Rechtsfragen zu erörtern wären, denn auf
die Auslegung des Tatbestandes und die Entscheidung von Rechtsfragen bei
der Erörterung der Rechtswidrigkeit und Schuld kann es durchaus ankommen.

Aus alldem folgt: Der methodisch richtige A n s a t z eines strafrechtlichen Gutachtens liegt beim s t r a f r e c h t l i c h e n T a t b e -
s t a n d ; er allein ist praxisgerecht, denn nur durch ihn werden überflüssige Erörterungen sowohl in tatsächlicher als auch in rechtlicher Hinsicht in wünschenswertem Umfang vermieden.

III. Aufbau des Gutachtens

Der Aufbau des Gutachtens erfolgt zweckmäßigerweise nach T a t k o m -
p l e x e n und nur innerhalb des einzelnen Komplexes nach Tätern, soweit
nicht aus Gründen der Akzessorietät Abweichungen notwendig sind. Ist bei-
spielsweise A der Täter, zugunsten dessen B Strafvereitelung begangen hat,
zu der A wiederum angestiftet hat (§ 257 Abs. 3 S. 2 StGB), so ist die
Reihenfolge der Prüfung A B A. Für den Aufbau nach Tatkomplexen spricht
die so gewonnene Ü b e r s i c h t l i c h k e i t d e s G u t a c h -
t e n s . Würde die gesamte Aufgabe nämlich nach Personen aufgebaut, so
müßte der Leser sich bei jedem Tatbeteiligten erst wieder von neuem mit dem
Handlungsablauf vertraut machen, wenn es sich um drei oder sogar mehr Kom-
plexe handelte.

Bei der Reihenfolge der Prüfung nach Tatkomplexen wird die Frage der Strafbarkeit späteren Handelns, die vom Ergebnis der strafrechtlichen Prüfung
des zeitlich früheren Handelns abhängt, notwendigerweise an der richtigen
Stelle geprüft, z.B.: Keine rechtswidrige Zueignung mehr bei schon früherer rechtswidriger Zueignung, Straflosigkeit wegen Vorliegens einer mitbestraften Nachtat. Mehrere Taten i.S. des Strafverfahrensrechts, also m e h -
r e r e   g e s c h i c h t l i c h e   V o r g ä n g e , werden somit in
der Regel in der historischen Reihenfolge erörtert.

Es kann aber zweckmäßig sein, anders vorzugehen. Bestreitet zum Beispiel
der Täter, der in zwei Fällen fremde Sachen weggenommen hat, in der Absicht
rechtswidriger Zueignung gehandelt zu haben, so sollte die zeitlich spätere
Tat vor der früheren erörtert werden, wenn der Schwerpunkt der Aussagen und
Indizien bei der späteren Tat liegt und die Beweiswürdigung hierzu auch wesentliche Bedeutung für die erste Tat hat. Die Darstellung wird so über-
sichtlicher und verständlicher. Auch in einer anderen Fallkonstellation ist
ein vom historischen Verlauf abweichender Aufbau vertretbar. Werden in dem
zu bearbeitenden Ermittlungsverfahren mehrere Täter einer schweren gemeinschaftlichen Tat bezichtigt und der eine oder der andere noch einzelner
anderer Taten, so sollte die Strafbarkeit des gemeinschaftlichen Handelns
zunächst geprüft werden, auch wenn sie nicht die zeitlich erste Tat ist.

Innerhalb des einzelnen geschichtlichen Vorgangs, der Tat im prozessualen
Sinne, sollten ebenfalls die zeitlich früheren Handlungen des Täters vor
den nachfolgenden geprüft werden, wenn die ersteren mit den späteren möglicherweise in Realkonkurrenz stehen. Auch in diesem Zusammenhang gilt das
oben Gesagte. Problematisch ist der Aufbau vor allem bei Vorliegen einer
natürlichen Handlungseinheit, mit der getrennte Handlungen zusammengefaßt
werden. Eine starre Regel gibt es hier nicht.

Fehlerquelle:

Bei Examensklausuren wird nicht selten der zu Beginn der Arbeit sach-
gemäß gewählte Aufbau verlassen, wenn es sich um mehrere Beschuldigte handelt. Statt nach Abschluß der Prüfung des ersten Tatkomplexes
zum zweiten Tatkomplex überzugehen, verharren die Verfasser unkri-
tisch bei der Person des Beschuldigten, dessen Strafbarkeit sie
gerade erörtert haben, anstatt auch die Erörterungen zum zweiten
Tatkomplex nach den oben dargelegten Gesichtspunkten auszurichten.

Ansonsten gilt:
Soll ein Qualifikations- bzw. Privilegierungstatbestand bejaht werden, so
wird dieser zusammen mit dem Grundtatbestand erörtert.

Danach wird zu den Tatbeständen Stellung genommen, die zu den angenommenen
Spezialdelikten in Gesetzeskonkurrenz stehen (vgl. Schramm S. 61 ff.).

Soll ein Qualifikations- bzw. Privilegierungstatbestand mangels Vorliegen
der qualifizierenden bzw. privilegierenden Umstände verneint werden,
empfiehlt es sich, zunächst den Grundtatbestand zu prüfen und zu bejahen.
Erst danach sollte auf die Frage der Qualifikation eingegangen werden
(a.A. Geerds DRiZ 63, 429, der verkennt, daß das Gutachten Ergebnis der
Prüfung eines konkreten Falles darstellt und der Aufbau kein Denkmodell
ist). Bei Vorliegen von qualifizierenden Regelbeispielen ist vom Grundtatbestand auszugehen.

Gegen die immer wieder angewandte Methode bei der Prüfung, wie der Beschuldigte sich strafbar gemacht haben könnte, die Handlungen in immer kleinere Handlungsteile zu zerlegen, sind von berufener Seite genügend viele und treffende Argumente ins Feld geführt worden (Blei JA 70, 476, Warda/Faber JuS 65, 442, Sax JuS 62, 193, Grünwaldt JuS 65, 311, Arzt, S. 125 ff.). Das Verfahren, dünne und immer dünnere Schalen der Tat abzulösen und strafrechtlich zu würdigen, um so an den vermeintlichen Kern zu gelangen, führt in die Irre. Zusammengehörendes wird auseinandergerissen, Unwichtiges breit erörtert, z.B. wird Versuch geprüft, obwohl bei richtiger Bewertung des einheitlichen Lebensvorganges ein vollendetes Delikt vorliegt.

Fehlerquelle:

Gerade bei sich hinschleppenden Vorgängen, wie etwa sich steigernden Körperverletzungen, finden sich oft willkürliche Schnitte in der Sachverhaltserfassung.

Man kann diesen Fehler vermeiden, indem man vor der rechtlichen Würdigung prüft, wie weit der zu der Täterhandlung gehörende Sachverhalt reicht. Dieser Sachverhalt oder die betreffende Beschuldigung müssen als Gegenstand der Prüfung dann kurz vorab umschrieben werden. Das ist keine Geschichtserzählung oder Sachverhaltsfeststellung vorweg, sondern nur ein Kurzhinweis darauf, um welchen Sachverhaltskomplex es geht.

Der Aufbau des Gutachtens richtet sich nach der gefundenen Lösung. Es gibt kein immer zutreffendes Schema. Ob der eine oder andere Aufbau es dem Leser leichter macht, die gutachtlichen Darlegungen zur strafrechtlichen Würdigung eines Lebensvorganges zu verstehen, ob die eine oder die andere Methode rationeller ist, steht durchaus nicht immer fest; hierüber kann man trefflich streiten. Unbestritten ist aber, daß die Strafbarkeit der Haupttäter vor der der Teilnehmer zu prüfen und die Vortat vor der Begünstigung und Hehlerei zu erörtern ist; daß die Versuchsprüfung mit dem Entschluß zu beginnen hat, liegt auf der Hand. Bei Mittäterschaft empfiehlt es sich, zunächst die Strafbarkeit des "Haupttäters", der am tatnächsten alle oder die meisten Tatbestandsmerkmale verwirklicht hat, zu erörtern, wobei ggf. darauf einzugehen ist, daß ihm Handlungen anderer Beschuldigter z u z u - r e c h n e n sind. Erst danach ist nach der Strafbarkeit der tatferner Handelnden zu fragen und dabei auf § 25 StGB einzugehen (vgl. Sax JuS 62, 197). Gerade hier zeigt sich die Kunst des Referendars, vom Normtext ausgehend den Norminhalt zu bestimmen, nämlich eine nähere Definition der Mittäterschaft zu geben und dann zu subsumieren. Auf eine solche methodisch richtige und saubere Arbeitsweise sollte der Kandidat peinlichst achten.

Sind Überlegungen anzustellen, welchen N o r m i n h a l t ein Normtext hat, so ist damit zu beginnen, die Bedeutung des verwendeten Wortes zu bestimmen. Dabei ist nicht nur der allgemeine, sondern - vor allem - auch der juristische Sprachgebrauch zu berücksichtigen, wobei zu beachten ist, daß dieser in verschiedenen Gesetzen, ja in verschiedenen Bestimmungen desselben Gesetzes unterschiedlich sein kann. Mit den erlernten Auslegungsmethoden ist sodann der Sinngehalt des einzelnen Tatbestandsmerkmals festzulegen, unter den die als erwiesen anzusehenden Tatsachen genau zu subsumieren sind.

Hat die Verwirklichung eines Tatbestandes Bedeutung für die Begehung eines
anderen, z.B. Fälschung einer Urkunde als Täuschungshandlung beim Betrug,
so ist in dieser Reihenfolge zu prüfen. Verschachtelungen der Argumentation
und Vorgriffe auf andere Tatbestände werden so vermieden.

Geben die obigen Hinweise keine Veranlassung zu einem bestimmten Aufbau,
sollte das jeweils schwerere Delikt vor dem leichteren erörtert werden.

Daß Tatbestand, Rechtswidrigkeit und Schuld - bei Zugrundelegung eines drei-
stufigen Verbrechensaufbaus - zu prüfen sind, wenn der Verfasser s t r a f -
b a r e s   H a n d e l n   b e j a h t , ist unbestritten (wer einen anderen Verbrechensbegriff voraussetzt, paßt den Aufbau entsprechend an).
Dies folgt daraus, daß - von den offenen Tatbeständen einmal abgesehen -
tatbestandsmäßiges Handeln die Rechtswidrigkeit indiziert und Schuld im
Sinne des Strafrechts nur denkbar ist bei rechtswidrigem Handeln. Anerkannt
ist auch, daß die Reihenfolge der Prüfung gleichrangiger Voraussetzungen
innerhalb dieser Kategorien nicht vorbestimmt ist, dagegen die l o -
g i s c h   v o r r a n g i g e n   Voraussetzungen z u e r s t   z u
e r ö r t e r n sind, wenn bejaht wird, daß der Beschuldigte hinreichend
verdächtig ist, sich eines bestimmten Delikts schuldig und strafbar gemacht
zu haben.

Der Streit entzündet sich an der Frage, ob von dem bei der B e j a h u n g
d e r   S t r a f b a r k e i t vorgegebenen Aufbau abgewichen werden
kann, wenn die Strafbarkeit wegen Verneinens eines nach diesem Aufbau später zu prüfenden Merkmals a b g e l e h n t wird (vgl. zum ganzen Arzt,
S. 117 ff.). Hierzu gehören auch die Fälle des Fehlens eines Strafantrages,
der Gesetzeskonkurrenz sowie der persönlichen Strafausschließungsgründe,
auf die noch einzugehen sein wird. Daß jegliche Tatbestandsprüfung ausscheidet, wenn der Strafantrag fehlt - und durch Bejahung des öffentlichen
Interesses nicht ersetzt werden kann -, liegt auf der Hand. Ein " Ü b e r -

s p r i n g e n " von aufbaumäßig früher zu erörternden Deliktsmerkmalen, ein Vorziehen des "eigentlich" später zu prüfenden Deliktsmerkmals, das verneint wird, erspart Zeit und entspricht der in der Praxis üblichen Arbeitsweise, nach der nicht entscheidungserhebliche Fragen unbeantwortet bleiben. Für die zivilrechtliche Relation ist dies in der neuen Literatur anerkannt (vgl. Sattelmacher/Sirp S. 89, 201 - 203; für die strafrechtliche Klausur Dubro S. 49). Gegen eine solche rationelle Arbeitsweise wird zweierlei eingewandt:

a) Die Logik gebiete es, insbesondere wenn eine Handlung aus mehreren Teilakten bestehe, von denen der frühere kausal für den späteren sei (z.B. bei § 263 StGB), stets in der Reihenfolge Tatbestandsmäßigkeit (und hier wieder in der Folge der kausalen Verknüpfung), Rechtswidrigkeit, Schuld und weitere Deliktsvoraussetzungen vorzugehen (vgl. Schweichel/Schmidt, S. 59, allerdings ohne weitere Begründung, offenbar aufgrund eines - scheinbaren - Evidenzschlusses).

b) Von einem "Überspringen" sei abzuraten, denn der BGH habe zutreffend "die Praxis immer von Urteilen auf hypothetischer Grundlage abgehalten", weil eine Hypothese der Wirklichkeit nicht gleichzusetzen sei (Arzt, S. 119).

Mit den Gesetzen der Logik steht ein solches Überspringen von vorrangigen Deliktsmerkmalen nicht auf Kriegsfuß. Denn die vorrangigen Merkmale werden als gegeben unterstellt, und zwar durch ein bestimmtes Handeln des Beschuldigten. Die l o g i s c h e n A n k n ü p f u n g s p u n k t e sind damit g e g e b e n . Die gegenteilige Auffassung verkennt, daß logische Überlegungen auch in einem nur gedachten System möglich sind.

Der zweite Einwand schließlich ist dem S t r a f v e r f a h r e n s - r e c h t entnommen. Dort gilt er. So führt Arzt, S. 116, zum Beleg seiner Auffassung an, der Tatrichter dürfe nicht sagen: unterstellt, die Zeugin X liefere dem Angeklagten ein Alibi, würde ich ihr nicht glauben, also höre ich sie gar nicht erst an (§ 244 Abs. 3 S. 2 StPO). Die Sachverhaltsfeststellung mit der Beweiswürdigung darf nicht hypothetisch erfolgen. Darauf - und nur darauf allein - zielt die von Arzt zitierte BGH-Entscheidung (BGH Dallinger MDR 56, 272) ab, nämlich eine zuverlässige Überzeugung über den Vorsatz und die Verantwortlichkeit könne sich der Richter in der Regel nur bilden, wenn er sich darüber klargeworden sei, was der Beschuldigte getan und mit seinem Tun gewollt und bezweckt habe. Trifft das zu, so wird dies zunächst festzustellen und für die Beweiswürdigung, ob Vorsatz oder Verantwortlichkeit gefehlt hat, erheblich sein. Das wird auch der Referendar zu prüfen haben. Ob die in diesem Zusammenhang zu erörternden Tatsachen allerdings die T a t b e s t a n d s m e r k m a l e eines bestimmten Delikts ausfüllen, kann er u n e n t s c h i e d e n l a s s e n . Erspart werden also Gesetzesauslegung und Subsumtion hinsichtlich der vorrangigen Voraussetzungen, über die nicht entschieden wird. Vorzunehmen ist - selbstverständlich - die übergreifende B e w e i s w ü r d i g u n g hinsichtlich nachrangiger Voraussetzungen, wenn deren Vorliegen mangels Beweises verneint wird.

Aus dem Strafverfahrensrecht läßt sich im Gegenteil ein Argument für die Richtigkeit des Überspringens von Tatbestandsmerkmalen bei Verneinung der Strafbarkeit gewinnen: Die Staatsanwaltschaft erforscht den Sachverhalt (§ 160 StPO), damit sie entscheiden kann, ob Anklage zu erheben oder das Verfahren einzustellen ist. Die Ermittlungen haben ihre Grenze, wenn letztere Entscheidung getroffen werden kann, mag dies auch bei noch nicht völlig aufgeklärten vorrangigen Deliktsmerkmalen wegen Verneinens einer nachrangigen Strafbarkeitsvoraussetzung der Fall sein. So gezielt und damit beschränkt s o l l sogar in geeigneten Fällen ermittelt werden.

Die genannten Grundsätze gelten auch für Fälle des fehlenden oder zurückgenommenen (§ 77 d StGB) S t r a f a n t r a g e s u n d d e r G e s e t z e s k o n k u r r e n z . Zum Teil wird gelehrt, daß in diesen Fällen Tatbestand, Rechtswidrigkeit und Schuld nicht "voll" durchzuprüfen seien (Welzel, S. 566, Schweichel/Schmidt, S. 57, einschränkend Arzt, S. 116; a.A. Arndt, S. 113, 115 ohne Begründung unter Berufung auf Geerds DRiZ 63, 429, der allerdings meint, es sei entbehrlich, die Voraussetzungen der in Gesetzeskonkurrenz stehenden Delikte ausführlich darzulegen). Es braucht also nicht im einzelnen dargelegt zu werden, ob die vom Beschuldigten begangene Tat tatbestandsmäßig, rechtswidrig und schuldhaft war. Allerdings wird der Bearbeiter bedenken und prüfen müssen, ob die Tat nicht auch o h n e S t r a f a n t r a g des Verletzten verfolgt werden kann, wenn die Staatsanwaltschaft ein b e s o n d e r e s ö f f e n t l i c h e s I n t e r e s s e an der Strafverfolgung bejaht (Körperverletzung § 232 Abs. 1 StGB; exhibitionistische Handlungen § 183 Abs. 2 StGB; Diebstahl und Unterschlagung geringwertiger Gegenstände, wie andere Vermögensdelikte § 248 a StGB und Sachbeschädigung § 303 c StGB). Die Gedanken, die ihn zu der einen oder anderen Antwort geführt haben, sind im Gutachten niederzulegen, wobei die Richtlinien für das Straf- und Bußgeldverfahren (vgl. z.B. Nr. 234) heranzuziehen sind. Da die Entscheidung hierüber die Kenntnis des verwirklichten Tatbestandes und des Maßes der Schuld voraussetzt (und damit auch das Ergebnis der Prüfung, ob andere Tatbestände erfüllt sind, vorliegen muß), sollte m.E. - wenn der fehlende Strafantrag durch die Bejahung des besonderen öffentlichen Interesses ersetzt werden kann - die Prüfung in der "Prozeßstation" (s. Musteraufbau zu B) erfolgen; im Gutachten zu den Tatbeständen ist hierauf zu verweisen.

Fehlerquelle:

Bei einem Privatklagedelikt wird das öffentliche Interesse nicht selten verneint, obwohl es in Idealkonkurrenz zu einem Offizialdelikt steht. Das ist verfahrensrechtlich unzulässig. Im Offizialverfahren ist das Privatklagedelikt mit zu verfolgen, es sei denn, § 154 a StPO wird angewandt.

Vorsicht ist bei der Methode des "Springens" allerdings am Platze. Der Verfasser des Gutachtens darf nie außer acht lassen, daß er Deliktsmerkmale bei der Darstellung seiner Lösung überspringt. Ü b e r d e n k e n muß er vor dem Niederschreiben, ob eine Prüfung nicht aus anderen Gründen erforderlich ist. Zum Beispiel ist Betrug als "mitbestrafte Nachtat" zu einem Diebstahl nur dann nicht weiter zu erörtern, wenn festgestellt ist, daß nicht ein Dritter durch den Betrug geschädigt worden ist und daß der Schwerpunkt der Schadenszufügung nicht beim Betrug, sondern beim Diebstahl liegt. Es bedarf eben hier der Prüfung, welcher Schaden bei wem eingetreten ist.

Fehlerquelle:

Nicht selten findet man, daß der Verfasser, der gefragt hat, ob der Beschuldigte sich nach einem bestimmten Tatbestand strafbar gemacht hat und dies ohne Prüfung des Tatbestandes wegen fehlenden Strafantrags zutreffend verneint, damit seine Erörterungen abschließt, statt andere in Betracht kommende Tatbestände zu erörtern, z.B. ob ein Qualifikationstatbestand verwirklicht ist (etwa §§ 223 a, 304, 340 StGB), der eine Verfolgung ohne Strafantrag zuläßt. Häufig wird auch übersehen, daß der Strafantrag zur Strafverfolgung nur gegenüber bestimmten Personen Voraussetzung ist (vgl. §§ 247, 263 Abs. 4 StGB) oder daß er durch die Bejahung des besonderen öffentlichen Interesses ersetzt werden kann.

Immer wieder ist in Klausuren festzustellen, daß Referendare sich an die dargelegten Grundsätze nicht halten. Sie können sich offenbar von ihren vor der Niederschrift des Gutachtens gemachten Überlegungen nicht trennen. So verlieren sie Zeit, die ihnen dann bei den Ausführungen zu wichtigeren Fragen fehlt.

Schon bei den Überlegungen zum Gutachten muß sich der Referendar zunächst darüber klarwerden, ob er Tatbestände bejaht, die andere ausschließen. Ist er zu einer bestimmten Entscheidung gekommen, so braucht er sich schon gedanklich mit der zurücktretenden Vorschrift nicht näher zu befassen.

Auch nicht e n t s c h e i d u n g s e r h e b l i c h e R e c h t s - f r a g e n können - und sollen - unbeantwortet bleiben. Referendare, die gerade ihr erstes Examen bestanden haben, halten dies oft für eine "Todsünde", haben sie doch gelernt und Jahre damit zugebracht, rechtliche Probleme um ihrer selbst willen zu durchdenken und zu lösen. In den zivilrechtlichen Relationen, die Referendare anzufertigen haben, lassen sie bald von dieser für die praktische Arbeit unrationellen Methode. In den strafrechtlichen Gutachten behalten sie dagegen die gewohnte Methode häufig bei. Als Beispiel mag die Frage eines Referendars dienen, ob denn bei der Prüfung des Rücktritts vom Versuch dahingestellt bleiben könne, ob der Versuch beendet oder unbeendet sei, wenn feststehe, daß die zur Straflosigkeit führenden Voraussetzungen in jedem Fall gegeben seien (§ 24 Abs. 1 StGB). Es m u ß dahingestellt bleiben; denn nur dann spart man u.U. überaus zeitraubende Erörterungen zu schwierigen Rechtsfragen und Sachverhaltsfeststellungen, die ohne Bedeutung für die Entscheidung sind.

Ein letzter Hinweis: Die Gedankenarbeit zum Aufbau des Gutachtens wird im Gutachten n i c h t dargelegt; Erörterungen zu Methode und Aufbau sind verfehlt.

IV. Hinweise für die Darlegungen

Es ist selbstverständlich, daß von einer b e s t i m m t e n S t r a f - n o r m ausgegangen wird, die nach Paragraph, Absatz usw. anzugeben ist. Enthält ein Tatbestand mehrere Tatalternativen oder Varianten (vgl. z.B. § 315 b StGB), so sind auch diese genau zu bezeichnen. Der Wortlaut des Gesetzes braucht dagegen nicht völlig niedergeschrieben zu werden.

Fehlerquelle:

Vor allem bei den Tatbeständen der Urkundenfälschung, der Untreue

und des Betruges wird nicht festgelegt, welche Alternative untersucht werden soll.

Im Laufe der Erörterungen finden sich häufig Begriffsvertauschungen.
Statt des zu untersuchenden Tatbestandsmerkmals - etwa der Absicht
rechtswidriger Zueignung - wird zu einem anderen Begriff - etwa der
rechtswidrigen Zueignung - gewechselt.

Aus Unachtsamkeit bleiben Tatbestandsmerkmale unerörtert.

Der dargelegte Ansatz der Prüfung gilt auch, wenn es um den V e r s u c h
geht, nur daß hier (nachdem vorweg festgestellt ist, daß Vollendung nicht
gegeben ist) vom Vorsatz auszugehen ist, es sich also um die Vorstellung
des Täters handelt. Hat er im vorgestellten Handlungsablauf Tatsachen angenommen, die die gesetzlichen Merkmale der Strafnorm erfüllen?

Fehlerquelle:

Anstatt vom Vorsatz auszugehen, finden sich immer wieder andere Argu-
mentationsansätze wie z.B. Beginn der Ausführung oder Darlegungen
dazu, daß bestimmte Tatbestandsmerkmale auch objektiv erfüllt worden
seien (was natürlich für die Frage des Beginns der Ausführung von
Bedeutung ist).

Besondere Sorgfalt ist auf g e n a u e   S u b s u m t i o n zu legen.
Der Referendar sollte sich immer vor Augen halten, daß er Tatsachen feststellen muß, die jedes einzelne Tatbestandsmerkmal erfüllen. Das gilt auch
für Vorsatz und Fahrlässigkeit.

Fehlerquelle:

Breite Wiederholungen des Sachverhalts ohne Bezug zu bestimmten Tatbestandsmerkmalen finden sich in vielen Arbeiten.

Bei der Subsumtion wird ein anderer Inhalt des Tatbestandsmerkmals
unterstellt, als er bei der rechtlichen Prüfung dargelegt worden ist.

Es empfiehlt sich, bei schwierigen Arbeiten im Konzept für jeden Tatbestand, der geprüft werden soll, ein eigenes Blatt mit Stichworten zu verwenden. Dabei sollten links die einzelnen Tatbestandsmerkmale und in der
Mitte die jeweiligen Subsumtionstatsachen vermerkt werden; auf der rechten
Seite können die Beweise, die zur Feststellung der Tatsachen geführt
haben, mit entsprechenden Hinweisen für die Beweiswürdigung notiert werden.
Strafverfahrensrechtliche Probleme (etwa das Erfordernis eines Strafantrages oder die Frage, ob die Bejahung des besonderen öffentlichen Interesses ihn ersetzen kann oder ob ein Privatklagedelikt vorliegt) sollten
in einem besonderen Teil des Blattes mit den entsprechenden Vorschriften
(die nachzulesen sind!) festgehalten werden.

Sobald es sich um zivilrechtliche Ansprüche handelt, empfiehlt es sich
- wie bei zivilrechtlichen Klausuren - eine Zeichnung herzustellen, aus der

mit einem Blick zu ersehen ist, wer von wem was zu fordern hat, ob Forderungen abgetreten oder erfüllt worden sind. Bei der Prüfung von § 263
StGB, bei der zu Beginn genau dargelegt werden muß, daß die Erörterung
sich auf einen bestimmten Vorwurf bezieht (zu wessen Nachteil, wem gegenüber erfolgte die Täuschung, zu wessen Vorteil), sollte dies immer geschehen. Nur so werden Fehler vermieden.

Fehlerquelle:

Gerade beim Betrug werden die Leitlinien nicht genau festgelegt. So
wird mit Ausführungen zum Betrug zum Nachteil des Getäuschten begonnen und schließlich der Betrug zum Nachteil eines Dritten bejaht,
ohne die vorher bejahte Verfügung daraufhin zu überprüfen, ob sie
über das Vermögen des Dritten getroffen worden war.

In den Assessorklausuren finden sich fast nie strukturierte Stich-
worte, sondern nur wahllos aneinandergereihte Anmerkungen. Dies führt
durchweg zu nicht geordneten Darlegungen im ausgearbeiteten Gutachten.

In einem besonderen Abschnitt des Gutachtens - der von mir so genannten
"Prozeßstation" - sollten bestimmte von der Prüfung der Tatbestandsmäßigkeit des Verhaltens des Beschuldigten gesonderte Fragen erörtert werden.
Auf die einzelnen Fragenkreise wird beim Musteraufbau unter B mit Stichworten hingewiesen.

Fehlerquelle:

Bei der Haftfrage wird häufig nicht auf die Stufe des "dringenden
Tatverdachts" eingegangen.

Das besondere öffentliche Interesse (das den sonst erforderlichen
Strafantrag ersetzt) und das öffentliche Interesse (§ 376 StPO)
werden verwechselt.

Bei der Zuständigkeitsprüfung wird übersehen, daß in die Überlegungen hinsichtlich der Höhe der zu erwartenden Strafe eine erforderliche Gesamtstrafenbildung mit früheren rechtskräftigen Urteilen
einzubeziehen ist.

Es wird übersehen, daß der Antrag auf Erlaß eines Strafbefehls
- falls dies nach dem Bearbeitervermerk zulässig ist - auch in den
Strafsachen gestellt werden kann, die zur Zuständigkeit des Schöffengerichts gehören (§ 407 Abs. 1 StPO), und es wird nicht beachtet,
daß die Rechtsfolgen, die durch Strafbefehl festgesetzt werden können, beschränkt sind (§ 407 Abs. 2 StPO).

V. Möglichkeiten der Entscheidung

Hierüber kann der Bearbeitervermerk Einschränkungen vorsehen, die zu beachten sind. Sind solche Einschränkungen nicht angeordnet, stehen dem

Referendar, da er die Entscheidung des Staatsanwalts zu entwerfen hat, auch alle strafprozessualen Möglichkeiten offen. Über die Tat i.S.v. § 264 StPO kann hinsichtlich eines Beschuldigten nur einheitlich entschieden werden: entweder Anklage oder Einstellung. Bei zwei der Beteiligung an einer Tat Beschuldigten kann dies anders sein: (Teil-)Einstellung hinsichtlich des einen und Anklage gegen den anderen. Das Verfahren kann mangels Beweises gem. § 170 Abs. 2 StPO eingestellt werden; dann ist gem. § 171 StPO ein Bescheid an den Antragsteller zu entwerfen und darzulegen, ob und aus welchen Gründen eine Rechtsmittelbelehrung (§ 171 S. 2 StPO) zu erteilen ist. Soll angeklagt werden, so können unbedeutende Nebendelikte gem. §§ 154 Abs. 1, 154 a Abs. 1 StPO von der Verfolgung ausgenommen werden. Im Falle des § 154 Abs. 1 StPO ist es dann erforderlich, einen b e g r ü n d e t e n B e s c h e i d gem. § 171 StPO zu erteilen.

Ist der Referendar der Ansicht, es sei praxisgerecht, den Erlaß eines S t r a f b e f e h l s zu beantragen - was in der Regel bei einfach gelagerten Fällen und geständigen Beschuldigten der Fall ist -, so wird er im Gutachten zur Frage der Strafhöhe die S t r a f z u m e s s u n g s t a t s a c h e n angeben und S t r a f z u m e s s u n g s e r w ä g u n g e n anstellen müssen. Erhebt er Klage, so ist im Gutachten die Z u s t ä n d i g k e i t des Gerichts, vor dem Anklage erhoben werden soll, zu erörtern. Nicht nur die Anklageschrift, sondern auch die in den Akten zu treffende B e g l e i t v e r f ü g u n g ist zu entwerfen.

Fehlerquelle:

Häufig wird bei Anwendung von § 154 a Abs. 1 StPO von "Einstellung" gesprochen oder insoweit dem Anzeigenden ein "Einstellungsbescheid" erteilt. Das ist nicht richtig: Wenn es sich um eine Tat i.S.v. § 264 Abs. 1 StPO handelt, wird diese Tat angeklagt, nur die Verfolgung beschränkt; das ist keine Verfahrenseinstellung.

Beabsichtigt der Bearbeiter - sofern der Bearbeitervermerk dies nicht ausschließt, wie z.B. in Niedersachsen -, das Verfahren gem. §§ 153 Abs. 1, 153 a Abs. 1 StPO einzustellen, also z.B. mit Einverständnis des Beschuldigten und des Gerichts gegen Auferlegung einer Buße von der Erhebung der Anklage abzusehen, so sollte folgendermaßen verfahren werden: Die Zustimmung des Beschuldigten und die des für die Eröffnung des Hauptverfahrens zuständigen Gerichts werden u n t e r s t e l l t . Im Gutachten ist eingehend zu begründen, welche Gesichtspunkte für die getroffene Entscheidung maßgebend waren und nach welchen die Höhe der Buße zu bemessen ist. Schließlich ist auch in diesen Fällen dem Anzeigenden ein B e s c h e i d und dem Beschuldigten eine Einstellungsnachricht zu erteilen, der für den Anzeigenden mit Gründen zu versehen ist. Die E n t s c h l i e ß u n g der Staatsanwaltschaft, die der Kandidat entwerfen soll, ist eben die Einstellungsentscheidung, nicht die eine Entschließung vorbereitende Anfrage an Gericht und Beschuldigten. Auch die Verneinung des öffentlichen Interesses an der Erhebung der öffentlichen Klage und damit die Verweisung auf den Weg der P r i v a t k l a g e ist zu begründen und dem Anzeigenden ein Bescheid über die getroffene Entscheidung zu erteilen.

Fehlerquelle:

Fast überwiegend wird ein Einstellungsbescheid nicht verfaßt, wenn der Beschuldigte wegen einer Tat angeklagt, wegen einer anderen Tat dieses oder eines anderen Beschuldigten das Verfahren aber eingestellt wird. Die Klausur Nr. 3 bietet ein Beispiel, wie bei einer solchen T e i l e i n s t e l l u n g richtig zu verfahren ist.

Wird ein Einstellungsbescheid erteilt, so wird häufig übersehen, daß dann, wenn der Anzeigende auch Verletzter ist, eine Beschwerdebelehrung zu erteilen ist.

Bei Entwurf eines Strafbefehls wird das Delikt nur der Zahl des Paragraphen nach, aber nicht auch - wie erforderlich - der gesetzlichen Bezeichnung nach benannt.

Alle möglichen Entscheidungen mit den dazugehörenden Begründungen stellen im großen und ganzen gleiche Anforderungen sowohl an den erforderlichen Zeitaufwand als auch an das juristische Wissen und an die Kenntnis des Referendars von Form und Inhalt der Entschließungen der Staatsanwaltschaft. Eine gute Leistung wird der Referendar erbringen, wenn er nach der oben beschriebenen Methode rationell arbeitet, seine Ansichten folgerichtig begründet, eine in der Praxis vertretbare Entscheidung trifft und die jeweilige Abschlußverfügung in allen Teilen vorlegt.

Der Verfasser hat die ihm bei der Durchsicht vieler Examensklausuren aufgefallenen typischen Fehler im JA-Sonderheft für Referendare zusammengestellt und analysiert; auf diese Darlegungen sei hingewiesen.

VI. Musteraufbau

Es empfiehlt sich, etwa nach folgendem Aufbau zu arbeiten. Wer ihn sich frühzeitig aneignet, wird ihn auch in der Aufregung des Examens nicht vergessen:

Vorschlag

Ich schlage vor, gegen den Beschuldigten Meyer Anklage vor dem Schöffengericht Essen wegen Diebstahls in einem besonders schweren Fall zu erheben und das Verfahren im übrigen gegen ihn und den Beschuldigten Gesser gem. § 170 Abs. 2 StPO einzustellen.

Gutachten

A. Strafbarkeit der Beschuldigten

   I. Sachverhaltskomplex 1

      1) Meyer

         a) § 267 Abs. 1 StGB - Herstellen -

         b) § 263 Abs. 1 StGB - gegenüber A, zu dessen Nachteil, zum eigenen Vorteil -

2) Gesser

    a) §§ 263 Abs. 1, 26 StGB

    b) §§ 242, 243 Abs. 1 Nr. 1,
       22, 23 Abs. 1 StGB - falscher Schlüssel -

II. Sachverhaltskomplex 2

1) Meyer

    §§ 242 Abs. 1, 243 Abs. 1 Nr. 2 StGB - Schutzvorrichtung -

2) Gesser

    a) §§ 242 Abs. 1, 243 Abs. 1 Nr. 2,
       27 Abs. 1 StGB - psychische Unterstützung -

    b) § 315 b Abs. 1 Nr. 1 StGB - Fahrzeuge beschädigen, Gefährdung
                                 von Sachen und Leben -

III. Konkurrenzen

(Gesetzeskonkurrenz sollte jeweils bei dem einzelnen Tatbestand erörtert werden. Sind mehrere Tatkomplexe zu untersuchen, so empfiehlt
es sich, die Prüfung der Konkurrenzen am Schluß der Erörterung des
einzelnen Tatkomplexes vorzunehmen.)

B. Verfahrensfragen ("Prozeßstation")

I. Öffentliches Interesse

1) Prüfung, ob das - den Strafantrag ersetzende - besondere öffentliche Interesse zu bejahen oder zu verneinen ist.

2) Prüfung, ob das öffentliche Interesse an der Strafverfolgung
(§§ 376, 374 StPO) zu bejahen oder zu verneinen ist (wenn es sich
ausschließlich um ein Privatklagedelikt handelt).

II. Vor welchem Gericht soll Anklage erhoben werden?

1) Jugend- oder Erwachsenengericht,

2) Strafrichter, Schöffengericht (evtl. mit Antrag, zur Hauptverhandlung einen zweiten Richter zuzuziehen), Strafkammer,

3) örtliche Zuständigkeit.

III. Falls sich ein Beschuldigter in Haft befindet, Erörterung zum Antrag auf Haftfortdauer.

Unter Umständen ist auch zu erörtern, ob Antrag auf Erlaß eines Haftbefehls zu stellen ist. Dann gewinnt u.a. die Frage Bedeutung, ob
d r i n g e n d e r Tatverdacht besteht.

IV. Strafzumessungstatsachen und Strafzumessungserwägungen, wenn Antrag auf Erlaß eines Strafbefehls gestellt wird. Begründung für Zahl und Höhe der Tagessätze.

V. Einstellungen

1) Falls das Verfahren nach §§ 153 Abs. 1, 153 a Abs. 1 StPO eingestellt werden soll: Begründung hierfür und Unterstellung der er-

forderlichen Erklärungen, Begründung für die vorgeschlagenen Auflagen und Weisungen.

2) Falls das Verfahren nach § 154 Abs. 1 StPO eingestellt oder nach § 154 a Abs. 1 StPO die Verfolgung beschränkt werden soll: Begründung hierfür.

3) Bei Einstellungen gem. § 170 Abs. 2 StPO: Prüfung, ob gem. § 171 S. 1 StPO Bescheid zu erteilen ist und ob Rechtsmittelbelehrung gem. § 171 S. 2 StPO zu erfolgen hat.

4) Erörterung, ob Einstellungsnachrichten (an Beschuldigte) zu erteilen sind.

Abschlußentscheidung der Staatsanwaltschaft

I. Falls Anklage erhoben werden soll:

1) Anklageschrift

und

2) Begleitverfügung. Bei Vorliegen mehrerer Taten i.S.v. § 264 Abs. 1 StPO, hinsichtlich derer zum Teil angeklagt, zum Teil das Verfahren eingestellt wird, enthält die "Begleitverfügung" auch die Entscheidung über die Teileinstellung des Verfahrens, ggf. mit den erforderlichen Einstellungsbescheiden (und evtl. Rechtsmittelbelehrungen) sowie Einstellungsnachrichten.

II. Falls das Verfahren insgesamt eingestellt werden soll:

Einstellungsverfügung mit den erforderlichen Bescheiden und Rechtsmittelbelehrungen sowie den sonst notwendigen Anordnungen wie Nachricht an den Beschuldigten und Mitteilungen nach der Anordnung über die Mitteilungen in Strafsachen (MiStra).

VII. Besonderheiten in Süddeutschland

In Süddeutschland werden die Anklageschriften anders aufgebaut und zum Teil auch anders gefaßt.

Die wesentlichen Teile einer Anklageschrift:

- Wiedergabe der gesetzlichen Merkmale,

- Anführung der subsumtionsrelevanten Tatsachen,

- Angabe der Beweismittel sowie

- Darstellung des wesentlichen Ergebnisses der Ermittlungen

stimmen inhaltlich mit der in Norddeutschland üblichen Fassung überein; nur die Reihenfolge ihrer Anordnung in der Anklageschrift weicht ab. Der Antrag, der in der Anklageschrift zu stellen ist, wird inhaltlich anders gefaßt.

In Bayern wird der Anklagesatz mit der Anführung der subsumtionsrelevanten Tatsachen (der Tat) begonnen, dem die Worte: "Die Staatsanwaltschaft legt dem Angeschuldigten folgenden Sachverhalt zur Last" vorangestellt werden. Mit den Worten: "Der Angeschuldigte wird daher beschuldigt ..." beginnt die

Wiedergabe der gesetzlichen Merkmale. Danach werden die verletzten Straf-
gesetze zitiert und das wesentliche Ergebnis der Ermittlungen geschildert.
Nach dem Hinweis auf die gerichtliche Zuständigkeit und daß öffentliche
Klage erhoben werde, folgt der Antrag, "die Anklage zur Hauptverhandlung
zuzulassen", eine Fassung, die allerdings § 199 Abs. 2 StPO nicht entspricht. Zum Schluß werden die Beweismittel angegeben.

Der Aufbau der Anklageschrift in Baden-Württemberg ähnelt der in Bayern
üblichen Form; Abweichungen ergeben sich aus dem Beispiel zur Klausur
Nr. 1.

B. Klausuren und Lösungen

<u>K l a u s u r   N r .   1</u>

(Gewildertes Kaninchen)

Kriminalpolizei Aachen

Monschau , den 15.11. 1989 10 Uhr

- Außenstelle Monschau -

Behörde, genaue Bezeichnung der Dienststelle

Tgb. Nr. 6. K. - 759/89

Feruruf 7039 NA 41

Eingangsstempel

Strafanzeige

Strafbare Handlung: Wilderei u.a.

§§ 292 StGB

Tatort: Monschau AG.-Bezirk: Monschau
Ausführliche Beschreibung

Tatzeit: Dienstag, 14.11.1989, 17.00 Uhr
Wochentag, Datum, Uhrzeit

Geschädigt Kaufmann Herbert Ganten, geb. 8.8.1939
Name, bei Frauen auch Geburtsname, Vornamen, Geburtstag, Geburtsort

Euskirchen, Hochstr. 28 Fernruf 36580
Beruf, Wohnung

Beschuldigt 1. unbekannt (Bauarbeiter auf der Baustelle der Fa. Acker aus Aachen)
Name, bei Frauen auch Geburtsname, Vornamen, Geburtstag, Geburtsort

Beruf, Wohnung

2.
Name, bei Frauen auch Geburtsname, Vornamen, Geburtstag, Geburtsort

Beruf, Wohnung

Gegenstand: 1 Wildkaninchen Schadenshöhe: ca. 18,-- DM

Beweisstücke: 1 Drahtschlinge

Wo versichert? ./.

Spurensuche	Fahndung
a) wurde veranlaßt am 15.11. um 12.00 Uhr	a) Suchvermerk liegt — nicht — vor
(siehe Spurensicherungsbericht Bl. d. A.)	b) Notkarte — nicht — angelegt
b) ist nicht erforderlich.	c) FS — nicht — gegeben

Blutprobe
wurde . nicht - veranlaßt

Modde, KK
(Unterschrift, Dienstgrad)

(Unterschrift, Dienstgrad)

Vermerk über die Erfassung in der polizeilichen Kriminalstatistik (KP 31)

KP 31b — nicht — gefertigt

KP 31a	Spalten des Vordrucks KP 31																			Datum und Zeichen des Sachbearb.
	Lfd.Nr.	b	c	d	e	f	g	h	i	k	l	m	n	o	p	q	r	s	t	u	
(Vorders.)																					
evtl. Nachträge																					
(Rücks.)																					
evtl. Nachträge																					

Sachverhalt umseitig

46 Js 377/89

Herrn/~~Frau/Fräulein~~

Name Lübber   Vornamen Elmar
      Bei Frauen auch Geburtsname

geb. am 12.8.1926   in Viersen   Beruf Revierjäger

Wohnung Monschau-Höfen, Eichenstr. 10   Fernruf 2538

zeigt an Gestern nachmittag gegen 17.00 Uhr befand ich mich in dem Jagdrevier
Galgenberg, das die Stadt Monschau dem Kaufmann Ganten verpachtet hat
und über das mir die Jagdaufsicht übertragen ist. Jenseits der nörd-
lichen Grenze dieses Reviers werden z.Z. einige Häuser errichtet; die
Bauarbeiten werden von der Firma Acker aus Aachen ausgeführt. In unmittelbarer Nähe der Baustelle - aber noch innerhalb des Jagdreviers -
entdeckte ich gestern im Gebüsch eine Drahtschlinge, in der sich ein
Wildkaninchen verfangen hatte. Ich löste die Schlinge und tötete das
stark blutende Tier. Da ich den Verdacht hatte, daß einer der Bauarbeiter die Schlinge aufgestellt hatte, legte ich das tote Tier wieder
in die Schlinge hinein. Dann verbarg ich mich hinter einem in der Nähe
stehenden Baum, um von dort aus den Tatort beobachten zu können. Ich
vermutete, daß der Täter, wenn er auf der Baustelle arbeitete, kurz
nach Feierabend nachsehen werde, ob sich Wild in der Schlinge verfangen hätte. Gegen 17.30 Uhr bemerkte ich, wie ein Arbeiter von der
Baustelle zur Schlinge ging, das tote Kaninchen herausnahm und es in
einen Rucksack steckte. Ich trat auf ihn zu und stellte ihn zur Rede.
Dabei erklärte ich ihm, daß ich das Tier kurz vor ihm aus der Schlinge
genommen und getötet hätte. Sodann forderte ich ihn auf, mir das Kaninchen herauszugeben. Als er sich weigerte und ich ihn daraufhin er-
suchte, mir seine Personalien anzugeben, wandte er sich um und lief
davon. Es gelang mir nicht, ihn zu stellen. Ich würde ihn jedoch jederzeit wiedererkennen.

     v. g. u.   geschlossen:

gez. Elmar Lübber   gez. Modde, KK

Kriminalpolizei Aachen   Monschau, den 15.11.1989
- Außenstelle Monschau -
- Tgb. Nr. 6. K - 759/89 -

Vermerk:

Heute morgen gegen 9.00 Uhr suchte der Unterzeichner mit dem Revierjäger
Lübber die Baustelle der Fa. Acker in Kalterherberg auf. Dort erkannte Herr
Lübber den Beschuldigten wieder: Es handelt sich um den Hilfsarbeiter Werner
Reissel aus Mönchengladbach, Klotzgasse 16.

Er wurde an Ort und Stelle

                          verantwortlich vernommen

und erklärte, über die ihm vorgeworfene Tat unterrichtet und über seine
Rechte als Beschuldigter belehrt,

I) Zur Person:

    Reissel, Werner, Hilfsarbeiter (monatl. Nettoeinkommen ca. 2.000,- DM),
    geb. 16.1.1929 in Stuttgart,
    wohnhaft in Mönchengladbach, Klotzgasse 16,
    Deutscher, ledig,
    vorbestraft durch Urteil des AG Mönchengladbach vom
    22.8.88 - 12 Ds 42 Js 122/88 -
    wegen fahrlässiger Körperverletzung im Straßenverkehr
    zu 10 Tagessätzen à 35,-- DM.

II) Zur Sache:

    Vor ca. 6 Wochen wies mich mein Arbeitskollege Hedder darauf hin, daß
    es in der Nähe der Baustelle viele Wildkaninchen gebe; wir könnten uns
    doch jeder einen "Sonntagsbraten" verschaffen. Nach längerem Zureden
    Hedders ging ich auf seinen Vorschlag ein. Hedder fertigte eine Draht-
    schlinge an, und ich stellte sie an der Stelle auf, an der sie später
    von dem Revierjäger Lübber entdeckt wurde. Hedder vereinbarte mit mir,
    daß ihm das erste und mir das zweite erlegte Kaninchen gehören sollte.
    Ich weiß, daß ich in einem fremden Revier keine Wildkaninchen jagen
    darf, weil ich von einem Bauernhof stamme.

    Das erste Tier steckte vor etwa einem Monat an einem Freitag in der
    Schlinge. Hedder entdeckte es in der Mittagspause und nahm das bereits
    verendete Tier an sich. Er legte es in seinen Spind, der in der Bau-
    bude steht, und wollte es nach Feierabend mit nach Hause nehmen. Am
    Nachmittag desselben Tages erlitt er jedoch auf der Baustelle einen
    Unfall, wobei er sich einen Arm brach. Bevor er ins Krankenhaus gefah-
    ren wurde, gab er mir seinen Spindschlüssel und sagte, ich solle das
    Kaninchen aus seinem Spind herausnehmen; er schenke es mir, denn es
    verwese ja sonst. Dafür sollte er das zweite Tier bekommen, wenn er
    bis dahin aus dem Krankenhaus entlassen wäre.

    Nach Feierabend holte ich mir das Tier aus dem Spind des Hedder und
    nahm es mit nach Hause, wo ich es am Wochenende, zu dem ich immer nach
    Mönchengladbach fahre, verzehrte.

Das Kaninchen, das ich gestern an mich nahm, war das zweite, das in der Schlinge steckte. Auch dieses Tier habe ich inzwischen gegessen. Dem Hedder, der inzwischen aus dem Krankenhaus entlassen ist und den ich Sonntagabend zu Hause besuchte, habe ich nichts davon gesagt, daß ich ein zweites Tier gefangen hatte.

v. g. u.   geschlossen:

gez. Werner Reissel   gez. Modde, KK

Kriminalpolizei Aachen
- Außenstelle Monschau -
Dienststelle

Tgb.-Nr.: 6. K. - 759/89 -
Akt.-Zeichen:

Merkblatt angelegt.
Fingerabdrücke genommen. Ja-Nein*)
Lichtbilder gefertigt. Ja-Nein*)
Person ist—nicht—festgestellt*)
Im Deutschen Fahndungsbuch-Festnahmen/Aufent-
haltsermittlungen—, in der Fahndungskartei ausge-
schrieben? Ja-Nein*)

*) Nichtzutreffendes streichen

Monschau , den 21.11. 19 89

Verantwortliche Vernehmung

Es erscheint**) ....

der / die Nachgenannte

wohnhaft in .... Rott, Akazienweg 4 .... Straße/Platz Nr. ....

Fernruf .... und erklärt:

1. a) Familienname, auch Beinamen, Künstlername, Spitzname, bei Namensänderung früherer Familienname, bei Frauen auch Geburtsname, ggf. Name des früheren Ehemannes	a) ...... Hedder
b) Vornamen (Rufname unterstreichen)	b) ...... Bruno
2. Geboren	am 26.4.1930 in Viersen Kreis (Verwaltungsbezirk) Krefeld Landgerichtsbezirk Mönchengladbach Land NRW
3. a) Beruf aa) erlernter bb) z.Z. der Tat ausgeübter cc) Stellung im Beruf (z.Z. der Tat) Hier ist anzugeben: — ob Geschäftsinhaber, Gehilfe, selbständiger Handwerksmeister, Geselle usw. b) Ferner sind anzugeben: — bei Ehefrauen Beruf des Mannes — bei Beamten, Behördenangestellten, Angehörigen der Bundeswehr usw. Anschrift der Dienststelle — bei Studierenden Anschrift der Hochschule und das belegte Lehrfach — bei Trägern akademischer Würden (Dipl.-Ing., Dr., D. usw.), wann und wo bei welcher Hochschule der Titel erworben wurde c) bei Erwerbslosigkeit, seit wann?	a) ...... Arbeiter aa) ...../. bb) Bauarbeiter cc) Hilfsarbeiter b) c)

**) Auf Vorladung, aus Untersuchungshaft, aus Strafhaft, als vorläufig Festgenommener vorgeführt, in der Wohnung, an der Arbeitsstätte aufgesucht usw.
(Zutreffendes einsetzen.)

4. Einkommensverhältnisse
  a) z. Z. der Tat
  b) gegenwärtig
	a) ca. 2.200,- DM
	b) ca. 2.200,- DM

5. a) Familienstand
    ledig - verheiratet - verwitwet - geschieden -
    getrennt lebend -
 	
  b) Vor- und Familienname des Ehegatten
    bei Frauen auch Geburtsname, ggf. Name des
    früheren Ehemannes
 	
  c) Wohnung des Ehegatten
    bei verschiedener Wohnung
 	
  d) Beruf des Ehegatten
	a) verheiratet
	
	b) Anna geb. Kaufmann
	
	c) wie Ehemann
	
	d) Hausfrau

6. Kinder a) Anzahl b) Alter	a) 2 b) 8, 10 Jahre

7. a) Vater, Vor- und Zuname
    Beruf
    Wohnung
 	
  b) Mutter, Vor- und Geburtsname
    Beruf
    Wohnung
    (auch wenn Eltern bereits verstorben)
 	
  c) Vormund*), Pfleger*) oder Bewährungshelfer*),
    Vor- und Zuname
    Beruf
    Wohnung
	a) Hedder, Anton
	     Rentner, Viersen, Krefelder Str. 203
	
	b) Maria geb. Janke
	     Hausfrau
	     wie Ehemann
	
	c) entfällt

8. Staatsangehörigkeit (auch evtl. frühere)	deutsch

9. Ehrenämter
    in Staat, Gemeinde oder einer Körperschaft des
    öffentl. Rechts (Schöffe oder Geschworener — Handels-,
    Arbeits- oder Sozialrichter — Vormundschaften oder
    Pflegschaften — Bewährungshelfer — sonstige Ehren-
    ämter)
	entfällt

10. Personalausweis
    Reisepaß, sonstige Ausweise und Berechtigungsscheine
    (Art, ausstellende Behörde, Nummer, Ausgabedatum)
    z. B. Führerschein, Wandergewerbeschein, Legitima-
    tionskarte, Jagd- oder Fischereischein, Waffenschein,
    Schiffer- oder Lotsenpatent, Unterbringungsschein
    nach Gesetz zu Art. 131 GG, Rentenbescheid, Spreng-
    meisterschein
	Personalausweis Nr. D 328579
	ausgestellt am 23.1.1985
	von der Gemeindeverwaltung Viersen

11. Vorstrafen
    Maßregeln der Sicherung und Besserung, Strafe zur
    Bewährung ausgesetzt, bedingte Entlassung bewilligt,
    Anhängige Strafverfahren — nach eigenen Angaben —.
	AG Aachen
	Urteil vom 19.9.1988
	- 40 Ds 43 Js 325/88 - wegen fahrlässi-
	ger Trunkenheit im Straßenverkehr
	zu 30 Tagessätzen à 20,-- DM
	und Führerscheinentzug für
	9 Monate, beginnend ab 19.9.1988.

Nichtzutreffendes durchstreichen.

Nach Belehrung gem. §§ 163 a, 136 StPO erklärt der Beschuldigte:

"Mir wurde die Niederschrift über die Vernehmung meines Arbeitskollegen Reissel vorgelesen. Seine Angaben treffen nicht zu. Ich habe mit der ganzen Sache nichts zu tun. Reissel will wohl einen Unbekannten decken. Ich bin nicht unvermögend. Mit meiner Frau habe ich von meinen verstorbenen Schwiegereltern ein Haus in Rott, Akazienweg 4, geerbt. Ich habe also nicht nötig zu wildern."

    v. g. u.   geschlossen:

gez. Bruno Hedder   gez. Modde, KK

Kriminalpolizei   Monschau, 21.11.1989
Aachen
- Außenstelle Monschau -

Auf der Baustelle der Fa. Acker aus Aachen in Monschau-Kalterherberg erscheint der Bauarbeiter Anton Kallhausen, geb. 20.1.1947 in Kalterherberg, wohnhaft Eupener Str. 8 in Mützenich, und erklärt, nachdem er über seine Rechte und Pflichten als Zeuge belehrt wurde:

"Ich habe von der Wilderei gehört. Zur Sache selbst kann ich keine Angaben machen. Ich habe wohl gesehen, daß Hedder vor ca. 3 Wochen - das genaue Datum kann ich nicht angeben - seinen Spindschlüssel an Reissel gegeben hat."

    v. g. u.   geschlossen:

    gez. Anton Kallhausen   gez. Modde, KK

Vermerk:

Auf der Baustelle wurde der Beschuldigte Hedder erneut aufgesucht. Er erklärte sich mit der Durchsuchung seines Spinds einverstanden.

Auf dem Boden des Spinds wurden auf einer alten Zeitung einige Bluttropfen entdeckt.

Die Zeitung wurde mitgenommen und der Abteilung Rechtsmedizin der RWTH Aachen zur Untersuchung zugeschickt.

                                  gez. Modde, KK

Vermerk:

Am 24.11.1989 teilte Herr Dr. med. Claus Wehr von der Abteilung Rechtsmedizin der RWTH Aachen dem Unterzeichner fernmündlich mit, die Untersuchung der Bluttropfen habe ergeben, daß es sich eindeutig um Tierblut handele. Der Vorgang werde von ihm unter der Tgb.-Nr. 1528/89 bearbeitet.

Zur Identifizierung als Tierblut werde er in der Hauptverhandlung nähere Ausführungen machen. Aus Kostengründen habe er zunächst von der Erstattung eines schriftlichen Gutachtens abgesehen.

gez. Modde, KK

———————

Monschau, den 28.11.1989

U.m.A.
der Staatsanwaltschaft

5100 Aachen

nach Durchführung der erforderlichen Ermittlungen übersandt. Die als Tatwerkzeug benutzte Drahtschlinge ist beigefügt.

i.A.

gez. Pützstück, KHK

———————

Vermerk:

Schlinge ist asserviert unter LÜ 257/89. Die angegebenen Vorstrafen treffen zu.

Staatsanwalt

Vermerk für den Bearbeiter

Der Sachverhalt ist zu begutachten; die Entschließung der Staatsanwaltschaft ist zu entwerfen.

Im Gutachten ist bei der Erörterung der einzelnen Merkmale der untersuchten Straftatbestände nicht nur in rechtlicher, sondern auch in tatsächlicher Hinsicht zu prüfen, ob die Beschuldigten nach den Ergebnissen des vorbereitenden Verfahrens der Begehung von Straftaten hinreichend verdächtig sind. Im wesentlichen Ergebnis der Ermittlungen (§ 200 Abs. 2 S. 1 StPO) braucht die tatsächliche Würdigung nicht ausführlich wiederholt zu werden.

Sollten weitere Ermittlungen für erforderlich gehalten werden, so ist davon auszugehen, daß diese durchgeführt worden sind und keine neuen Gesichtspunkte ergeben haben.

Wird Anklage beim Strafrichter erhoben, so ist § 200 Abs. 2 S. 2 StPO nicht anzuwenden.

Am Ende der Klausur ist anzugeben, in welchen Auflagen ggf. die Hilfsmittel Dreher/Tröndle, StGB, und Kleinknecht/Meyer, StPO, dem Bearbeiter zur Verfügung standen.

Hinweis

Der von Ihnen benutzte Aufgabentext wird nicht zu Ihren Prüfungsunterlagen genommen. Bezugnahmen oder Verweisungen, die nur durch Einsicht in das von Ihnen benutzte Exemplar des Aufgabentextes verständlich werden, verbieten sich deshalb.

L ö s u n g

Vorschlag

Ich schlage vor, die Beschuldigten Reissel (R.) und Hedder (H.) vor dem
Strafrichter in Monschau anzuklagen, und zwar

a) R. und H. wegen gemeinschaftlicher fortgesetzter Wilderei in einem besonders schweren Fall sowie

b) R. wegen Unterschlagung, begangen durch eine zweite selbständige Handlung.

Gutachten

A. Strafbarkeit der Beschuldigten

I. Das Aufstellen der Schlinge, das Fangen und Erlangen des ersten Tieres
Anfang Oktober 1989[1])

1. Strafbarkeit des R.

a) R. könnte einer Wilderei gem. § 292 StGB hinreichend verdächtig sein;
als Tathandlungen kommen in Betracht: Nachstellen, Fangen, Erlegen sowie
- hinsichtlich beider in Abs. 1 erwähnter Alternativen - Zueignen.

R. hat innerhalb eines Jagdreviers eine Schlinge ausgelegt, um ein Kaninchen zu fangen. Das Schlingenlegen durch R. ist "nachstellen"[2)], weil hierdurch ohne weitere Handlungen des Täters das Fangen herbeigeführt wird.
Hierin kann eine Verletzung fremden Jagdrechts zu sehen sein, wenn die Jagd
auf Wildkaninchen nach den Vorschriften des Bundesjagdgesetzes ausschließlich dem Jagdberechtigten zusteht. Nach § 2 Abs. 1 S. 1 BJG gehören Wildkaninchen zu den jagdbaren Tieren; die Ausübung der Jagd steht daher innerhalb nicht eingezäunter Gebiete gem. § 1 BJG nur den nach § 3 BJG Berechtigten zu. Der nicht jagdberechtigte R. hat also unter Verletzung fremden
Jagdrechts Wildkaninchen nachgestellt.

R. hat mit der Schlinge das Kaninchen auch gefangen und es dadurch getötet,
damit erlegt[3)].

Das Nachstellen wie das Fangen und Erlegen ist unter Anwendung von Schlingen begangen worden, so daß ein besonders schwerer Fall im Sinne von § 292
Abs. 2 StGB gegeben ist. Die Ermittlungen haben keine Hinweise dafür ergeben, daß die Beschuldigten sich eine fortlaufende Einnahmequelle von eini-
ger Dauer verschaffen wollten oder aufgrund eines durch Übung erworbenen
Hanges tätig wurden: Die Voraussetzungen des § 292 Abs. 3 StGB liegen daher nicht vor.

R. kann sich das Kaninchen auch im Sinne von § 292 StGB "zugeeignet" haben.
Zwar bedeutet "zueignen" im Sinne der ersten Form der Tathandlung zueignen

eines lebenden Wildes[4], so daß diese Tathandlung nicht erfüllt ist. Jedoch ist das erste erlegte Wildkaninchen eine Sache, die dem Jagdrecht unterliegt (§ 1 Abs. 5 BJG), womit R. insoweit eine tatbestandsmäßige Zueignungshandlung begangen haben könnte. "Zueignung" im Sinne von § 292 Abs. 1 StGB ist jede Gewahrsamsbegründung mit dem Willen, sich die dem Eigentümer zustehende Verfügungsmacht anzumaßen und den wirtschaftlichen Wert der Sache seinem oder dem Vermögen eines Dritten zuzuführen. Im Gegensatz zum Inhalt des Zueignungsbegriffes bei §§ 242, 246 StGB ist nach Sinn und Zweck der Vorschrift des § 292 StGB auch die Drittzueignung tatbestandsmäßig. Denn nur so werden Verhaltensweisen - wenn z.B. Dritte verendete Tiere aus einem Jagdbezirk holen und sie dem Jagdberechtigten eines anderen Jagdbezirks zukommen lassen - erfaßt, die zum Schutz des Jagdrechts notwendig sind[5]. R. hat nach seiner nicht zu widerlegenden Behauptung das erlegte Tier nicht selbst aus der Schlinge genommen; vielmehr ist diese Handlung durch einen anderen begangen worden. R. muß sich das von ihm geschilderte Verhalten des H. aber wie eigenes zurechnen lassen, wenn beide die Tat gemeinschaftlich (§ 25 Abs. 2 StGB) begangen haben.

Mittäterschaft[6] im Sinne von § 25 Abs. 2 StGB liegt vor bei vorsätzlicher gemeinschaftlicher Ausführung einer strafbaren Handlung; das ist die auf einem gemeinschaftlichen Entschluß beruhende arbeitsteilige Mitwirkung an der Tatbegehung mit Einfluß auf die Tatherrschaft und dem Willen, die Tat als eigene vorzunehmen und nicht nur eine fremde Tat zu unterstützen. Fraglich ist, ob überhaupt ein hinreichender Verdacht dafür vorliegt, daß die Tat so ausgeführt worden ist[7], wie der Beschuldigte R. sie schildert, ob also H. an der Tat beteiligt war. Der Beschuldigte H. bestreitet die Tat. Seiner Einlassung steht jedoch das Geständnis des R. entgegen. Dieses erscheint glaubhaft: Es ist einmal kein Motiv ersichtlich, warum R. seinen Arbeitskollegen in einer Weise belasten sollte, die ihn selbst nicht entscheidend entlastet; ein Teil seiner Angaben wird zudem durch den Zeugen Kallhausen bestätigt, nämlich, daß H. dem R. den Schlüssel zu seinem Spind ausgehändigt hat. Schließlich ist in dem Spind des H. Tierblut festgestellt worden, was den von R. geschilderten Handlungsablauf bestätigt. Nach alledem ist H. mit der für eine Anklage erforderlichen hinreichenden Wahrscheinlichkeit überführt, in der von R. geschilderten Weise gemeinsam mit diesem vorgegangen zu sein.

Beide Beschuldigten haben also die Tat gemeinsam geplant und entsprechend ihrer Absicht auch arbeitsteilig ausgeführt, um sich gegenseitig bei der Erlangung eines Kaninchens behilflich zu sein. Beide haben mit Täterwillen gehandelt, denn sie hatten ein gleich großes eigenes finanzielles Interesse an der Durchführung der Tat. Jeder wollte die Zueignung eines Kaninchens für den anderen und eines anderen Tieres für sich. R. und H. haben gemeinsam die Tatherrschaft über die Tatausführung gehabt. Sie sind daher Mittäter im Sinne von § 25 Abs. 2 StGB.

Somit muß sich R. das Verhalten des H. wie eigenes zurechnen lassen. Also erfüllt das Verhalten von R. auch das Tatbestandsmerkmal der gemeinschaftlich begangenen Zueignung. Da die übrigen Tatbestandshandlungen ebenfalls dem gemeinsamen Plan und dessen Verwirklichung entsprachen, hat R. auch insoweit als Mittäter[8] gehandelt.

Das widerrechtliche[9] Verhalten des R. ist auch vorsätzlich geschehen, denn R. wußte, daß er fremdes Jagdrecht verletzte und Wildkaninchen jagdbare Tiere sind.

b) Die Handlungsweise des R. könnte auch gegen § 17 Nr. 2 b des Tierschutzgesetzes verstoßen.

Das Fangen eines Wirbeltieres mittels einer Schlinge verursacht länger an-
haltende erhebliche Schmerzen. Das in der Schlinge gefangene Tier gerät
in Panik; durch die Fluchtversuche zieht sich die Drahtschlinge immer enger
und schmerzhafter zu, bis das Tier sich selbst erdrosselt hat.

Zwischen Jagdwilderei, die unter Anwendung von Schlingen begangen wird, und
dem Verstoß gegen § 17 Nr. 2 b Tierschutzgesetz besteht jedoch Gesetzeskonkurrenz, weil die Tierquälerei zwar nicht die notwendige, aber doch die
regelmäßige Begleiterscheinung dieser Form der Jagdwilderei darstellt und
der Gesetzgeber aus diesem Grund den Strafgehalt der einen Tat bei der Be-
messung der Strafdrohung für die andere Tat mitberücksichtigt hat. Der
Verstoß gegen § 17 Nr. 2 b Tierschutzgesetz wird daher von § 292 Abs. 1
u. 2 StGB konsumiert.

c) Die von R. begangene Ordnungswidrigkeit nach § 39 Abs. 1 Nr. 5 i.V.m.
§ 19 Abs. 1 Nr. 8 BJG ist gem. § 21 OWiG nicht zu verfolgen, denn die Handlung ist gleichzeitig Straftat und Ordnungswidrigkeit.

2. Strafbarkeit des H.

a) H. ist - wie oben dargelegt -[10] hinreichend verdächtig, Mittäter der
bei der Prüfung der Strafbarkeit des R. bejahten Tatbestände der Wilderei
und Tierquälerei zu sein. Denn auch das Fangen mittels einer Schlinge mit
den oben geschilderten Folgen entsprach dem gemeinsamen Tatplan. Er hat
auch rechtswidrig und offensichtlich vorsätzlich gehandelt.

b) Die Anstiftung des R. zur Teilnahme an diesen Straftaten, wie sie H. dar-
legt, tritt als leichtere Beteiligungsform hinter der schwersten als Mittäter zurück.

II. R. nimmt das Kaninchen aus dem Spind des H.

a) Durch die Annahme des Kaninchens von H., der das Tier zunächst an sich
genommen hatte, könnte R. den Tatbestand der Hehlerei gem. § 259 Abs. 1
StGB verwirklicht haben.

H. hatte das Tier durch eine gegen fremdes Vermögen[11] gerichtete rechtswidrige Tat, nämlich durch Wilderei, erlangt. R. hat es im Einverständnis
mit H. an sich gebracht. R. hat auch in Kenntnis der Herkunft seines Vorteils wegen gehandelt und damit den Tatbestand des § 259 StGB erfüllt.

Es fragt sich jedoch, ob der Schutzzweck des § 259 StGB auch die Rückerlan-
gung der Beute durch einen Mittäter der Vortat vom anderen Mittäter erfaßt,
wenn er zuvor die durch die Vortat erlangte Verfügungsgewalt aufgegeben
hat und anschließend sich erneut durch die hehlerische Tätigkeit in eine
unmittelbare Sachbeziehung bringt. Diese Auffassung begegnet jedoch - vor
allem nach der Neufassung des § 259 StGB - entscheidenden Bedenken[12].
Eine "Perpetuierung" der durch die Tat geschaffenen rechtswidrigen Vermö-
genslage tritt nicht in der Form ein, daß nunmehr Dritte die Sache in Besitz haben. Die Sache bleibt vielmehr im Gewahrsam eines der Mittäter.
Auch ein Zusammenwirken eines Dritten mit dem Vortäter kann begrifflich
nicht bejaht werden, denn auch nach Teilung der Beute bleiben beide Mittäter Vortäter. Daraus folgt, daß der Mittäter wegen Erlangung der gestohlenen Sache vom anderen Mittäter nach dem Willen des Gesetzes nicht wegen
Hehlerei verfolgt werden kann[13].

Also scheidet eine Anklageerhebung gegen R. wegen Hehlerei gem. § 259 StGB aus.

b) R. könnte durch die Erlangung des Kaninchens von H. erneut den Tatbestand der Zueignung einer dem Jagdrecht unterliegenden Sache verwirklicht haben (§ 292 Abs. 1 StGB)[14].

Gegen die Annahme einer solchen nochmaligen Verwirklichung des Zueignungstatbestandes spricht, daß R. sich das Kaninchen schon zuvor mit H. rechtswidrig zugeeignet hatte[15], eine Zueignung einer schon zugeeigneten Sache begrifflich aber ausscheidet. Zudem ist die Annahme eines erlegten Tieres vom Wilderer durch einen Dritten Hehlerei, die § 292 StGB verdrängt[16]. Es wäre nicht folgerichtig, Hehlerei durch den Vortäter der Wilderei - wie oben geschehen - abzulehnen und wiederum erneute Wilderei zu bejahen, die bei weiterer Abgabe- und Erwerbshandlungen dann stets aufs neue anzunehmen wäre.

Der Tatbestand des § 292 Abs. 1 StGB ist daher durch R. nicht erneut verwirklicht worden.

III. Das erneute Aufstellen der Schlinge, das Fangen und Ansichnehmen des zweiten Tieres am 14. November

1. Strafbarkeit der Beschuldigten R. und H. wegen gemeinschaftlich begangener Handlungen

a) In dem Aufstellen der Schlinge und dem Fangen des Tieres liegt wiederum eine - gemeinschaftliche - Wilderei in einem besonders schweren Fall im Sinne von § 292 Abs. 1 u. 2 StGB. Verwirklicht worden sind die Tathandlungen Nachstellen und Fangen.

b) Das zweite Kaninchen ist jedoch von R. und H. nicht erlegt worden, weil es der Jagdaufseher getötet hat.

c) Hinsichtlich des zweiten Kaninchens könnte jedoch wiederum eine Jagdwilderei gem. § 292 Abs. 1 StGB durch Zueignung einer dem Jagdrecht unterliegenden Sache vorliegen. Eine Zueignung einer dem Jagdrecht unterliegenden Sache setzt jedoch voraus, daß die Sache herrenlos ist; denn nur so lange unterliegt sie dem Jagdrecht. Die Herrenlosigkeit des zweiten Kaninchens (§ 960 Abs. 1 BGB) könnte geendet haben mit einer Aneignung gem. § 958 Abs. 1 BGB durch den Jagdpächter. Voraussetzung der Aneignung ist die Begründung von Eigenbesitz an einer herrenlosen Sache durch den Aneignungsberechtigten (§ 958 Abs. 1, 2 BGB). Eigenbesitz ist gem. §§ 872, 854 BGB die tatsächliche Sachherrschaft mit dem Willen, die Sache als eigene zu behandeln. Als der Revierjäger das Wildkaninchen der Schlinge entnahm und es tötete, übte er die tatsächliche Gewalt über das Kaninchen aus. Gem. § 855 BGB ist aber hierdurch nicht der Revierjäger, sondern der jagdberechtigte Jagdpächter Besitzer geworden. Denn der Revierjäger ist im Verhältnis zum Jagdpächter dessen Besitzdiener, weil er als Angestellter den Weisungen des Jagdpächters hinsichtlich der Jagdausübung Folge zu leisten hat und von ihm sozial abhängig ist. Zur Annahme einer Besitzdienerschaft ist es nicht erforderlich, daß der Besitzherr eine ununterbrochene räumliche Einwirkungsmöglichkeit auf die Tätigkeit des Besitzdieners hat.

Danach ist Ganten als Besitzherr Besitzer des Wildkaninchens geworden, als sein Besitzdiener es an sich nahm. Da aus seiner Stellung als Jagdpächter folgt, daß er hinsichtlich des Wildes seines Jagdreviers Eigentümerwillen hat (§ 872 BGB) und er als Jagdpächter gem. § 1 Abs. 1 in Verbindung mit § 3 Abs. 1 und § 11 BJG zur Aneignung berechtigt ist, ist er mit Begründung des Eigenbesitzes Eigentümer des Wildkaninchens geworden.

Die Beschuldigten haben sich also nicht eine dem Jagdrecht unterliegende Sache im Sinne von § 292 StGB zugeeignet.

2. Strafbarkeit des Beschuldigten R.

a) Die Annahme des R., das Kaninchen unterliege noch dem Jagdrecht, führt nicht zu einer Strafbarkeit wegen eines untauglichen Versuchs der Aneignung nach § 292 StGB, weil die versuchte Wilderei nicht mit Strafe bedroht ist.

b) R. könnte aber einen Diebstahl gem. § 242 Abs. 1 StGB dadurch begangen haben, daß er das zweite Kaninchen an sich nahm und mitnahm.

Wie oben ausgeführt, stand das zweite Kaninchen zu dem Zeitpunkt, als R. es aus der Schlinge herausnahm, bereits im Eigentum des Jagdpächters und war somit für R. eine fremde bewegliche Sache. In der Mitnahme des Tieres könnte eine Wegnahme im Sinne von § 242 StGB liegen. Unter Wegnahme ist der Bruch fremden und die Begründung neuen, regelmäßig eigenen Gewahrsams durch den Täter zu verstehen. Gewahrsam ist das von einem Herrschaftswillen getragene tatsächliche Herrschaftsverhältnis zu einer Sache. Dies hängt nicht allein von der körperlichen Nähe zur Sache oder von den Möglichkeiten ab, mit der die Herrschaftsbeziehung aufrechterhalten werden kann; der entscheidende Maßstab ist vielmehr die Anschauung des täglichen Lebens. Diese Ansicht weist demjenigen, der sich mit Herrschaftswillen in der Nähe eines am Boden liegenden Gegenstandes befindet und sich jederzeit seiner bemächtigen kann, die ausschließliche Herrschaftsgewalt zu. Der Revierjäger hatte, weil er allein in der Lage war, die Sachherrschaft auszuüben und sie ausüben woll- te und deshalb in der Nähe des Tieres blieb, Alleingewahrsam an dem in die Schlinge zurückgelegten Kaninchen. Als R. das Kaninchen an sich nahm und in den Rucksack steckte, brach er den Gewahrsam des Revierjägers.

Er könnte damit zugleich neuen, eigenen Gewahrsam begründet haben. R. hat das Tier in den Rucksack gesteckt, damit mit Herrschaftswillen eine unmit- telbarere und schnellere Zugriffsmöglichkeit als jeder andere; eine inten- sivere Herrschaftsbeziehung ist nach Anschauung des täglichen Lebens kaum denkbar. Die Beobachtung durch den bisherigen Gewahrsamsinhaber ändert nichts an dieser rechtlichen Beurteilung, weil selbst die körperliche Un- terlegenheit des Diebes oder seine Bereitschaft zur Rückgabe dem Bestohle- nen lediglich die Möglichkeit gibt, den ihm bereits entzogenen Gewahrsam, der zunächst vom Täter voll ausgeübt wird, wiederzuerlangen. R. hat daher eigenen Gewahrsam begründet, somit das Tier weggenommen.

R. handelte auch in der Absicht der rechtswidrigen Zueignung, weil er das Tier verspeisen wollte.

Fraglich ist, ob R. auch vorsätzlich gehandelt hat. Der Vorsatz in § 242 StGB setzt voraus, daß der Täter bei der Wegnahme weiß, daß die Sache fremd ist und im Gewahrsam eines anderen steht. R. erfuhr erst nach dem Einstecken des Kaninchens, mithin nach der Wegnahme, daß der Revierjäger vor ihm das Tier entdeckt hatte und sich in der Nähe aufhielt. Demzufolge irrte er aber bei der Wegnahme über die Fremdheit der Sache wie auch über die Gewahrsamsverhältnisse. Gem. § 16 Abs. 1 StGB hat R. daher nicht vor- sätzlich gehandelt[17]. Damit entfällt die Strafbarkeit aus § 242 StGB.

c) R. könnte jedoch einer Unterschlagung gem. § 246 Abs. 1 StGB hinreichend verdächtig sein, weil er nach seiner Unterhaltung mit dem Wildhüter entwich und das Kaninchen mitnahm. Wie oben dargelegt, hatte R. Alleingewahrsam an dem Tier erlangt, als er es in seinen Rucksack steckte. Er hat es sich auch widerrechtlich zugeeignet, weil er es mit Ausschlußwirkung gegenüber dem Eigentümer seinem Vermögen einverleibt hat. Er handelte weiterhin rechtswidrig und vorsätzlich, weil er aufgrund des Gesprächs mit dem Wildhüter - noch vor Beendigung der Tat bei der weiteren Manifestation seines Zueignungswillens durch Abstreiten der Jagdbeute gegenüber dem Revierjäger - um die Fremdheit der Sache wußte und die Zueignung wollte[18].

Da das Kaninchen einen Wert von ca. 18,-- DM hatte und damit eine geringwertige Sache i.S.v. § 248 a StGB ist, wird die Unterschlagung jedoch nur auf Antrag verfolgt, es sei denn, die Strafverfolgungsbehörde hält von Amts wegen ein Einschreiten wegen des besonderen öffentlichen Interesses an der Strafverfolgung für geboten. Der Eigentümer des Kaninchens hat selbst keinen Strafantrag gestellt. Ob Revierjäger Lübber dazu vom Jagdpächter bevollmächtigt ist, läßt sich dem Sachverhalt nicht entnehmen. Lübber selbst ist nicht strafantragsberechtigt; das ist im Falle der Unterschlagung nur der Eigentümer. Ob ein den Strafantrag ersetzendes besonderes öffentliches Interesse an der Strafverfolgung vorliegt, wird im Abschnitt "Verfahrensfragen" erörtert.

3. Strafbarkeit des Beschuldigten H.

Zu prüfen ist, ob H. auch wegen Beteiligung an der Unterschlagung des zweiten Kaninchens durch R. zu belangen ist. Das ist zu verneinen, weil die Handlungsweise des R. außerhalb des gemeinsamen Tatplanes lag.

IV. Das Verhalten des Beschuldigten R. gegenüber H.

a) R. könnte eines Betruges gem. § 263 Abs. 1 StGB hinreichend verdächtig sein, weil er gegenüber H. verschwieg, daß er das zweite Kaninchen abredewidrig für sich verbrauchte.

Der Betrug setzt eine Täuschung durch den Täter voraus. Das Schweigen des R. stellt kein konkludentes Vorspiegeln falscher oder Unterdrücken wahrer Tatsachen dar, weil sein Verhalten nach der Verkehrsanschauung nicht geeignet ist, den H. von der Frage abzuhalten, ob R. ein weiteres Tier gefangen habe. Es kommt also lediglich eine Täuschung durch Unterlassen in Betracht. Dafür ist das Bestehen einer Garantenstellung des R. erforderlich, aus der eine Aufklärungspflicht herzuleiten wäre. Die Garantenstellung kann in vorliegendem Fall nur auf der persönlichen Verbundenheit der Täter oder - sachbezogen - auf der gemeinsam begangenen Vortat beruhen. Eine Aufklärungspflicht aus der - hier allein durch die Vortat begründeten - Verbundenheit der Mittäter ist abzulehnen, weil sich die Vortat in einer einmaligen abgeschlossenen Rechtsgutverletzung erschöpft und insbesondere keine darüber hinausgehende Gefahrenquelle mit daraus folgender Schadensabwendungspflicht schafft.

Die Vortat und die daraus nach gemeinsamem Tatplan erwarteten und vereinbarten Vorteile begründen zwischen den Mittätern auch kein besonderes Vertrauensverhältnis, aus dem eine Schutzpflicht gegenüber den eventuellen vermögenswerten Hoffnungen des Mittäters folgt. Denn der Schutzzweck des § 263 StGB ergreift nicht die nichtige Erwartung des einen Mittäters, er werde die geringwertige Sache vom anderen Mittäter erhalten[19].

Eine Bestrafung aus § 263 Abs. 1 StGB kommt nicht in Betracht, weil mangels Garantenstellung eine Täuschung des H. nicht vorlag.

b) Das Verhalten des R. könnte nach § 266 Abs. 1 StGB strafbar sein, und zwar wegen Verwirklichung des Treubruchstatbestandes[20]. Für die Annahme des Treubruchstatbestandes fehlt es bei der vorliegenden bloßen mittäterschaftlich begangenen Vortat zum Erwerb geringer Beute an einem Treueverhältnis nicht unbedeutender Art mit einer gewissen Selbständigkeit, die für den R. Pflichten von Gewicht begründen, für das Vermögen des H. zu sorgen.

Eine Strafbarkeit gem. § 266 Abs. 1 StGB scheidet daher aus.

V. Konkurrenzen

R. und H. haben in beiden Fällen gemeinschaftlich die Tatbestandsalternativen des Nachstellens und Fangens, im ersten Fall auch des Erlegens sowie der Zueignung von Sachen, die dem Jagdrecht unterliegen, verwirklicht (§ 292 Abs. 1 u. 2 StGB). Durch die Mitnahme des zweiten Kaninchens hat R. zudem eine Unterschlagung (§ 246 Abs. 1 StGB) begangen.

Die verschiedenen Tatbestandshandlungen des § 292 StGB, nämlich "nachstellen", "fangen" und "erlegen", sind Teilakte eines einheitlichen Delikts. Das Nachstellen stellt als sogenanntes Unternehmensdelikt eine zur selbständigen Tatbestandsalternative erhobene Versuchshandlung dar; es geht bei Erfüllung der übrigen Tatbestandsmerkmale daher in diesen auf[21].

Auch das Aneignen des ersten Kaninchens als einer Sache, die fremdem Jagdrecht unterliegt, gehört zu diesem einheitlichen Delikt, weil damit erst das von vornherein verfolgte Ziel des Täters erreicht ist.

Im ersten wie im zweiten Tatkomplex ist daher das gemeinschaftliche Verhalten von R. und H. nur als Wilderei in einem besonders schweren Fall strafbar.

Die strafbaren Handlungen der ersten und zweiten Wilderei könnten eine fortgesetzte Handlung darstellen. Fortsetzungszusammenhang ist gegeben, wenn der Täter denselben Tatbestand durch Verletzung gleichartiger Rechtsgüter in gleichartiger Begehungsform aufgrund eines Gesamtvorsatzes durch mehrere (natürliche) in zeitlichem und räumlichem Zusammenhang stehende Handlungen verwirklicht. R. und H. haben gemeinschaftlich in beiden Fällen in der gleichen Art und Weise, nämlich durch Auslegen einer Schlinge und das folgende Fangen und Erlegen des ersten Tieres, den Tatbestand des § 292 StGB erfüllt. Sie hatten nach Beginn des ersten Teilaktes die Absicht, die Schlinge zweimal auszulegen, um für jeden von ihnen ein Kaninchen zu fangen. Da räumlicher und zeitlicher Zusammenhang vorliegt, steht die Wilderei im ersten und zweiten Tatkomplex in Fortsetzungszusammenhang.

Mangels unmittelbaren zeitlichen Zusammenhangs zwischen dem Fangen des Tieres und der Zueignung gem. § 246 Abs. 1 StGB und wegen des fehlenden dahin gehenden Planes liegt keine natürliche Handlungseinheit vor.

Die von R. begangene Unterschlagung könnte mit der Wilderei in Fortsetzungszusammenhang stehen. Von den verschiedenen Voraussetzungen einer fortgesetzten Handlung fehlt hier jedenfalls der Gesamtvorsatz, weil R. bei Beendigung der Wildereihandlungen die Entdeckung durch den Revierjäger noch nicht voraussah. Danach ist das Verhalten des R. im zweiten Tatkomplex als durch mehrere selbständige Handlungen begangen zu würdigen, die gem. § 53 StGB in Realkonkurrenz stehen.

R. und H. sind daher folgender Straftaten hinreichend verdächtig:

a) R. und H. der gemeinschaftlichen fortgesetzten Wilderei in einem besonders schweren Fall;

b) R. außerdem, begangen durch eine weitere selbständige Handlung, der Unterschlagung.

VI. Einziehung

Die Schlinge unterliegt gem. §§ 295, 74 Abs. 1 StGB der Einziehung.

B. Verfahrensfragen

Es liegt ein besonderes öffentliches Interesse an der Strafverfolgung (§ 248 a StGB) hinsichtlich der Straftat der Unterschlagung vor, denn sie steht in engem räumlichem wie zeitlichem Zusammenhang mit den ohne Strafantrag zu verfolgenden Delikten der Wilderei und Tierquälerei. In dem ihr zugrundeliegenden Verhalten zeigt sich die eigensüchtige, unbelehrbare Haltung des Beschuldigten R. besonders deutlich; diese Handlung bedarf daher ebenso der strafrechtlichen Verfolgung wie die Wilderei.

Gem. § 25 Nr. 3 GVG ist Anklage vor dem Strafrichter zu erheben, weil angesichts der Tatsache, daß beide Beschuldigte nur einmal wegen eines Verkehrsdelikts bestraft sind, keine höhere Strafe als Freiheitsstrafe von einem Jahr zu erwarten ist.

Örtlich zuständig ist das für den Tatort Kalterherberg zuständige Amtsgericht Monschau (§ 7 Abs. 1 StPO).

Abschlußentscheidung der Staatsanwaltschaft

I. Anklageschrift (Nordrhein-Westfalen)

Staatsanwaltschaft   5100 Aachen, den 15.12.1989
- 46 Js 377/89 -

An das
Amtsgericht
- Strafrichter -

Monschau

Anklageschrift

1) Der Hilfsarbeiter Werner R e i s s e l , geboren am 16.1.1929 in
   Stuttgart, wohnhaft Klotzgasse 16, 4050 Mönchengladbach, ledig,
   Deutscher[22],

2) der Hilfsarbeiter Bruno H e d d e r , geboren am 26.4.1930 in Viersen,
   wohnhaft Akazienweg 4, 5206 Rott, verheiratet, Deutscher,

werden a n g e k l a g t ,

Anfang Oktober und am 14. November 1989[23] in Kalterherberg,

I. die Angeschuldigten R e i s s e l und H e d d e r gemeinschaftlich
   fortgesetzt

   in einem besonders schweren Fall, nämlich unter Anwendung von Schlingen
   unter Verletzung fremden Jagdrechts, Wild gefangen, erlegt und sich eine
   Sache, die dem Jagdrecht unterlag, zugeeignet zu haben;

   in zwei Fällen fingen die Angeschuldigten, entsprechend ihrem vorher
   gefaßten Entschluß, mittels einer von ihnen in dem Jagdgebiet des Kaufmanns Herbert Ganten ausgelegten Drahtschlinge jeweils ein Wildkaninchen; in einem Fall nahmen sie das verendete Tier an sich, um es zu ver-
   zehren[24];

II. der Angeschuldigte R e i s s e l durch eine weitere selbständige
    Handlung[25]

   eine fremde bewegliche Sache, die er in Gewahrsam hatte, sich rechtswidrig zugeeignet zu haben;

   nachdem der Revierjäger Elmar Lübber das zweite in der Schlinge gefangene Wildkaninchen am 14. November 1989 gefunden und getötet hatte,
   legte er es wieder in die Schlinge zurück, um die Täter zu stellen.
   Reissel nahm unter den Augen des Revierjägers, der sich versteckt in
   der Nähe aufhielt, das Tier aus der Schlinge und steckte es in seinen
   Rucksack. Als er anschließend von dem Jagdaufseher gestellt und unter
   Darlegung des Sachverhalts zur Herausgabe aufgefordert wurde, floh er
   mit der Beute.

Vergehen der Unterschlagung und der fortgesetzten gemeinschaftlichen Wilderei in einem besonders schweren Fall, strafbar nach §§ 246 Abs. 1, 248 a, 292 Abs. 1 u. 2, 295, 25 Abs. 2, 53, 74 Abs. 1 StGB.

An der Strafverfolgung der Unterschlagung besteht ein besonderes öffentliches Interesse.

Beweismittel:

    I. 1) Geständnis[26] des Angeschuldigten Reissel,
       2) Einlassung des Angeschuldigten Hedder.

  II. Zeugen:

      1) Revierjäger Lübber, Eichenstr. 10, 5109 Höfen,
      2) Bauarbeiter Peter Kallhausen, Eupener Str. 8, 5108 Mützenich.

III. Sachverständiger: Dr. med. Claus Wehr, zu laden bei der Abteilung Rechtsmedizin der RWTH Aachen, Lochnerstr. 4-20, 5100 Aachen, zu Tgb.-Nr. 1528/89.

  IV. Gegenstand des Augenscheins:

      Die unter LÜ Nr. 257/89 sichergestellte Schlinge[27].

Wesentliches Ergebnis der Ermittlungen

Der Angeschuldigte Reissel ist ledig. Er ist z.Z. als Montagearbeiter für die Firma Acker in Aachen tätig und verfügt über ein monatliches Nettoeinkommen von ca. 2.000,- DM. Er wohnt an den Wochentagen in einer Baubaracke auf dem Baugelände der Fa. Acker in Monschau-Höfen und fährt an den Wochenenden regelmäßig nach Mönchengladbach, wo er eine eigene Wohnung hat.

Der Angeschuldigte Hedder ist verheiratet und hat 2 Kinder im Alter von 8 und 10 Jahren. Er verdient monatlich ca. 2.200,- DM netto und wohnt mit seiner Familie in Rott in einem von seinen verstorbenen Schwiegereltern geerbten Einfamilienhaus.

Beide Angeschuldigten sind geringfügig wegen Verkehrsdelikten vorbestraft.

Seit einigen Monaten sind die Angeschuldigten auf der in unmittelbarer Nähe des Tatortes gelegenen Baustelle der Fa. Acker beschäftigt. Anfang Oktober 1989 machte der Angeschuldigte Hedder den Angeschuldigten Reissel darauf aufmerksam, daß es in der Nähe der Baustelle viele Wildkaninchen gebe und jeder sich doch einen "Sonntagsbraten" verschaffen könne. Nach anfänglichem Zögern erklärte sich Reissel bereit, zusammen mit Hedder Kaninchen mittels einer aus Draht gefertigten Schlinge zu erlegen. Das erste gefangene Tier - so vereinbarten sie - sollte Hedder, das zweite Reissel erhalten. Das erste Kaninchen wurde etwa Anfang Oktober gefangen. An einem Freitag in der Mittagspause nahm Hedder es aus der Schlinge und legte es in seinen in der Baubude befindlichen Spind auf eine Zeitung, die später sichergestellt wurde. Da Hedder sich noch am selben Nachmittag einen Arm brach und ins Krankenhaus mußte, gab er Reissel seinen Spindschlüssel, damit dieser sich das Kaninchen holen könne. Sie vereinbarten, daß Hedder nach seiner Entlassung aus dem Krankenhaus das zweite Tier bekommen solle. Reissel nahm auch das zweite Wildkaninchen, das am 14. November mit der Schlinge gefangen wurde, an sich, nachdem zuvor der Revierjäger Lübber, der im Auftrag des Jagdberechtigten, des Kaufmanns Herbert Ganten, dessen Jagdbezirk überwachte, das Kaninchen aus der Schlinge genommen, es getötet und wieder in die Schlinge zurückgelegt hatte, um den Täter zu stellen. Der Angeschuldigte Reissel, der das Tier unter den Augen des Zeugen Lübber, der sich in der Nähe verborgen hatte, in seinen Rucksack gesteckt hatte, floh mit der Beute, als Lübber ihn stellte und darauf hinwies, daß er das Tier getötet, aber wieder in die Schlinge zurückgelegt habe. Lübber forderte den Angeschuldigten zudem auf, das Tier herauszugeben[28].

Der Angeschuldigte Reissel ist geständig. Der Angeschuldigte Hedder bestreitet die ihm zur Last gelegte Tat. Er ist jedoch aufgrund der Angaben des Mitangeschuldigten Reissel, der Bekundung des Zeugen Kallhausen, er habe gesehen, daß Hedder vor dem Abtransport ins Krankenhaus seinen Spindschlüssel dem Angeschuldigten Reissel übergeben habe, und des Gutachtens des Sachverständigen Dr. Wehr, wonach auf der sichergestellten Zeitung Tierblutspuren vorhanden seien, der ihm zur Last gelegten Tat hinreichend verdächtig.

Es wird beantragt, das Hauptverfahren vor dem Amtsgericht - Strafrichter[29] - in Monschau zu eröffnen.

Staatsanwalt

II. Begleitverfügung

Staatsanwaltschaft   Aachen, den 15.12.1989
- 46 Js 377/89 -

Vfg.

1) Die Ermittlungen sind abgeschlossen.

2) Anklageschrift in Reinschrift fertigen.

3) Entwurf und ein Durchschlag zu den Handakten.

4) Als Prüfungssache (Klausur) vermerken.

5) U. m. A.
   dem Amtsgericht - Strafrichter -
   <u>Monschau</u>
   unter Bezugnahme auf die anliegende Anklageschrift übersandt.

6) 2 Monate.

Staatsanwalt

III. Anklageschrift (Baden-Württemberg)

Staatsanwaltschaft   Stuttgart, den 15.12.1989
- 46 Js 377/89 -

Beilagen: Bl. 1 - 98,
          1 Beweisstück, Liste-Nr. 257/89

An das
Amtsgericht
Strafrichter

in Ludwigsburg

                        Anklageschrift

1.) Der Hilfsarbeiter Werner R e i s s e l , geboren am 16.1.1929 in
    Stuttgart, wohnhaft Klotzgasse 16, 7000 Stuttgart, ledig, Deutscher22),

2.) der Hilfsarbeiter Bruno H e d d e r , geboren am 26.4.1930 in
    Viersen, wohnhaft Akazienweg 4, 7000 Stuttgart, verheiratet, Deutscher,

werden angeschuldigt,

Anfang Oktober und am 14. November 198923) in Ludwigsburg

  I. sie hätten gemeinschaftlich fortgesetzt
     unter Verletzung fremden Jagdrechts unter Anwendung von Schlingen,
     also in einem besonders schweren Fall, Wild gefangen, erlegt und sich
     eine Sache, die dem Jagdrecht unterlag, zugeeignet;

 II. der Angeschuldigte Reissel,
     er habe durch eine weitere selbständige25) Handlung
     eine fremde bewegliche Sache, die er in Gewahrsam hatte, sich rechts-
     widrig zugeeignet,
     indem die Angeschuldigten Reissel und Hedder
     in zwei Fällen,
     entsprechend ihres vorher gefaßten Entschlusses, gemeinsam mittels
     einer von ihnen in dem Jagdgebiet des Kaufmanns Herbert Ganten ausge-
     legten Drahtschlinge jeweils ein Wildkaninchen fingen und in einem Fall
     das verendete Tier an sich nahmen, um es zu verzehren24);

     der Angeschuldigte Reissel,
     indem er unter den Augen des Revierjägers Elmar Lübber, der das zweite
     in der Schlinge gefangene Wildkaninchen am 14.11.1989 gefunden, es ge-
     tötet und wieder zurück in die Schlinge gelegt hatte, um die Täter zu
     stellen, das Tier aus der Schlinge nahm und es in seinen Rucksack
     steckte und - vor dem Jagdaufseher, der ihn gestellt hatte, unter Dar-
     legung des Sachverhalts zur Herausgabe aufgefordert - mit dem Tier
     floh.

Vergehen der Unterschlagung und der fortgesetzten gemeinschaftlichen Wilderei in einem besonders schweren Fall gem. §§ 246 Abs. 1, 248 a, 292
Abs. 1 und 2, 295, 25 Abs. 2, 53, 74 Abs. 1 StGB.

An der Strafverfolgung besteht ein besonderes öffentliches Interesse.

Beweismittel:

I. 1. Geständnis[26] des Angeschuldigten Reissel,
    2. Einlassung des Angeschuldigten Hedder.

II. Zeugen:

    1. Revierjäger Elmar Lübber, Eichenstraße 10, 7000 Stuttgart,
    2. Bauarbeiter Peter Kallhausen, Elsaßstraße 3, 7000 Stuttgart.

III. Sachverständiger:

    Dr. med. Claus Wehr, zu laden bei der Abteilung Rechtsmedizin der
    Universität Ulm, Lochnerstraße 20-30, 7900 Ulm, zu Tgb.-Nr. 1528/89.

IV. Gegenstand des Augenscheins:

    Die unter LÜ Nr. 257/89 sichergestellte Schlinge[27].

Wesentliches Ermittlungsergebnis

I. Persönliche Verhältnisse:

Der Angeschuldigte Reissel ist ledig. Er ist z.Z. als Montagearbeiter für
die Firma Acker in Stuttgart tätig und verfügt über ein monatliches Nettoeinkommen von ca. 2.000,- DM. Er wohnt an den Wochentagen in einer Baubaracke auf dem Baugelände der Firma Acker in Ludwigsburg und fährt an den
Wochenenden regelmäßig nach Stuttgart, wo er eine eigene Wohnung hat.

Der Angeschuldigte Hedder ist verheiratet und hat 2 Kinder im Alter von 8
und 10 Jahren. Er verdient monatlich ca. 2.200,- DM netto und wohnt mit
seiner Familie in Stuttgart in einem von seinen verstorbenen Schwiegereltern geerbten Einfamilienhaus.

Beide Angeschuldigten sind geringfügig wegen Verkehrsdelikten vorbestraft.

II. Zur Tat:

Seit einigen Monaten sind die Angeschuldigten auf der in unmittelbarer
Nähe des Tatortes gelegenen Baustelle der Firma Acker beschäftigt. Anfang
Oktober 1989 machte der Angeschuldigte Hedder den Angeschuldigten Reisser
darauf aufmerksam, daß es in der Nähe der Baustelle viele Wildkaninchen
gebe und jeder sich einen "Sonntagsbraten" verschaffen könne. Nach anfänglichem Zögern erklärte sich Reissel bereit, zusammen mit Hedder Kaninchen
mittels einer aus Draht gefertigten Schlinge zu erlegen. Das erste gefangene Tier - so vereinbarten sie - sollte Hedder, das zweite Reissel erhalten. Das erste Kaninchen wurde etwa Anfang Oktober gefangen. An einem
Freitag in der Mittagspause nahm Hedder es aus der Schlinge und legte es
in seinen in der Baubude befindlichen Spind auf eine Zeitung, die später
sichergestellt wurde. Da Hedder sich noch am selben Nachmittag einen Arm
brach und ins Krankenhaus mußte, gab er Reissel seinen Spindschlüssel,
damit dieser sich das Kaninchen holen könne. Sie vereinbarten, daß Hedder
nach seiner Entlassung aus dem Krankenhaus das zweite Tier bekommen solle.
Reissel nahm auch das zweite Tier, das am 14. November 1989 mit der Schlinge gefangen wurde, an sich, nachdem zuvor der Revierjäger Lübber, der im

Auftrag des Jagdberechtigten, des Kaufmanns Herbert Ganten, dessen Jagdbezirk überwachte, das Kaninchen aus der Schlinge genommen, es getötet und
wieder in die Schlinge zurückgelegt hatte, um den Täter zu stellen. Der Angeschuldigte Reissel, der das Tier unter den Augen des Zeugen Lübber, der
sich in der Nähe verborgen hatte, in seinen Rucksack gesteckt hatte, floh
mit der Beute, als Lübber ihn stellte und darauf hinwies, daß er das Tier
getötet, aber wieder in die Schlinge zurückgelegt habe. Lübber forderte den
Angeschuldigten zudem auf, das Tier herauszugeben[28].

Der Angeschuldigte Reissel ist geständig. Der Angeschuldigte Hedder bestreitet die ihm zur Last gelegte Tat. Er ist jedoch aufgrund der Angaben
des Mitangeschuldigten Reissel, der Bekundung des Zeugen Kallhausen, er
habe gesehen, daß Hedder vor dem Abtransport ins Krankenhaus seinen Spindschlüssel dem Angeschuldigten Reissel übergeben habe, und des Gutachtens
des Sachverständigen Dr. Wehr, wonach auf der sichergestellten Zeitung
Tierblutspuren vorhanden seien, der ihm zur Last gelegten Tat hinreichend
verdächtig.

Es wird beantragt, das Hauptverfahren vor dem Amtsgericht in Stuttgart
- Strafrichter[29] - zu eröffnen.

Staatsanwalt

Anmerkungen

zu 1): Auf den lesenswerten Aufsatz von Wessels in JA 84, 221 sei aus-
         drücklich hingewiesen.

zu 2): Zu Anfang der Erörterung der einzelnen Tathandlungen sollte auf
         den Hinweis verzichtet werden, welche Tathandlung geprüft wird,
         da sich dies jeweils aus dem ersten bzw. zweiten Satz der Darle-
         gungen ergibt.

zu 3): Der Einfachheit der Subsumtion angemessen: kurz und bündig!

zu 4): Vgl. dazu Schönke/Schröder § 292 Rdnr. 4, Dreher/Tröndle § 292
         Rdnr. 11.

zu 5): Vgl. Schönke/Schröder § 292 Rdnr. 8, Dreher/Tröndle § 292 Rdnr. 13.

zu 6): An dieser Stelle - und nicht etwa vorweg - ist die Frage der Mit-
         täterschaft zu prüfen. Denn hier bedarf es dieser Erörterung, um
         die aufgeworfene Frage hinsichtlich der Strafbarkeit des R. ent-
         scheiden zu können.

zu 7): Da die Frage der Beteiligung des H. hier geprüft werden muß, er-
         folgt an dieser Stelle auch die Beweisführung dazu, ob er an der
         Tat überhaupt beteiligt war.

zu 8): Da es keiner weiteren Darlegung mehr hierzu bedarf, kann diese
         Feststellung jetzt an dieser Stelle getroffen werden.

zu 9): Keine weiteren Erörterungen, da unproblematisch.

zu 10): Jede Wiederholung wäre - weil zuvor alles Erforderliche ausgeführt
         worden ist - fehl am Platze.

zu 11): Vgl. Schönke/Schröder § 259 Rdnr. 7.

zu 12): Vgl. BGHSt 7, 134, 137; 8, 392; Schönke/Schröder § 259
         Rdnr. 53 ff., 56.

zu 13): Die Frage, welchen Wert das Kaninchen hat und ob in der Anzeige
         des Revierjägers ein wirksamer Strafantrag zu sehen ist, ob ggf.
         ein besonderes öffentliches Interesse an der Strafverfolgung be-
         steht (§ 259 Abs. 2 StGB i.V.m. § 248 a StGB), kann daher hier
         unerörtert bleiben.

zu 14): Entgegen der sonstigen Fragestellung, ob der Beschuldigte "hin-
         reichend verdächtig" ist, wird bei II a, b angesichts des klaren
         Sachverhalts und der Tatbestandsverneinung danach gefragt, ob
         der Tatbestand verwirklicht ist.

zu 15): Vgl. BGHSt 14, 38 ff., Dreher/Tröndle § 246 Rdnr. 11.

zu 16): Vgl. Schönke/Schröder § 292 Rdnr. 17.

zu 17): Diese Darlegungen hätten auch vorgezogen und damit die Ausführun-
         gen zum Gewahrsam erspart werden können; die Gewahrsamserörterun-
         gen wären dann aber zu § 246 StGB notwendig gewesen.

zu 18): Bis zur materiellen Beendigung der Tat durch Begründung gesicher-
         ter Aneignung der Sache unter Enteignung des Berechtigten reicht
         die Kenntnis sämtlicher Tatumstände und das Wollen ihrer Verwirk-
         lichung aus, um Vorsatz zu bejahen.

zu 19): Vgl. zu dieser Problematik Schönke/Schröder § 263 Rdnr. 148-150.

zu 20): Der Mißbrauchstatbestand liegt offensichtlich nicht vor, deshalb
         sollte er überhaupt nicht erwähnt werden.

zu 21): Vgl. Schönke/Schröder § 292 Rdnr. 5; das gilt auch für das Fangen
         gegenüber dem Erlegen und Zueignen.

zu 22): Vgl. Solbach, Anklageschrift, Einstellungsverfügung, Dezernat und
         Plädoyer, D V 3.

zu 23): Diese Angabe muß so genau wie möglich erfolgen.

zu 24): Die Konkretisierung kann trotz der unterschiedlichen Tatbeiträge
         bzgl. beider Angeschuldigten zusammengefaßt werden, weil sie wegen
         der mittäterschaftlichen Begehung beiden voll zugerechnet werden.

zu 25): Ob Real- oder Idealkonkurrenz vorliegt, entscheidet sich danach,
         ob es sich um eine oder mehrere selbständige Handlungen handelt.
         In der Anklageschrift ist deshalb hierauf abzustellen. Im ersteren
         Fall liegen dann - das ist die Folge - mehrere Straftaten (§ 53
         StGB) vor; bei manchen Staatsanwaltschaften wird deshalb auch for-
         muliert: "durch eine weitere Straftat ...".

zu 26): "Geständnis", auch bei nur polizeilichem Geständnis (nicht: geständige Einlassung!).

zu 27): Daß die Schlinge eingezogen werden k a n n , wird im Anklagesatz - wie alle anderen Rechtsfolgen - nicht erwähnt, vgl. Solbach, Anklageschrift, Einstellungsverfügung, Dezernat und Plädoyer, D V 6.

zu 28): Mit der Tatschilderung im Anklagesatz ist zwar schon ein verständliches und vollständiges Bild der Lebensvorgänge gezeichnet. Aber nur in einfachen Fällen ist es gestattet, auf die wiederholte Darstellung der in der Konkretisierung geschilderten Tatsachen im wesentlichen Ergebnis der Ermittlungen zu verzichten. Bei bedeutenderen Straftaten, schwieriger Beweislage oder verwickelten Ereignissen sind die Tat im wesentlichen Ergebnis der Ermittlungen - eingebettet in den weiteren Lebenssachverhalt - und die für die Beweiswürdigung und Beurteilung wichtigen Vorgänge eingehend darzustellen (vgl. Solbach, Anklageschrift, Einstellungsverfügung, Dezernat und Plädoyer, D V 4). Hier ist dies wegen der unterschiedlichen Tatbeiträge der beiden Angeschuldigten notwendig.

zu 29): Die nochmalige Benennung des Gerichts ist in Nordrhein-Westfalen üblich, obwohl durch die Angabe des Adressaten der Anklageschrift klar ist, vor welchem - und von welchem - Gericht das Hauptverfahren eröffnet werden soll.

<u>K l a u s u r   N r .   2</u>
(Verkauf einer Enthaarungsmaschine)

-.-.Der.Oberkreisdirektor.-................. Gummersbach ... , den 10.5. ... 19 89 __ 10 .. Uhr

-.-. Kriminalpolizei -

Behörde, genaue Bezeichnung der Dienststelle

Tgb. Nr. 3. K. - 1410/89 -

Fernruf 63610 ..... NA 345

Eingangsstempel

Strafanzeige

Strafbare Handlung: Betrug

§§ 263 .... StGB

Tatort: ..... Gummersbach .... AG.-Bezirk: ... Gummersbach
            Ausführliche Beschreibung

Tatzeit: ..... Montag, 10.4.1989
                        Wochentag, Datum, Uhrzeit

Geschädigt Karl Merker, ... 4.10.1930 in Krefeld
                    Name, bei Frauen auch Geburtsname, Vornamen, Geburtstag, Geburtsort

            Metzgermeister, Bergstr. 2, Gummersbach .... Fernruf 7440
                        Beruf, Wohnung

Beschuldigt 1. Alfred Bähre,
                    Name, bei Frauen auch Geburtsname, Vornamen, Geburtstag, Geburtsort

            Vertreter, Hoher Ring 7, Köln
                        Beruf, Wohnung

        2. ....
                    Name, bei Frauen auch Geburtsname, Vornamen, Geburtstag, Geburtsort

            ....
                        Beruf, Wohnung

Gegenstand: 1 Enthaarungsmaschine .... Schadenshöhe: 1.600,-- DM

Beweisstücke: ·/·

Wo versichert? ·/·

Spurensuche	Fahndung
a) wurde veranlaßt am .... um ...... Uhr	a) Suchvermerk liegt — nicht — vor
(siehe Spurensicherungsbericht Bl. .... d. A.)	b) Notkarte — nicht — angelegt
b) ist nicht erforderlich.	c) FS — nicht — gegeben
Blutprobe	
wurde nicht - veranlaßt	
(Unterschrift, Dienstgrad)	(Unterschrift, Dienstgrad)

Vermerk über die Erfassung in der polizeilichen Kriminalstatistik (KP 31)

KP 31 a	Spalten des Vordrucks KP 31																				Datum und Zeichen des Sachbearb.
	Lfd.Nr.	b	c	d	e	f	g	h	i	k	l	m	n	o	p	q	r	s	t	u	
(Vorders.)																					
evtl. Nachträge																					
(Rücks.)																					
evtl. Nachträge																					

KP 31b — nicht — gefertigt

Sachverhalt umseitig

40 Js 926/89

Herrn/Frau/Fräulein

Name .... Der Geschädigte .... Vornamen ....
        Bei Frauen auch Geburtsname

geb. am .... in .... Beruf ....

Wohnung .... Fernruf ....

zeigt an   Am 10.4.1989 erschien in meinem Geschäft als Vertreter der Fa. Faber in
Köln Herr Alfred Bähre, Hoher Ring 7 in Köln, und verkaufte mir eine Ent-
haarungsmaschine, nachdem er mir zuvor eine Vorführmaschine gezeigt hat-
te. Der Kaufpreis betrug 3.600,-- DM. Für 600,-- DM wurde meine alte
Maschine in Zahlung genommen. Außerdem habe ich dem Beschuldigten einen
Barscheck über 1.000,-- DM als Anzahlung übergeben, da er angab, daß eine
Anzahlung für Materialkosten unbedingt erforderlich sei und die Maschine
dadurch schneller, spätestens innerhalb von 14 Tagen, geliefert werde.
Weil der Beschuldigte die Anzahlung forderte, hielt ich ihn dazu für berechtigt und hatte keine Bedenken, ihm Scheck und Maschine mitzugeben.
Daß nach dem vorgedruckten Text des Auftragsformulars der Kaufpreis erst
bei Übernahme der gekauften Maschine zu bezahlen ist, ist mir bei der
Unterschriftsleistung entgangen. Was der Beschuldigte mit dem Scheck und
der gebrauchten Maschine tun sollte, hatten wir nicht besprochen. Ich
ging davon aus, daß er beides bei der Firma Faber abliefern oder aufgrund interner Vereinbarung darüber verfügen würde. Wie ich in Erfahrung
gebracht habe, hat er den Scheck, den ich auf die Fa. Faber ausgestellt
hatte, am 14.4. bei meiner Bank in Gummersbach eingelöst. Wo meine alte
Maschine geblieben ist, weiß ich nicht.

Da die von mir bestellte Maschine in den folgenden zwei Wochen nicht geliefert wurde, setzte ich mich am 5.5.1989 mit Herrn Faber telefonisch
in Verbindung. Er teilte mir mit, daß er von meinem Auftrag nichts wisse,
und riet mir, gegen Bähre Strafanzeige zu erstatten.

Als Beweismittel füge ich die Durchschrift des Vertrages vom 10.4.1989
bei.

geschlossen: selbst gelesen und unterschrieben:
gez. Horn, KHM   gez. Karl Merker

Anlage:

                    Hubert Faber
                    Fleischereimaschinen
                    (Import und Export)
                    Staufferstr. 17, 5000 Köln 1

Firma: Auftrag: Bähre
Metzgerei K. Merker
Gummersbach   Köln, 10.4.1989

Zwischen der Firma Hubert Faber und der o.g. Firma (Besteller) ist heute
folgender Auftrag abgeschlossen worden:

1 Walzenenthaarungsmaschine, Typ 21   3.600,-- DM
1 gebrauchte Maschine, Typ 12, wird
  mit 600,-- DM in Zahlung genommen   -   600,-- DM
Anzahlung Barscheck 1.000,-- DM   - 1.000,-- DM

                              Rest: 2.000,-- DM

Barscheck und gebrauchte Maschine habe ich erhalten.

Die Lieferung erfolgt sofort, spätestens innerhalb 14 Tagen.

                                        gez. Bähre

Zahlungsbedingungen:
1) rein netto bei Übernahme der Maschine
2) Ratenzahlung nach Finanzierungsvertrag

Eigentumsrechte vorbehalten bis zur vollständigen Bezahlung.

                                        gez. Karl Merker

                    _____

3. K. - 1410/89 -   Gummersbach, den 17.5.1989

1) Vermerk:

   Der Beschuldigte und die Fa. Faber haben ihren Wohnsitz in Köln.

2) U. m. A.
   dem Polizeipräsidenten
   - Kriminalpolizei -

   in Köln

   mit der Bitte übersandt, den Inhaber der Fa. Faber als Zeugen und als-
   dann den Beschuldigten Bähre verantwortlich zu vernehmen.

                                        gez. Horn, KHM

Der Polizeipräsident   Köln, den 22.5.1989
- Kriminalpolizei -   10.30 Uhr
Tgb. Nr. 4. K. - 2065/89 -

Es erscheint auf Vorladung
der Dipl.-Landwirt Hubert Faber, 52 Jahre alt,
Staufferstr. 17, 5000 Köln 1

Der Beschuldigte ist mit mir weder verwandt noch verschwägert.

Ich wurde belehrt, daß ich das Zeugnis oder aber, falls ich aussagen will,
die Auskunft auf solche Fragen verweigern kann, deren Beantwortung mir oder
einem der in dem mir vorgelesenen oder erläuterten § 52 (1) StPO bezeichneten Angehörigen die Gefahr zuziehen würde, wegen einer Straftat oder einer
Ordnungswidrigkeit verfolgt zu werden.

Ich erkläre hierzu:

Der Beschuldigte ist von mir wegen der vorliegenden Angelegenheit fristlos
entlassen worden, nachdem Herr Merker mir den Sachverhalt geschildert hat.
Er war knapp 4 Jahre als Vertreter für meine Firma tätig. Er durfte weder
über Schecks verfügen noch gebrauchte Maschinen von sich aus in Zahlung
nehmen. Er durfte lediglich die Verträge mit den Kunden abschließen und an
uns weiterleiten. Die Abwicklung der Verträge wurde von uns erledigt. Ich
überreiche den Vertretervertrag vom 2.7.1985, aus dem sich die Einzelheiten
ergeben, u.a. auch, daß Bähre wöchentlich abrechnen mußte.

Von dem Auftrag Merker erhielten wir vom Beschuldigten Bähre überhaupt
keine Kenntnis; wir erfuhren erst von dem Geschädigten selbst davon. Diesen Auftrag hat Bähre bis heute nicht abgerechnet.

Sowohl Merker als auch meine Firma sind durch das Verhalten des Beschuldigten geschädigt worden. Ich fühle mich moralisch verpflichtet, Merker eine
gleichwertige Maschine billiger zu liefern. Wir haben uns dahin geeinigt,
den Schaden zu teilen. Ich habe ihm inzwischen eine gleiche Maschine zum
Preise von 2.800,-- DM verkauft. Ich bezweifle, daß von Bähre etwas zu-
rückzuholen ist.

geschlossen: v.g.u.

gez. Renzel, KHK   gez. Hubert Faber

Anlage:

Hubert Faber, Fleischereimaschinen (Import und Export)

Köln, 2.7.1985

Vertrag

Zwischen Herrn Alfred Bähre und der Fa. Hubert Faber wird heute folgender Vertrag geschlossen:

1) Herr Bähre verkauft ausschließlich die von der Firma Faber hergestellten und als Handelswaren geführten Geräte, Maschinen und Einrichtungen.

2) Er ist Provisionsvertreter im Sinne des HGB.

3) Jeweils am Wochenende (Freitag) sind sämtliche in der vorangegangenen Woche angefallenen Inkassobeträge zur Abrechnung zu bringen. Kassierte Wechsel und Schecks dürfen nur an die Fa. Faber ausgestellt werden. Bargeld ist in vollem Umfang abzurechnen. Fällige Provisionen werden von der Fa. Faber am Tage der Abrechnung ausbezahlt. Provision darf nicht einbehalten werden.

gez. Hubert Faber   gez. Alfred Bähre

Der Polizeipräsident

...... – Kriminalpolizei – ....
Dienststelle

Tgb.-Nr.:   4. K. – 2065/89 –
Akt.-Zeichen:

Köln ...., den 6.6. .... 19.84

Verantwortliche Vernehmung

Es erscheint**) ... auf Vorladung ....

der / xdiex Nachgenannte

wohnhaft in ..... Hoher Ring 7, 5000 Köln 1 .... Straße/Platz Nr. ....

Fernruf .... 63710 .... und erklärt:

1. a) Familienname, auch Beinamen, Künstlername, Spitzname, bei Namensänderung früherer Familienname, bei Frauen auch Geburtsname, ggf. Name des früheren Ehemannes	a) ...... B ä h r e
b) Vornamen (Rufname unterstreichen)	b) ...... Alfred
2. Geboren	am 13.9.1928 in Berlin Kreis (Verwaltungsbezirk) Berlin Landgerichtsbezirk Berlin Land Berlin
3. a) Beruf aa) erlernter bb) z.Z. der Tat ausgeübter cc) Stellung im Beruf (z.Z. der Tat) Hier ist anzugeben: — ob Geschäftsinhaber, Gehilfe, selbständiger Handwerksmeister, Geselle usw. b) Ferner sind anzugeben: — bei Ehefrauen Beruf des Mannes — bei Beamten, Behördenangestellten, Angehörigen der Bundeswehr usw. Anschrift der Dienststelle — bei Studierenden Anschrift der Hochschule und das belegte Lehrfach — bei Trägern akademischer Würden (Dipl.-Ing., Dr., D. usw.), wann und wo bei welcher Hochschule der Titel erworben wurde c) bei Erwerbslosigkeit, seit wann?	a) ...... Vertreter aa) Einzelhandelskaufmann bb) Vertreter cc) Provisionsvertreter b) ..../. c) 10.5.1989

**) Auf Vorladung, aus Untersuchungshaft, aus Strafhaft, als vorläufig Festgenommener vorgeführt, in der Wohnung, an der Arbeitsstätte aufgesucht usw.
(Zutreffendes einsetzen.)

Verantwortliche Vernehmung Pol. N. 15

4. Einkommensverhältnisse	
a) z. Z. der Tat	a) ca. 2.500,-- DM netto
b) gegenwärtig	b) kein Einkommen
5. a) Familienstand ledig - verheiratet - verwitwet - geschieden - getrennt lebend -	a) verheiratet
b) Vor- und Familienname des Ehegatten bei Frauen auch Geburtsname, ggf. Name des früheren Ehemannes	b) Maria geb. Kaufmann
c) Wohnung des Ehegatten bei verschiedener Wohnung	c) Wohnung wie Ehemann
d) Beruf des Ehegatten	d) Hausfrau
6. Kinder a) Anzahl	a) 2
b) Alter	b) 23, 18 Jahre
7. a) Vater, Vor- und Zuname Beruf Wohnung	a) Heinrich Bähre Pensionär Berlin, Bremer Straße 23, verstorben
b) Mutter, Vor- und Geburtsname Beruf Wohnung (auch wenn Eltern bereits verstorben)	b) Elisabeth geb. Hansemann Hausfrau verstorben 1975
c) Vormund*), Pfleger*) oder Bewährungshelfer*), Vor- und Zuname Beruf Wohnung	c) ./.
8. Staatsangehörigkeit (auch evtl. frühere)	deutsch
9. Ehrenämter in Staat, Gemeinde oder einer Körperschaft des öffentl. Rechts (Schöffe oder Geschworener — Handels-, Arbeits- oder Sozialrichter — Vormundschaften oder Pflegschaften — Bewährungshelfer — sonstige Ehren- ämter)	entfällt
10. Personalausweis Reisepaß, sonstige Ausweise und Berechtigungsscheine (Art, ausstellende Behörde, Nummer, Ausgabedatum) z. B. Führerschein, Wandergewerbeschein, Legitima- tionskarte, Jagd- oder Fischereischein, Waffenschein, Schiffer- oder Lotsenpatent, Unterbringungsschein nach Gesetz zu Art. 131 GG, Rentenbescheid, Spreng- meisterschein	Reisepaß Nr. D 37 25 329 ausgestellt am 13.8.1985
11. Vorstrafen Maßregeln der Sicherung und Besserung, Strafe zur Bewährung ausgesetzt, bedingte Entlassung bewilligt. Anhängige Strafverfahren — nach eigenen Angaben —.	2 Vorstrafen wegen Betruges

Nichtzutreffendes durchstreichen.

- 2065/89 -

Mir wurde eröffnet, daß ich beschuldigt werde,
einen Betrug z. N. von Karl Merker in Gummersbach begangen zu haben.

Ich wurde darauf hingewiesen, daß es mir nach dem Gesetz freisteht, mich zu
der Beschuldigung zu äußern oder nicht zur Sache auszusagen und jederzeit,
auch schon vor meiner Vernehmung, einen von mir zu wählenden Verteidiger
zu befragen.
Ferner bin ich darüber belehrt worden, daß ich zu meiner Entlastung einzelne Beweiserhebungen beantragen kann. Mir wurde weiter gesagt, daß ich mich
auch schriftlich zu der Beschuldigung äußern kann.

Ich erkläre hierzu:

Zur Person:

Ich habe 8 Jahre die Volksschule und anschließend 3 Jahre die Handelsschule
in Berlin besucht. Eine Lehre als Einzelhandelskaufmann habe ich mit Erfolg abgeschlossen.

Im Jahre 1964 habe ich geheiratet. Aus der Ehe sind 2 Kinder hervorgegangen. Mein Sohn ist 23 Jahre alt. Er ist Einkäufer in einem Kaufhaus und hat
ein Nettoeinkommen von ca. 2.800,-- DM. Er ist noch nicht verheiratet,
lebt in meinem Haushalt und unterstützt uns z.Z. finanziell, weil meine
Ehefrau wegen eines Bandscheibenschadens nicht in der Lage war, einer
außerhäuslichen Beschäftigung nachzugehen. Meine Tochter ist 18 Jahre alt;
sie lebt ebenfalls noch bei uns; sie ist im 3. Lehrjahr als Apothekenhel-
ferin und bekommt eine Lehrlingsvergütung von ca. 620,-- DM. Hiervon gibt
sie 150,-- DM Kostgeld ab.

Wir wohnen in einer 1976 erbauten Eigentumswohnung. Ich habe noch ein Bau-
spardarlehen von ca. 45.000,-- DM abzuzahlen. Die monatliche Belastung beträgt 470,-- DM. Andere Schulden habe ich nicht.

Zur Sache:

Es stimmt, daß ich den Auftrag vom 10.4.1989 von Herrn Merker erhalten habe.
Er beinhaltet unser Übereinkommen darüber, daß die Fa. Faber eine Walzenenthaarungsmaschine unter Berücksichtigung einer in Zahlung gegebenen gebrauchten Maschine für 3.000,-- DM liefern sollte, wobei Herr Merker an
mich eine Anzahlung von 1.000,-- DM leistete. Der Preis von 3.000,-- DM
war ausgehandelt worden, indem der Wert der in Zahlung gegebenen Maschine
taxiert wurde. Der Listenpreis für die Walzenmaschine beträgt 3.600,-- DM.

Es ist zwar richtig, daß die Fa. Faber keine gebrauchten Maschinen in Zahlung nimmt. Unter diesen Umständen sind neue Maschinen aber nur schlecht
zu verkaufen. Deshalb habe ich von mir aus die alte Maschine in Zahlung
genommen. Ich wollte sie alsbald verkaufen. Ich nahm an, daß die Fa. Faber
einverstanden sein würde, wenn ich aus dem Verkaufserlös den Betrag zahlen
würde, für den der Käufer sie in Zahlung gegeben hat. Ich konnte die gebrauchte Maschine allerdings nicht so schnell weiterveräußern, wie ich es
mir vorgestellt hatte. Um nicht aufzufallen, konnte ich vorher den Auftrag
nicht weiterleiten.

Nachdem sich Herr Merker an Herrn Faber gewandt hatte, ist mir sofort fristlos gekündigt worden. Die Maschine konnte ich erst am 15.5.89 an den Metzger Keller in Köln-Nippes verkaufen und zwar für 700,-- DM. Von der Vorgeschichte habe ich Keller nichts erzählt, auch nicht, daß ich Vertreter für die Firma Faber bin; er wußte es auch nicht. Der Mehrerlös von 100,-- DM steht mir m.E. zu.

Zu den 1.000,-- DM möchte ich im übrigen folgendes sagen: Ich arbeite für die Fa. Faber seit Juli 85. Aus Messeverkäufen im Januar 89 standen mir bereits fällige Provisionsforderungen von ca. 3.500,-- DM zu. Daher hielt ich mich für berechtigt, den Scheckbetrag auf meinem Konto gutschreiben zu lassen und zu verbrauchen. Auf diese Weise wollte ich eine Verrechnung mit den fälligen Forderungen vornehmen. Auch den Erlös aus dem Verkauf der in Zahlung genommenen Maschine wollte ich von Anfang an nicht weiterleiten. Ich hatte zwar bis März schon ratenweise Abschlagszahlungen von insgesamt ca. 2.000,-- DM für die Messeverkäufe erhalten, hatte jedoch trotz mehrfacher Mahnungen noch keine Gesamtabrechnung erhalten. Dies wollte ich gewissermaßen durch mein Vorgehen im Falle Merker erzwingen.

geschlossen: selbst gelesen und unterschrieben:

gez. Renzel, KHK   gez. Alfred Bähre

----

4. K. - 2065/89 -   Köln, den 13.6.1989

Vermerk:

Der Zeuge Keller wurde vorgeladen. Die Ladung kam mit dem Vermerk "Empfänger verstorben" zurück.

Der zuständige Sachbearbeiter beim Oberstadtdirektor - Standesamt - in Köln bestätigte, daß Keller am 1.6.89 verstorben ist.

                              gez. Renzel, KHK

Der Polizeipräsident   Köln, 15.6.1989
- Kriminalpolizei -
4. K. - 2065/89 -

Erneut vorgeladen erscheint der Dipl.-Landwirt Hubert Faber, Personalien bekannt, und erklärt unter Hinweis auf seine bereits erfolgte Belehrung:

Ich nehme Bezug auf meine Vernehmung vom 22.5.1989, deren Richtigkeit ich nach nochmaliger Durchsicht bestätige. Zur Einlassung des Beschuldigten ist zu sagen: Zur Zeit des Vertragsabschlusses mit Merker (10.4.89) hatte der

Beschuldigte keinerlei Forderungen gegen unsere Firma. Im Gegenteil, er schuldete uns noch Geld. Ich hatte ihn bereits gemahnt, die Schulden endlich zu begleichen. Nunmehr werde ich gerichtlich gegen ihn vorgehen. Sein Vorgehen war nicht gerechtfertigt.

geschlossen: v.g.u.

gez. Renzel, KHK   gez. Faber

———————

4. K. - 2065/89 -   Köln, 15.6.1989

U. m. A.
der Staatsanwaltschaft

Köln

nach Abschluß der Ermittlungen übersandt.

                              gez. Renzel, KHK

———————

Staatsanwaltschaft   Köln, 19.6.1989
- 40 Js 926/89 -

Vfg.

1.) Vermerk:

   Rechtsanwalt Andersen aus Köln hat sich zum Verteidiger des Beschuldigten bestellt.

2.) Auskunft aus dem Bundeszentralregister bzgl. des Beschuldigten Alfred Bähre einholen.

3.) Wv. in 2 Wo.

                                           Staatsanwalt

58

Ersuchen um unbeschränkte Auskunft
aus dem Zentralregister und um Auskunft aus dem Erziehungsregister

Ordnungs-daten	01 Beleg-Art R	02		◁ Geburtsdatum 13.9.1928
Personen-daten	07			◁ Geburtsname B ä h r e
	08			◁ Nur bei Abweichung vom Geburtsnamen: Familienname
	09			◁ Vornamen Alfred
	10			◁ Geburtsort Berlin
	11 Deutsche(r) X	12		◁ Andere Staatsangehörigkeiten
	14			◁ Letzte bekannte Anschrift Hoher Ring 7, 5000 Köln 1
	15			◁ Geburtsname der Mutter Elisabeth geborene Hansemann
	16			◁ Abweichende Personendaten

Erläuterungen für den in Feld 01 (Belegart) einzutragenden Kennbuchstaben:

Belegart **R** = Unbeschränkte Auskunft aus dem Zentralregister

Belegart **S** = Auskunft aus dem Erziehungsregister

Belegart **T** = Unbeschränkte Auskunft aus dem Zentralregister
und Auskunft aus dem Erziehungsregister

Antrag   Es wird um Erteilung einer Auskunft entsprechend der in Feld 01 eingetragenen Belegart gebeten.

18 Hier Anschrift der Registerbehörde eintragen!

An das
Bundeszentralregister
Postfach 11 06 29

1000 Berlin 11

17

Zweck des Auskunftsersuchens:

Für ein Strafverfahren gegen den
Betroffenen.

Dienst-stempel-abdruck

Staatsanwaltschaft Köln
(Behörde)
Köln, den 19.6.1989
(Ort, Datum)
40 Js 926/89
(Geschäftsnummer)
Auf Anordnung:

Krämer, Justizangestellte
(Unterschrift)

22 Hier Anschrift für **Rückantwort** eintragen!

An die
Staatsanwaltschaft
Appellhofplatz

5000 Köln

20
Auskunft
Eintragungen im Zentralregister
ggf. im Erziehungsregister:

s. Rückseite

Dienst-stempel-abdruck

Bundeszentralregister
(Behörde)
Berlin, 25.6.1989
(Ort, Datum)

Klett, Registerführer
(Unterschrift)

1) Urteil des Schöffengerichts Bonn vom 28.11.1985 - 24 Ls 20 Js 201/85
   StA Bonn - wegen Betruges zu einer Geldstrafe von 30 Tagessätzen zu je
   20,-- DM.
   Tatzeit: 20.5.1985.
   Strafe bezahlt am 10.12.1985.

2) Urteil des Amtsgerichts Geilenkirchen vom 23.4.1987 - 44 Ds 33 Js 433/87
   StA Aachen - wegen Betrugs zu einer Geldstrafe von 100 Tagessätzen zu
   je 25,-- DM.
   Tatzeit: 27.8.1986.
   Strafe bezahlt am 5.8.1987.

———————————

Vermerk: Akten haben vorgelegen; sind wieder zurückgesandt worden.

                                                      Staatsanwalt

Vermerk für den Bearbeiter

Der Sachverhalt ist zu begutachten; die Entschließung der Staatsanwaltschaft ist zu entwerfen.

Im Gutachten ist bei der Erörterung der einzelnen Merkmale der untersuchten Straftatbestände nicht nur in rechtlicher, sondern auch in tatsächlicher Hinsicht zu prüfen, ob der Beschuldigte nach den Ergebnissen des vorbereitenden Verfahrens der Begehung von Straftaten hinreichend verdächtig
ist. Im wesentlichen Ergebnis der Ermittlungen (§ 200 Abs. 2 S. 1 StPO)
braucht die tatsächliche Würdigung nicht ausführlich wiederholt zu werden.

Sollten weitere Ermittlungen für erforderlich gehalten werden, so ist davon auszugehen, daß diese durchgeführt worden sind und keine neuen Gesichtspunkte ergeben haben.

Wird Anklage beim Strafrichter erhoben, so ist § 200 Abs. 2 S. 2 StPO
nicht anzuwenden.

Am Ende der Klausur ist anzugeben, in welchen Auflagen ggf. die Hilfsmittel Dreher/Tröndle, StGB, und Kleinknecht/Meyer, StPO, dem Bearbeiter
zur Verfügung standen.

Hinweis

Der von Ihnen benutzte Aufgabentext wird nicht zu Ihren Prüfungsunterlagen
genommen. Bezugnahmen oder Verweisungen, die nur durch Einsicht in das von
Ihnen benutzte Exemplar des Aufgabentextes verständlich werden, verbieten
sich deshalb.

L ö s u n g

Vorschlag

Ich schlage vor, gegen den Beschuldigten Bähre (B.) Anklage vor dem Schöffengericht in Gummersbach wegen Betruges zu erheben.

Gutachten

A. Strafbarkeit des Beschuldigten

I. Der Abschluß des Vertrages zwischen dem Beschuldigten B. und Merker (M.)
sowie die Erlangung der Maschine und des Schecks[1]

1. B. könnte eines Betruges gem. § 263 Abs. 1 StGB hinreichend verdächtig
sein, und zwar durch Täuschung des M. zu dessen Nachteil und zu seinem
eigenen Vorteil[2].

B. könnte dem M. falsche Tatsachen dadurch vorgespiegelt haben, daß er entweder ausdrücklich oder doch zumindest durch sein gesamtes Verhalten konkludent behauptete,

a) eine Anzahlung sei unbedingt erforderlich, die Maschine könne dann auch
   schneller geliefert werden,

b) er sei berechtigt, die gebrauchte Maschine in Zahlung zu nehmen,

c) er beabsichtige, mit dem erhaltenen Scheck und der angenommenen Maschine
   vertragsgemäß zu verfahren, d.h. sie an Faber weiterzuleiten[3].

Wie sich aus dem Vertrag vom 2.7.1985 und der Aussage Fabers (F.) ergibt,
war eine Anzahlung weder für den Vertragsschluß noch zu einer Verkürzung
der Lieferzeit notwendig. B. war auch - wie F. glaubhaft bekundet hat und
wie sich aus dem Provisionsvertretervertrag ergibt[4] - nicht bevollmächtigt,
gebrauchte Maschinen in Anrechnung auf den Kaufpreis anzunehmen; wie der Beschuldigte selbst zugibt, wollte er den Scheck und die Maschine nicht an
F. weiterleiten[5].

B. hat daher getäuscht, wodurch bei M. ein entsprechender Irrtum hervorgerufen worden ist.

Aufgrund der Täuschung[6] über die Erforderlichkeit der Anzahlung, über seine
Berechtigung und seine Absichten hat M. den Vertrag mit B. geschlossen und
diesem die gebrauchte Maschine und den Scheck ausgehändigt, damit über sein
Vermögen verfügt. Daß die unzutreffende Behauptung, durch die Anzahlung
werde eine schnellere Lieferung der Maschine bewirkt, von maßgeblichem
Einfluß auf die Entscheidung des M. oder auch nur mitbestimmend war, läßt
sich angesichts der Dominanz der anderen Behauptungen, der Interessenlage
und der Tatsache, daß insoweit eine konkrete Aussage des M. fehlt, nicht
mit der für eine Anklage erforderlichen Sicherheit feststellen.

Ob und welcher Schaden dem M. entstanden ist, hängt entscheidend davon ab, ob ein Vertrag zwischen M. und F. zustande gekommen ist. Denn ist ein Vertrag nicht wirksam geschlossen worden, hat M. gezahlt und die Maschine in Zahlung gegeben, ohne daß für ihn eine schuldrechtliche Verpflichtung hierzu bestand und ohne daß er Forderungen erworben hatte.

B. handelte als Vertreter ohne Vertretungsmacht (§ 177 BGB, §§ 91 a Abs. 1 u. 2, 55 Abs. 3 HGB), denn er hatte keine Vollmacht, einen Vertrag unter Inzahlungnahme gebrauchter Maschinen (vgl. § 55 Abs. 2 HGB) abzuschließen. Er schloß daher einen schwebend unwirksamen Vertrag, sofern nicht Handlungsvollmacht gem. §§ 54, 55 HGB anzunehmen ist. Da jedoch das Inzahlungnehmen gebrauchter Maschinen außerhalb des Automobilhandels nicht allgemein üblich ist und die Firma des F., die grundsätzlich die Inzahlungnahme gebrauchter Maschinen ablehnt, zudem nichts getan hat, um das Entstehen gegenteiligen Anscheins zu verursachen, liegen die Voraussetzungen für die Annahme einer Anscheinsvollmacht nicht vor.

Der Vertrag M. mit F. war daher gem. § 177 BGB schwebend unwirksam. Da M. sich im Wege des Vergleichs mit F. geeinigt hat und somit der Vertrag nicht voll anerkannt worden ist, hat F. den schwebend unwirksamen Vertrag nicht genehmigt. Der Vertrag ist daher von Anfang an als unwirksam anzusehen (vgl. §§ 177, 179 BGB, § 91 a HGB).

Durch die auf die Irrtumserregung hin vorgenommene Verfügung hat M. daher folgenden Vermögensschaden[7] erlitten:

Durch die Übergabe der Maschine an B., ohne daß M. insoweit von einer Zahlungsverpflichtung befreit wurde, trat Verlust des Besitzes, jedoch nicht des Eigentums ein, weil B. insoweit keine Vollmacht hatte und M. an ihn nicht übereignen wollte. M. hat das Eigentum am Scheck verloren, ohne daß er im Rahmen eines bestehenden Vertrages von einer Zahlungsverpflichtung befreit wurde. Gem. § 929 BGB haben sich nämlich M. einerseits und B. andererseits als Vertreter des F. über den Übergang des Eigentums geeinigt. B. war nach dem Vertrag zwischen ihm und F. auch zur Entgegennahme des Schecks bevollmächtigt. Der Scheck ist auch im Sinne von § 929 BGB übergeben worden. Denn durch den Vertretervertrag B. - F. war zwischen diesen ein Besitzmittlungsverhältnis vereinbart, aufgrund dessen B. für F. den Scheck besaß und dieses auch nach außen durch die Entgegennahme des Schecks für F. zum Ausdruck brachte. Daher ist F. Eigentümer des Schecks geworden. Daß B. bei Entgegennahme des Schecks die Absicht hatte, denselben für sich zu verwenden, ändert an dieser Rechtslage nichts, denn diese geheimgehaltene Absicht ist unbeachtlich (§ 116 BGB).

B. handelte auch in der Absicht, die Maschine und den Scheck für sich zu verwerten. Hierzu war er nicht berechtigt, so daß der erstrebte Vermögensvorteil rechtswidrig war.

B. hat auch rechtswidrig und vorsätzlich gehandelt, insbesondere gewußt und gewollt, daß M. einen Schaden erleide. Denn B. wußte, daß er zu seiner Handlungsweise nicht berechtigt war und somit nicht sicher mit einer Genehmigung des Vertrages durch F. rechnen konnte. Dies ergibt sich aus der eigenen Aussage des B., er habe angenommen, F. werde nachträglich mit dem Abschluß des Vertrages einverstanden sein. Wäre die von B. erhoffte Genehmigung erteilt worden, so wäre der Schaden nur nachträglich wiedergutgemacht worden; Einfluß darauf, daß ein Schaden entstanden war, hätte dies nicht gehabt.

B. ist daher hinreichend verdächtig, sich des vollendeten Betruges zum
Nachteil M. schuldig gemacht zu haben.

2. B. könnte auch eine Untreue zum Nachteil von F. durch den betrügerischen
Vertragsabschluß und die unberechtigte Inzahlungnahme der Maschine begangen
haben (§ 266 Abs. 1 StGB - zivilrechtlich gebundener Treubruchstatbestand).

Weil ein wirksamer Vertragsabschluß nicht vorlag, scheidet der Mißbrauchstatbestand aus. Zwischen dem Beschuldigten B. als Provisionsvertreter und
seinem Vertragspartner F. bestand jedoch ein Rechtsgeschäft, das für den B.
die Pflicht begründete, die Vermögensinteressen des F. wahrzunehmen. Durch
den Abschluß des Vertrages und die unberechtigte Inzahlungnahme der Maschine
ist allerdings kein Vermögensschaden des F. eingetreten. Der Vertrag war
schwebend unwirksam; es lag allein in der Entscheidungsgewalt des F., ob
er den Vertrag durch Genehmigung wirksam werden ließ oder nicht. Ein Schaden ist daher nicht eingetreten, zumal F. das Eigentum am Scheck erworben
hat. In der Nichtweiterleitung des nicht wirksamen Vertrages kann eine
Vermögensgefährdung nicht erblickt werden, weil F. an unwirksamen Verträ-
gen dieser Art, vor allem weil es auch um die Inzahlungnahme gebrauchter
Maschinen ging, die er grundsätzlich ablehnte, keinerlei Interesse hatte.

II. B. löst den Scheck bei der Bank ein

1. B. könnte einer Unterschlagung (§ 246 Abs. 1 StGB) hinreichend verdächtig sein.

Wie oben festgestellt[8], ist der Scheck mit der Übergabe an B. in das Eigentum des F. übergegangen, er war daher für B. eine fremde bewegliche
Sache, die er in Gewahrsam hatte und die er sich auch durch die Vorlage
bei der Bank zur Gutschrift auf sein Konto rechtswidrig zugeeignet hat.

Da B. glaubhaft angibt, von Anfang an beabsichtigt zu haben, sich den wirtschaftlichen Wert des Schecks wie ein Eigentümer zu verschaffen, erhebt
sich die Frage, ob ein Täter noch wegen Unterschlagung bestraft werden kann,
nachdem er sich schon zuvor durch Betrug die Sache verschafft hatte. Hierzu werden unterschiedliche Auffassungen vertreten[9].

Vom BGH[10] wird vertreten, daß eine tatbestandsmäßige Zueignung nicht mehr
vorliegen könne, wenn sich der Täter bereits durch Betrug den wirtschaftlichen Wert der Sache mit der Absicht verschafft habe, ihn für sich zu erlangen. Denn - so argumentiert der BGH - die Zueignung sei Herstellen eigen-
tümerähnlicher Herrschaft über die Sache, nicht aber bloße Ausnutzung einer
schon bestehenden eigentümerähnlichen Herrschaftsstellung. Da diese eigen-
tümerähnliche Herrschaft aber durch den Betrug bereits begründet sei, schei-
de eine tatbestandliche Zueignung aus.

Eine andere Auffassung bejaht die tatbestandliche Zueignung, verneint jedoch eine Strafbarkeit nach § 246 StGB unter dem Gesichtspunkt der mitbestraften Nachtat, da die Unterschlagung sich als sogenanntes unselbständi-
ges Verwertungsdelikt darstelle.

Beide Ansichten führen im vorliegenden Falle zur Straflosigkeit, es kann
daher in diesem Zusammenhang unentschieden bleiben, ob die eine oder andere
Auffassung zutreffend ist[11]. Auch daraus, daß im vorliegenden Fall der Be-
trogene M. war, daß aber durch die Einlösung des Schecks das Eigentum des
F. beeinträchtigt wurde, läßt sich eine andere Beurteilung nach beiden Auffassungen nicht herleiten. Insoweit muß aufgrund dieser wirtschaftlichen

Betrachtungsweise entschieden werden, was der Täter sich an Vermögenswerten durch Betrug und Unterschlagung verschafft hat. Für den Tatbestand des Betruges ist es aber ohne Bedeutung, wer durch die Vermögensverfügung des Getäuschten geschädigt worden ist. B. hat sich mit Hilfe der erschlichenen Vermögensverfügung schon den vollen Wert des Schecks verschafft. Weitere "Zueignungshandlungen" sind daher - auch wenn sie Dritte betreffen - für die Frage einer selbständigen Strafbarkeit ohne Belang. Denn der Täter verwertet nur das wirtschaftlich in strafbarer Weise schon voll Erlangte.

2. Durch die Einreichung des Barschecks bei seiner Bank zur Gutschrift auf seinem persönlichen Konto könnte B. sich jedoch der Untreue (§ 266 Abs. 1 StGB) strafbar gemacht haben, und zwar, weil er hierzu keine Verfügungsbefugnis hatte, wegen Verwirklichung des Treubruchstatbestandes.

Dies setzt voraus, daß B. auch insoweit aufgrund des mit F. geschlossenen Vertrages die Pflicht oblag, dessen Vermögensinteressen wahrzunehmen, und daß er diese Pflicht verletzt hat. Das ist fraglich. Denn das gesamte Vorgehen des B. gegenüber dem M. geschah nicht in Verfolgung wirtschaftlicher Ziele des Geschäftsherrn F. Nur durch seine betrügerischen Handlungen, die zu keiner vertraglichen Beziehung des M. zu F. führten, ist er in Besitz des in das Eigentum des F. gelangten Schecks gekommen. B. hat den Scheck nicht - was der Schutzzweck des § 266 StGB voraussetzt - in Ausnutzung der die Tätereigenschaft des Treubruchstatbestandes begründenden Sonderbeziehung zu fremdem Vermögen vorgelegt, sondern eben nur in Ausnutzung des vorher begangenen Betruges gegenüber einem Dritten.

Daß das Vermögen des F. wirtschaftlich nicht tangiert ist, zeigt sich an folgendem:

Durch den Verlust des Schecks ist F. kein Schaden entstanden. Denn vorher war er gem. § 812 BGB zur Herausgabe des Schecks an M. verpflichtet; dieser Anspruch ist mit der Verwertung des Schecks durch B. ersatzlos erloschen.

3. Zureichende Anhaltspunkte dafür, daß bei der Auszahlung des Geldes durch die Bank auf einen ordnungsgemäßen Scheck der den Vorgang bearbeitende Bankangestellte sich geirrt und daß die Bank einen Schaden erlitten hat, liegen nicht vor.

III. Der Verkauf der gebrauchten Maschine

1. B. könnte durch den Verkauf der Maschine an Keller (K.) ebenfalls eine Unterschlagung (§ 246 Abs. 1 StGB) begangen haben.

Da auch in diesem Fall keine weitere Intensivierung des Schadens eingetreten ist und B. nur wirtschaftlich ausnutzt, was er zuvor schon durch den Betrug erlangt hatte, scheidet eine Strafbarkeit wegen Unterschlagung aus den oben zu II dargelegten Gründen aus.

2. B. könnte hinreichend verdächtig sein, sich durch den Verkauf der Maschine an K. wegen Betruges (§ 263 Abs. 1 StGB) strafbar gemacht zu haben.

B. hat K., wie sich aus den vom Beschuldigten B. geschilderten Umständen des Verkaufs und seines Auftretens ergibt, die Maschine im eigenen Namen verkauft. Er hat also vorgespiegelt, er sei der Eigentümer. K., der sich infolgedessen darüber irrte, kaufte die Maschine und zahlte 700,-- DM als Kaufpreis, verfügte also über sein Vermögen.

Fraglich ist, ob K. auch einen Schaden erlitten hat. Er hat die Maschine vom Nichteigentümer erlangt, möglicherweise damit eine Leistung erhalten, die kein ausreichendes Äquivalent für den vereinbarten und gezahlten Kaufpreis darstellte. Nach den von B. geschilderten Umständen ist davon auszugehen, daß K. von B., der im eigenen Namen verfügte, aber - wie oben dargelegt - nicht Eigentümer der Maschine war, gem. §§ 929, 932 BGB gutgläubig Eigentum erlangte. Nach einem rein juristischen Vermögensbegriff hat K. keinen Schaden erlitten, weil er das Recht "Eigentum" erworben hat. Der Beurteilung der Frage, ob ein Schaden eingetreten ist, ist jedoch ein wirtschaftlicher Vermögensbegriff zugrundezulegen, nach dem wirtschaftliche Maßstäbe darüber entscheiden, welchen effektiven Wert ein Vermögensstück hat. Es ist daher zu prüfen, ob das gutgläubig erlangte Eigentum wirtschaftlich weniger wert ist als das vom Eigentümer selbst erlangte Eigentum[12]. Die Frage ist, ob die Gefahr, das gutgläubig erlangte Eigentum gegen den ursprünglich Berechtigten verteidigen zu müssen, als merkantiler Minderwert der Sache zu werten ist. Dies erscheint schon deshalb fraglich, weil jeder Eigentümer, dessen Recht bestritten wird, sich gegen unberechtigte Angriffe verteidigen muß. Die aufgeworfene Frage braucht aber im vorliegenden Fall nicht abstrakt entschieden zu werden. Denn angesichts der Umstände des vorliegenden Falles kann davon ausgegangen werden, daß zu keiner Zeit irgendeine ins Gewicht fallende Gefahr bestand, daß M. versuchte, die gebrauchte Maschine zurückzuerlangen, noch, daß er hieran irgendein Interesse hatte. Im zu entscheidenden Fall hat daher bei wirtschaftlicher Betrachtungsweise K. dadurch, daß er "nur" gutgläubig Eigentum erlangte, keinen Schaden erlitten, jedenfalls ist das Gegenteil mit der für eine Anklage erforderlichen Sicherheit - zumal nach dem Tode des K. - nicht beweisbar.

B. ist daher insoweit nicht hinreichend des Betruges verdächtig.

Der Sachverhalt enthält keine zureichenden Anhaltspunkte dafür, daß B. den Entschluß gefaßt hatte, K. zu schädigen; es fehlt daher auch am hinreichenden Verdacht eines versuchten Betruges.

B. Verfahrensfragen

Anklage soll gem. §§ 24, 25, 28 GVG vor dem Schöffengericht erhoben werden. Es ist angesichts der zwei Vorstrafen wegen Betruges evtl. mit einer höheren Strafe als 1 Jahr Freiheitsstrafe zu rechnen. Der Fall ist auch nicht von minderer Bedeutung[13]. Örtlich zuständig ist gem. § 7 Abs. 1 StPO das Schöffengericht in Gummersbach.

Abschlußentscheidung der Staatsanwaltschaft

I. Anklageschrift (Nordrhein-Westfalen)

Staatsanwaltschaft   Köln, den 3.10.1989
- 40 Js 926/89 -

An das
Amtsgericht
- Schöffengericht -

Gummersbach

Anklageschrift

Der z.Z. arbeitslose Vertreter Alfred Bähre, geboren am 13.9.1928 in
Berlin, wohnhaft Hoher Ring 7, 5000 Köln 1, verheiratet, Deutscher,

- Verteidiger: Rechtsanwalt Andersen aus Köln -

wird a n g e k l a g t ,

am 10.4.1989 in Gummersbach

in der Absicht, sich einen rechtswidrigen Vermögensvorteil zu verschaffen,
das Vermögen eines anderen dadurch beschädigt zu haben, daß er durch Vorspiegelung falscher Tatsachen einen Irrtum erregte.

Der Angeschuldigte, der Provisionsvertreter der Fa. Faber war, verhandelte
mit dem Metzger Merker über den Kauf einer Enthaarungsmaschine. Der Wahrheit
zuwider erklärte er, es sei eine Anzahlung erforderlich und er sei berechtigt, eine gebrauchte Maschine in Zahlung zu nehmen. Der Zeuge Merker schloß
mit dem Angeschuldigten einen Kaufvertrag über eine Enthaarungsmaschine zum
Preise von 3.600,-- DM unter Inzahlunggabe einer alten Maschine zu
600,-- DM. Den von Merker ausgestellten Barscheck über 1.000,-- DM ließ der
Angeschuldigte - entgegen seinen Verpflichtungen gegenüber der Fa. Faber -
seinem Konto gutschreiben; die für 600,-- DM in Zahlung gegebene gebrauchte Maschine verkaufte er für eigene Rechnung. Beides hatte er von vornherein beabsichtigt, aber verheimlicht.

Vergehen des Betrugs, strafbar gem. § 263 Abs. 1 StGB.

Beweismittel:

  I. Einlassung des Angeschuldigten.

 II. Zeugen:

        1) Metzger Karl Merker, Bergstr. 2, 5270 Gummersbach,
        2) Dipl.-Landwirt Hubert Faber, Staufferstraße 17, 5000 Köln 1.

III. Urkunden:

        1) Vertrag vom 10.4.1989 (Bl. 39 d.A.)
        2) Vertrag vom 2.7.1985 (Bl. 55 d.A.)

3) Strafakten[14]):
  a) 44 Ds 33 Js 433/87 StA Aachen
  b) 24 Ls 20 Js 201/85 StA Bonn

Wesentliches Ergebnis der Ermittlungen

Der Angeschuldigte hat den Beruf eines Einzelhandelskaufmanns erlernt. Seit 1964 ist er verheiratet. Aus der Ehe sind 2 Kinder, heute 23 und 18 Jahre alt, hervorgegangen.

Seit Juli 1985 war der Angeschuldigte als Vertreter für die Fa. Faber tätig; z.Z. ist er arbeitslos und lebt von der Unterstützung seines Sohnes. Er ist bisher zweimal bestraft worden, und zwar 1985 und 1987 wegen Betruges jeweils zu Geldstrafen.

Am 10.4.1989 suchte der Angeschuldigte den Zeugen Merker in seiner Metzgerei in Gummersbach auf, dem er eine Enthaarungsmaschine für 3.600,-- DM verkaufte, nachdem Merker sich anhand einer Vorführmaschine davon überzeugt hatte, daß seine alte Maschine modernen Anforderungen nicht mehr entsprach. Der Angeschuldigte spiegelte dem Zeugen Merker vor, er sei berechtigt, seine alte Maschine in Zahlung zu nehmen, und es sei eine Anzahlung zum Abschluß des Vertrages unbedingt erforderlich. In Wirklichkeit war der Angeschuldigte aufgrund des mit dem Zeugen Faber geschlossenen Vertretervertrages weder berechtigt, gebrauchte Maschinen in Zahlung zu nehmen, noch war eine Anzahlung zum Abschluß des Vertrages erforderlich. In dem Vertrag zwischen dem Angeschuldigten und der Fa. Faber heißt es:

  "Jeweils am Wochenende (Freitag) sind sämtliche in der vorangegangenen Woche angefallenen Inkassobeträge zur Abrechnung zu bringen. Kassierte Wechsel und Schecks dürfen nur an die Fa. Faber ausgestellt werden. Bargeld ist in vollem Umfang abzurechnen. Fällige Provisionen werden von der Fa. Faber am Tage der Abrechnung ausbezahlt. Provision darf nicht einbehalten werden."

Wie von vornherein beabsichtigt, ließ der Angeschuldigte den von dem Zeugen Merker als Anzahlung ausgestellten Barscheck über 1.000,-- DM seinem eigenen Konto gutschreiben, verbrauchte das Geld für sich und verkaufte die für 600,-- DM in Zahlung genommene gebrauchte Maschine Anfang Mai 1989 für 700,-- DM an den Metzgermeister Keller in Köln.

Der Angeschuldigte räumt das tatsächliche Geschehen ein. Zur Begründung seines Handelns gibt er an, es sei schwierig, neue Maschinen zu verkaufen, ohne alte in Zahlung zu nehmen; deshalb habe er die alte Maschine angenommen. Diese habe er alsbald verkaufen und dann mit der Fa. Faber abrechnen wollen. Er habe lediglich den Mehrerlös von 100,-- DM für sich behalten wollen. Die von dem Zeugen Merker geleistete Anzahlung von 1.000,-- DM habe er für sich behalten, um auf diese Weise den Zeugen Faber dazu zu bewegen, endlich mit ihm abzurechnen, weil er gegen Faber aus früheren Messeverkäufen noch eine Forderung von ca. 1.500,-- DM habe.

Diese Einlassung vermag den Angeschuldigten nicht zu entlasten. Sie wird - was die behaupteten Forderungen gegen die Fa. Faber angeht - auch widerlegt durch die Aussage des Zeugen Faber.

Es wird beantragt, das Hauptverfahren vor dem Amtsgericht - Schöffengericht - Gummersbach zu eröffnen.

                                        Staatsanwalt

II. Begleitverfügung

Staatsanwaltschaft   Köln, den 3.10.1989
- 40 Js 926/89 -

Vfg.

1) Akten
   44 Ds 33 Js 433/87 StA Aachen
   24 Ls 20 Js 201/85 StA Bonn
   erneut einfordern.

2) Die Ermittlungen sind abgeschlossen.

3) Anklageschrift in Reinschrift fertigen.

4) Entwurf und 1 Durchschlag zu den Handakten.

5) Als Prüfungssache (Klausur) vermerken.

6) U. m. A.
   Herrn
   Vorsitzenden des Schöffengerichts

   in Gummersbach

   unter Bezugnahme auf die anliegende Anklageschrift übersandt. Die einge-
   forderten Vorstrafakten werden nach Eingang umgehend nachgesandt.

7) 2 Monate.

Staatsanwalt

III. Anklageschrift (Bayern)

Staatsanwaltschaft
bei dem Landgericht Augsburg
- 40 Js 926/89 -

Anklageschrift

In der Strafsache gegen Alfred B ä h r e , geb. am 13.9.1928 in Berlin,
verheirateter Handelsvertreter, wohnhaft Hoher Ring 7, 5000 Köln 1,
Deutscher,

- Verteidiger: Rechtsanwalt Andersen aus Köln -.

Die Staatsanwaltschaft legt aufgrund ihrer Ermittlungen dem Angeschuldigten
folgenden Sachverhalt zur Last:

Der Angeschuldigte, der Provisionsvertreter der Fa. Faber in Köln war, ver-

handelte am 10.4.1989 in Augsburg mit dem Zeugen Merker über den Kauf einer
Enthaarungsmaschine. Der Wahrheit zuwider erklärte er, es sei eine Anzahlung erforderlich und er sei berechtigt, eine gebrauchte Maschine in Zahlung
zu nehmen. Der Zeuge Merker schloß mit ihm einen Kaufvertrag über eine Enthaarungsmaschine zum Preise von 3.600,-- DM unter Inzahlunggabe einer alten
Maschine zu 600,-- DM. Den von Merker ausgestellten Barscheck über
1.000,-- DM ließ der Angeschuldigte - entgegen seinen Verpflichtungen
gegenüber der Fa. Faber - seinem Konto gutschreiben; die für 600,-- DM in
Zahlung gegebene gebrauchte Maschine verkaufte er für eigene Rechnung.
Beides hatte er von vornherein geplant, aber verheimlicht.

Der Angeschuldigte wird daher beschuldigt, in der Absicht, sich einen
rechtswidrigen Vermögensvorteil zu verschaffen, das Vermögen eines anderen
dadurch beschädigt zu haben, daß er durch Vorspiegelung falscher Tatsachen
einen Irrtum erregte, strafbar als Vergehen des Betruges gem. § 263 Abs. 1
StGB.

Wesentliches Ergebnis der Ermittlungen

Der Angeschuldigte hat den Beruf eines Einzelhandelskaufmanns erlernt.
Seit 1964 ist er verheiratet. Aus der Ehe sind 2 Kinder, heute 23 und
18 Jahre alt, hervorgegangen.

Seit Juli 1985 war der Angeschuldigte als Vertreter für die Fa. Faber in
Köln tätig; z.Z. ist er arbeitslos und lebt von der Unterstützung seines
Sohnes. Er ist bisher zweimal bestraft worden, und zwar 1985 und 1987 wegen
Betruges, jeweils zu Geldstrafen.

Am 10.4.1989 suchte der Angeschuldigte den Zeugen Merker in seiner Metzgerei in Augsburg auf, dem er eine Enthaarungsmaschine für 3.600,-- DM verkaufte, nachdem Merker sich anhand einer Vorführmaschine davon überzeugt
hatte, daß seine alte Maschine modernen Anforderungen nicht mehr entsprach.
Der Angeschuldigte spiegelte dem Zeugen Merker vor, er sei berechtigt,
seine alte Maschine in Zahlung zu nehmen, und es sei eine Anzahlung zum
Abschluß des Vertrages unbedingt erforderlich. In Wirklichkeit war der Angeschuldigte aufgrund des mit dem Zeugen Faber geschlossenen Vertretervertrages weder berechtigt, gebrauchte Maschinen in Zahlung zu nehmen, noch
war eine Anzahlung zum Abschluß des Vertrages erforderlich. In dem am
2.7.1985 geschlossenen Vertrag zwischen dem Angeschuldigten und der Fa.
Faber heißt es:

> "Jeweils am Wochenende (Freitag) sind sämtliche in der vorangegangenen
> Woche angefallenen Inkassobeträge zur Abrechnung zu bringen. Kassierte
> Wechsel und Schecks dürfen nur an die Fa. Faber ausgestellt werden.
> Bargeld ist in vollem Umfang abzurechnen. Fällige Provisionen werden
> von der Fa. Faber am Tage der Abrechnung ausbezahlt. Provision darf
> nicht einbehalten werden."

Wie von vornherein beabsichtigt, ließ der Angeschuldigte den von dem Zeugen Merker als Anzahlung ausgestellten Barscheck über 1.000,-- DM seinem
eigenen Konto gutschreiben, verbrauchte das Geld für sich und verkaufte die
für 600,-- DM in Zahlung genommene gebrauchte Maschine Anfang Mai 1989 für
700,-- DM an den Metzgermeister Keller in Köln.

Der Angeschuldigte räumt das tatsächliche Geschehen ein. Zur Begründung
seines Handelns gibt er an, es sei schwierig, neue Maschinen zu verkaufen,

ohne alte in Zahlung zu nehmen; deshalb habe er die alte Maschine angenommen. Diese habe er alsbald verkaufen und dann mit der Fa. Faber abrechnen
wollen. Er habe lediglich den Mehrerlös von 100,-- DM für sich behalten
wollen. Die von dem Zeugen Merker geleistete Anzahlung von 1.000,-- DM
habe er für sich behalten, um auf diese Weise den Zeugen Faber dazu zu
bewegen, endlich mit ihm abzurechnen, weil er gegen Faber aus früheren
Messeverkäufen noch eine Forderung von ca. 1.500,-- DM habe.

Diese Einlassung vermag den Angeschuldigten nicht zu entlasten. Sie wird
- was die behaupteten Forderungen gegen die Fa. Faber angeht - auch widerlegt durch die Aussage des Zeugen Faber.

Zur Aburteilung ist gem. §§ 24, 25 GVG, § 7 Abs. 1 StPO das Amtsgericht
- Schöffengericht - in Augsburg zuständig.

Ich erhebe dorthin die öffentliche Klage und beantrage,

a) die Anklage zur Hauptverhandlung zuzulassen,

b) einen Termin zur Hauptverhandlung zu bestimmen.

Als Beweismittel bezeichne ich:

  I. Zeugen:

      1. Metzger Karl Merker, Bergstraße 2, 5270 Gummersbach,
      2. Dipl.-Landwirt Hubert Faber, Staufferstraße 17, 5000 Köln 1.

 II. Urkunden:

      1. Vertrag vom 10.4.1989 (Bl. 33 d.A.),
      2. Vertrag vom 2.7.1985 (Bl. 44 d.A.).

III. Vorstrafakten[14]:

      a) 44 Ds 33 Js 433/87 StA Aachen,
      b) 24 Ls 20 Js 201/85 StA Bonn.

Augsburg, den 3. Oktober 1989

                                                    gez. Beyerle
                                                    Staatsanwalt

A n m e r k u n g e n

zu 1):   Dieser Vorgang muß zusammen erörtert werden; er bildet eine Ein-
          heit.

zu 2):   Bei der Prüfung von § 263 StGB empfiehlt es sich, immer im Ansatz
          klarzustellen, zu wessen Nachteil und zu wessen Vorteil der Betrug
          geprüft werden soll. Wichtig ist dies vor allem bei betrügerischem
          Vorgehen von Vertretern oder wenn der Getäuschte über das Vermögen
          eines Dritten verfügt.

zu 3): Alle Tatsachen, über die getäuscht worden sein kann, sind im einzelnen genau durchzuprüfen.

zu 4): Beweiswürdigung - die hier kurz sein kann - an dieser Stelle, weil
hier die entsprechenden Feststellungen zur Tatbestandsprüfung erforderlich sind.

zu 5): Mit diesen Darlegungen, in denen kurz auf die vorliegenden Beweise
eingegangen worden ist, ist festgestellt, daß die Behauptungen
falsch waren.

zu 6): Die Kausalität liegt auf der Hand; weitere Erörterungen dazu erübrigen sich damit.

zu 7): Angesichts der klaren Rechts- und Beweislage kann dieser Passus
im Urteilsstil knapp gefaßt werden.

zu 8): Eine solche - zulässige - Bezugnahme auf frühere Darlegungen erspart
Zeit; niemals jedoch - ein relativ häufiger Fehler - darf auf spätere Erörterungen Bezug genommen werden.

zu 9): Vgl. zu dieser Problematik BGHSt 3, 372; 14, 38; 16, 280, Baumann
NJW 61, 1141, Dreher/Tröndle § 246 Rdnr. 11.

zu 10): Keine Zitate, etwa von Entscheidungen, die im "Dreher/Tröndle"
zitiert werden. Zitiert werden darf nur, was nachgelesen wurde,
also etwa Tröndles Ansicht, wenn der "Dreher/Tröndle" vorliegt.

zu 11): So interessant diese Rechtsfrage ist, sie sollte jedoch in der
strafrechtlichen Assessorklausur unentschieden bleiben. Für die
Entscheidung spielt es keine Rolle, welcher Ansicht man den Vor-
zug gibt. Die Zeit, die für die Klausur zur Verfügung steht, ist
zudem knapp. Daher sollte in dieser Weise vorgegangen werden.
Bedeutung kann die Frage erlangen, wenn etwa Beihilfe zur zweiten
Tat erörtert werden muß.

zu 12): Zum Vermögensbegriff und zur Makeltheorie vgl. BGHSt 1, 264; 3,
99; 16, 220 sowie BGHSt 1, 93; 3, 372; 15, 83.

zu 13): Vgl. BVerfGE 22, 254.

zu 14): In der Praxis werden die Vorstrafakten zwar als Beweismittel aufgeführt, obwohl es nur auf bestimmte darin enthaltene Urkunden
ankommt, vgl. BGHSt 6, 128; nach dieser Entscheidung sind Ge-
richtsakten eine Sammlung von vielen Urkunden und Vorgängen, wes-
halb ein in der Hauptverhandlung gestellter Antrag auf Heranzie-
hung von "Akten" nur ein Beweisermittlungsantrag ist. Ein Beweis-
antrag muß sich auf bestimmte in den Akten befindliche Urkunden
beziehen.

K l a u s u r   N r .   3

(Bestochener Polizeibeamter)

Der Oberkreisdirektor   Siegen   , den 16.10.   1989 9.30 Uhr

...als Kreispolizeibehörde

-. Kriminalpolizei -
Behörde, genaue Bezeichnung der Dienststelle

Tgb. Nr. 2. - K. 8839/89

Fernruf   33221   NA 419

Eingangsstempel

Strafanzeige

Strafbare Handlung: Erpressung u.a.

§§   253   StGB

Tatort: Weidenau   AG.-Bezirk: Siegen
                Ausführliche Beschreibung

Tatzeit: 8.10.1989
                Wochentag, Datum, Uhrzeit

Geschädigt   Bienert, Fritz, geb. 8.8.1945 in Krefeld,
                Name, bei Frauen auch Geburtsname, Vornamen, Geburtstag, Geburtsort

             Gastwirt, Siegen-Weidenau, Bahnhofstr. 8   Fernruf   33451
                Beruf, Wohnung

Beschuldigt 1. Egon Franke, 4.4.1950 in Siegen
                Name, bei Frauen auch Geburtsname, Vornamen, Geburtstag, Geburtsort

             Polizeihauptmeister, Klafeld, Bergstr. 2
                Beruf, Wohnung

             2. Erich Bender, 5.5.1944 in Hildenbach,
                Name, bei Frauen auch Geburtsname, Vornamen, Geburtstag, Geburtsort

             Polizeimeister, Klafeld, Mittelstr. 34
                Beruf, Wohnung

Gegenstand: Schadenshöhe:

Beweisstücke:

Wo versichert?

Spurensuche	Fahndung
a) wurde veranlaßt am um Uhr	a) Suchvermerk liegt — nicht — vor
(siehe Spurensicherungsbericht Bl. d. A.)	b) Notkarte — nicht — angelegt
b) ist nicht erforderlich.	c) FS — nicht — gegeben
Blutprobe	
wurde nicht veranlaßt	
(Unterschrift, Dienstgrad)	(Unterschrift, Dienstgrad)

Vermerk über die Erfassung in der polizeilichen Kriminalstatistik (KP 31)

KP 31a	Spalten des Vordrucks KP 31																			Datum und Zeichen des Sachbearb.	KP 31b — nicht — gefertigt
	Lfd.Nr.	b	c	d	e	f	g	h	i	k	l	m	n	o	p	q	r	s	t	u		
(Vorders.)																						
evtl. Nachträge																						
(Rücks.)																						
evtl. Nachträge																						Sachverhalt umseitig

18 Js 379/89

Herr /~~Frau/Fräulein~~

Name Bienert   Vornamen Fritz
      Bei Frauen auch Geburtsname

geb. am 8.8.1945   in   Krefeld   Beruf Gastwirt

Wohnung Weidenau, Bahnhofstr. 8   Fernruf 33451

zeigt an

In meiner Freizeit gehe ich hin und wieder angeln. Seit 1980 besitze ich einen
Fischereischein. Durch meinen Zigarettenlieferanten, Herrn Hans Kühnel aus Hil-
chenbach, wurde ich im Jahre 1980 mit dem Prokuristen der Firma Mitteldorf, Herrn
August Albrecht, bekannt. Herr Albrecht gestattete mir, ab und zu in dem etwa
1500 m langen Teilstück der Sieg, welches die Firma Mitteldorf von der Stadt
Hüttental gepachtet hat, zu fischen. Nach dem Tode von Herrn Albrecht im
Jahre 1988 habe ich nur noch zweimal geangelt, zuletzt am Sonntag, dem 8.10.1989.

Als ich an diesem Sonntagmorgen etwa eine Stunde geangelt hatte, erschien ein
Polizeibeamter in Uniform und fragte in schroffem Ton nach meinem Angelschein.
Nachdem ich ihn vorgezeigt hatte, wollte er außerdem den schriftlichen Erlaubnisschein sehen, worauf ich erwiderte, daß ich nur die mündliche Erlaubnis be-
säße. Damit gab sich der Polizeibeamte aber nicht zufrieden, erklärte vielmehr,
er müsse den Fischereischein und das Angelgerät beschlagnahmen. Nachdem er sich
als Polizeimeister Bender ausgewiesen hatte, blieb mir nichts anderes übrig, als
ihm den Fischereischein und meine 3 Angeln auszuhändigen. Auch die fünf gefangenen Schleien übergab ich ihm. Bender forderte mich sodann auf, am Montag auf der
Polizeiwache in Weidenau bei Polizeihauptmeister Franke vorzusprechen.

Da ich die Maßnahmen des Polizeimeisters Bender für unberechtigt hielt, begab
ich mich sogleich am Montagmorgen, dem 9.10.1989, zur Polizeiwache und zu Polizeihauptmeister Franke. Dieser machte mir in der Unterredung zum Vorwurf, eine
Fischwilderei begangen zu haben, die mit Freiheitsstrafe bestraft werde. Als ich
mich dagegen verwahrte und auf die mir erteilte mündliche Erlaubnis hinwies,
zeigte er mir einen Vertrag, wonach die Stadt Hüttental die Fischereirechte
Ende 1987 an zwei Privatpersonen verpachtet hatte. Deren Namen wollte er mir allerdings nicht mitteilen; er verdeckte sie vielmehr, als er mich in den Vertrag
einsehen ließ. Daraus konnte ich aber so viel entnehmen, daß die Firma Mitteldorf nicht mehr zur Fischerei berechtigt war, was ich aber angenommen hatte.

Hauptmeister Franke stellte mich sodann vor die Alternative, eine Strafanzeige
und ein Ermittlungsverfahren in Kauf zu nehmen oder eine Geldbuße von etwa
250,-- DM an ihn zu zahlen, womit die Angelegenheit erledigt sei. Ich war zunächst erschrocken, insbesondere über die Höhe des Betrages, denn ich hatte jeweils nur ein paar Schleien geangelt; obwohl ich mich unschuldig fühlte, erklärte ich mich schließlich zur Zahlung bereit, weil ich die mit einem Strafverfahren verbundenen Folgen, insbesondere im Hinblick auf meine Gaststättenkon-
zession, befürchtete. Ich habe dann gleich die 250,-- DM gezahlt, ohne eine
Quittung zu bekommen; das Angelgerät, den Fischereischein und die fünf Schleien
erhielt ich daraufhin zurück.

Inzwischen ist mir klargeworden, daß ich übereilt gehandelt habe. Unterhaltun-
gen mit Freunden haben meinen Verdacht bestätigt, daß sich die beiden Polizeibeamten nicht korrekt verhalten haben.

Ich bitte um strafrechtliche Verfolgung.

 Geschlossen: v.g.u.

 gez. Flügel, KK   gez. Fritz Bienert

74

Der Oberkreisdirektor

- Kriminalpolizei -
                    Dienststelle

Tgb.-Nr.:   2. K. 8839/89
Akt.-Zeichen:

Siegen   , den 18.10. 19 89

Verantwortliche Vernehmung

Es erscheint**) Egon Franke

der / xdie Nachgenannte

wohnhaft in   Bergstr. 2 in Klafeld   Straße)Platz Xxx

Fernruf   7039   und erklärt:

1. a) Familienname, auch Beinamen, Künstlername, Spitzname, bei Namensänderung früherer Familienname, bei Frauen auch Geburtsname, ggf. Name des früheren Ehemannes	a) Franke
b) Vornamen (Rufname unterstreichen)	b) Egon
2. Geboren	am 4.4.1950 in Siegen Kreis (Verwaltungsbezirk) Siegen Landgerichtsbezirk Siegen Land NRW
3. a) Beruf	a) Polizeibeamter
aa) erlernter	aa) Fernmeldetechniker
bb) z.Z. der Tat ausgeübter	bb) Polizeibeamter
cc) Stellung im Beruf (z.Z. der Tat) Hier ist anzugeben: — ob Geschäftsinhaber, Gehilfe, selbständiger Handwerksmeister, Geselle usw.	cc) Polizeihauptmeister (Leiter der Polizeiwache Hüttental-Weidenau)
b) Ferner sind anzugeben: — bei Ehefrauen Beruf des Mannes — bei Beamten, Behördenangestellten, Angehörigen der Bundeswehr usw. Anschrift der Dienststelle — bei Studierenden Anschrift der Hochschule und das belegte Lehrfach — bei Trägern akademischer Würden (Dipl.-Ing., Dr., D. usw.), wann und wo bei welcher Hochschule der Titel erworben wurde	b) ./. OKD Siegen
c) bei Erwerbslosigkeit, seit wann?	c) ./.

**) Auf Vorladung, aus Untersuchungshaft, aus Strafhaft, als vorläufig Festgenommener vorgeführt, in der Wohnung, an der Arbeitsstätte aufgesucht usw.
(Zutreffendes einsetzen.)

Verantwortliche Vernehmung Pol. N. 15

4. Einkommensverhältnisse
  a) z. Z. der Tat
  b) gegenwärtig

a) ... ca. 3.500,-- DM brutto
b) ... ca. 3.500,-- DM brutto

5. a) Familienstand
    ledig - verheiratet - verwitwet - geschieden -
    getrennt lebend -

  b) Vor- und Familienname des Ehegatten
    bei Frauen auch Geburtsname, ggf. Name des
    früheren Ehemannes

  c) Wohnung des Ehegatten
    bei verschiedener Wohnung

  d) Beruf des Ehegatten

a) ... verheiratet

b) ... Helene geb. Paape

c) ... s.o.

d) ... s.o.

6. Kinder a) Anzahl
        b) Alter

a) ... drei
b) ... 20, 18, 17

7. a) Vater, Vor- und Zuname
    Beruf
    Wohnung

  b) Mutter, Vor- und Geburtsname
    Beruf
    Wohnung
    (auch wenn Eltern bereits verstorben)

  c) Vormund*), Pfleger*) oder Bewährungshelfer*),
    Vor- und Zuname
    Beruf
    Wohnung

a) ... Wilhelm Franke
   ... Landwirt (Rentner)
   ... Wissen/Sieg, Morsbacher Str. 25

b) ... Annemarie geb. Eulebach
   ... Hausfrau
   ... w.o.

c) ... entfällt

8. Staatsangehörigkeit (auch evtl. frühere)

... deutsch

9. Ehrenämter
  in Staat, Gemeinde oder einer Körperschaft des
  öffentl. Rechts (Schöffe oder Geschworener — Handels-,
  Arbeits- oder Sozialrichter — Vormundschaften oder
  Pflegschaften — Bewährungshelfer — sonstige Ehrenämter)

... entfällt

10. Personalausweis
  Reisepaß, sonstige Ausweise und Berechtigungsscheine
  (Art, ausstellende Behörde, Nummer, Ausgabedatum)
  z. B. Führerschein, Wandergewerbeschein, Legitima-
  tionskarte, Jagd- oder Fischereischein, Waffenschein,
  Schiffer- oder Lotsenpatent, Unterbringungsschein
  nach Gesetz zu Art. 131 GG, Rentenbescheid, Spreng-
  meisterschein

... Nr. 773 824
... ausgestellt am 25.1.1985 in
... Hüttental

11. Vorstrafen
  Maßregeln der Sicherung und Besserung, Strafe zur
  Bewährung ausgesetzt, bedingte Entlassung bewilligt.
  Anhängige Strafverfahren — nach eigenen Angaben —,

... keine

Nichtzutreffendes durchstreichen.

Mir wurde eröffnet, daß ich beschuldigt werde, eine Erpressung pp. z.N. des Gastwirts Bienert begangen zu haben.

Ich wurde darauf hingewiesen, daß es mir nach dem Gesetz freisteht, mich zu der Beschuldigung zu äußern oder nicht zur Sache auszusagen und jederzeit, auch schon vor meiner Vernehmung, einen von mir zu wählenden Verteidiger zu befragen.
Ferner bin ich darüber belehrt worden, daß ich zu meiner Entlastung einzelne Beweiserhebungen beantragen kann. Mir wurde weiter gesagt, daß ich mich auch schriftlich zu der Beschuldigung äußern kann.

Ich erkläre hierzu:

Mir ist soeben die Anzeige des Gastwirts Bienert vom 16.10.1989 inhaltlich bekanntgegeben worden. Dazu habe ich folgendes zu sagen:

Mein Kollege, Herr Bender, und ich sind Mitglieder des Anglervereins in Klafeld. Dort erfuhren wir, daß die Stadt Hüttental ihre Fischereirechte an der Sieg in Weidenau verpachten wollte. Wir haben daraufhin die Fischerei zu einem günstigen Entgelt gepachtet.

Am Sonntagmorgen, dem 8.10.1989 - ich hatte Dienst -, kam Bender zu mir, überbrachte mir drei Angeln sowie einen Fischbehälter, in dem etwa 4 oder 5 Schleien schwammen, und berichtete, daß er soeben einen Angler an der Sieg gestellt habe. Die weitere Verfolgung der Angelegenheit überlasse er mir.

In der Besprechung am Montag legte ich Bienert klar, daß er sich der Fischwilderei schuldig gemacht habe. Durch Vorlage des Vertrages mit der Stadt Hüttental konnte ich ihn auch davon überzeugen, daß die Firma Mitteldorf keine Fischereirechte besaß. Als notwendige Folge davon habe ich ihm eine Strafanzeige und die Einleitung eines Ermittlungsverfahrens angekündigt.

Herrn Bienert war mit Rücksicht auf seinen Beruf sehr daran gelegen, ein Strafverfahren zu verhindern. Ferner kam es ihm darauf an, daß die Sache nicht in die Öffentlichkeit drang. Deshalb schlug ich ihm vor, er solle 250,-- DM an mich zahlen. Da ich - zusammen mit meinem Kollegen - der Geschädigte war, hielt ich mich für befugt, in diesem Fall von einer Strafanzeige abzusehen. Die 250,-- DM konnte ich auch zu Recht als Ersatz für das unberechtigte Fischen beanspruchen. Nach Angaben von Bekannten war mehrmals in der Sieg unbefugt geangelt worden, und ich war und bin der Überzeugung, daß Bienert entgegen seiner Darstellung dort mehrere Male gefischt hat, und zwar zu einer Zeit, als wir fischereiberechtigt waren. Seine Äußerung, er habe von dem damaligen Prokuristen der Firma Mitteldorf die Erlaubnis erhalten, sah ich als reine Schutzbehauptung an.

Auf Vorhalt: Es lag mir fern, ein Schmiergeld von Bienert zu nehmen. Mein Bestreben war vielmehr, unsere berechtigte Forderung auf Schadensersatz durchzusetzen. Ich sehe nicht ein, mich strafbar gemacht zu haben.

    Geschlossen: v.g.u.

    gez. Flügel, KK   gez. Egon Franke

Der Oberkreisdirektor

- Kriminalpolizei -
....
Dienststelle

Tgb.-Nr.: 2. K. 8839/89
Akt.-Zeichen:

Siegen , den 19.10. 19 89

Verantwortliche Vernehmung

Es erscheint**) Erich Bender

der / die Nachgenannte

wohnhaft in Mittelstr. 34 in Klafeld   Straße, Platz Nr.

Fernruf 2087 und erklärt:

1. a) Familienname, auch Beinamen, Künstlername, Spitzname, bei Namensänderung früherer Familienname, bei Frauen auch Geburtsname, ggf. Name des früheren Ehemannes	a) Bender
b) Vornamen (Rufname unterstreichen)	b) Erich
2. Geboren	am 5.2.1944 in Hildenbach Kreis (Verwaltungsbezirk) Siegen Landgerichtsbezirk Siegen Land NRW
3. a) Beruf	a) Polizeibeamter
aa) erlernter	aa) s.o.
bb) z.Z. der Tat ausgeübter	bb) s.o.
cc) Stellung im Beruf (z.Z. der Tat) Hier ist anzugeben: — ob Geschäftsinhaber, Gehilfe, selbständiger Handwerksmeister, Geselle usw.	cc) Polizeimeister
b) Ferner sind anzugeben: — bei Ehefrauen Beruf des Mannes — bei Beamten, Behördenangestellten, Angehörigen der Bundeswehr usw. Anschrift der Dienststelle — bei Studierenden Anschrift der Hochschule und das belegte Lehrfach — bei Trägern akademischer Würden (Dipl.-Ing., Dr., D. usw.), wann und wo bei welcher Hochschule der Titel erworben wurde	b) ./. OKD Siegen
c) bei Erwerbslosigkeit, seit wann?	c) ./.

**) Auf Vorladung, aus Untersuchungshaft, aus Strafhaft, als vorläufig Festgenommener vorgeführt, in der Wohnung, an der Arbeitsstätte aufgesucht usw.
(Zutreffendes einsetzen.)

Verantwortliche Vernehmung Pol. N. 15

4. Einkommensverhältnisse	
a) z. Z. der Tat	a) ca. 3.200,-- DM brutto
b) gegenwärtig	b) ca. 3.200,-- DM brutto

5. a) Familienstand
     ledig - verheiratet - verwitwet - geschieden -
     getrennt lebend -
	a) verheiratet

b) Vor- und Familienname des Ehegatten
     bei Frauen auch Geburtsname, ggf. Name des
     früheren Ehemannes
	b) Elisabeth geb. Kentmann

c) Wohnung des Ehegatten bei verschiedener Wohnung	c) s.o.
d) Beruf des Ehegatten	d) Verkäuferin
6. Kinder a) Anzahl	a) keine
b) Alter	b)

7. a) Vater, Vor- und Zuname
     Beruf
     Wohnung
	a) Bruno Bender
	     Postsekretär
	     Freudenberg, Oberstr. 20

b) Mutter, Vor- und Geburtsname
     Beruf
     Wohnung
     (auch wenn Eltern bereits verstorben)
	b) Eugenie geb. Dörner
	     Hausfrau
	     s.o.

c) Vormund*), Pfleger*) oder Bewährungshelfer*),
     Vor- und Zuname
     Beruf
     Wohnung
	c) ./.

8. Staatsangehörigkeit (auch evtl. frühere)	deutsch

9. Ehrenämter
   in Staat, Gemeinde oder einer Körperschaft des
   öffentl. Rechts (Schöffe oder Geschworener — Handels-,
   Arbeits- oder Sozialrichter — Vormundschaften oder
   Pflegschaften — Bewährungshelfer — sonstige Ehren-
   ämter)
	entfällt

10. Personalausweis
    Reisepaß, sonstige Ausweise und Berechtigungsscheine
    (Art, ausstellende Behörde, Nummer, Ausgabedatum)
    z. B. Führerschein, Wandergewerbeschein, Legitima-
    tionskarte, Jagd- oder Fischereischein, Waffenschein,
    Schiffer- oder Lotsenpatent, Unterbringungsschein
    nach Gesetz zu Art. 131 GG, Rentenbescheid, Spreng-
    meisterschein
	Reisepaß Nr. 3789521
	ausgestellt durch den Oberkreis-
	direktor Siegen am 17.2.1986

11. Vorstrafen
    Maßregeln der Sicherung und Besserung, Strafe zur
    Bewährung ausgesetzt, bedingte Entlassung bewilligt.
    Anhängige Strafverfahren — nach eigenen Angaben —.
	keine

Nichtzutreffendes durchstreichen.

Mir wurde eröffnet, daß ich beschuldigt werde, eine Amtsanmaßung z.N. des Gastwirts Fritz Bienert begangen zu haben.

Ich wurde darauf hingewiesen, daß es mir nach dem Gesetz freisteht, mich zu der Beschuldigung zu äußern oder nicht zur Sache auszusagen und jeder- zeit, auch schon vor meiner Vernehmung, einen von mir zu wählenden Verteidi- ger zu befragen.
Ferner bin ich darüber belehrt worden, daß ich zu meiner Entlastung einzel- ne Beweiserhebungen beantragen kann. Mir wurde weiter gesagt, daß ich mich auch schriftlich zu der Beschuldigung äußern kann.

Ich erkläre hierzu:

Am Sonntag, dem 8.10.1989, ging ich beim Morgenspaziergang an der Sieg vor- bei, die zu meinem Revier gehört. Obwohl ich an diesem Tage dienstfrei hat- te, legte ich die Uniform an, weil Herrn Franke und mir wiederholt zuge- tragen worden war, es werde dort ohne unsere Erlaubnis geangelt. Das wollte ich unterbinden.

An diesem Morgen überraschte ich Herrn Bienert beim Angeln. Da ich wußte, daß er es unerlaubt tat, habe ich das Angelgerät, den Fischereischein und die Schleien zu Beweiszwecken sichergestellt, zumal Bienert sich zunächst sträubte, seine Personalien anzugeben.

Die Angelegenheit übergab ich sodann meinem Vorgesetzten, Herrn Franke.
Ich hatte ihn auch ermächtigt, unsere privaten Ansprüche geltend zu machen. Zu dem Gespräch zwischen Franke und Bienert kann ich nichts sagen, weil ich nicht zugegen war. Ich habe mich auch nicht mehr für den Fortgang der Sache interessiert.

Auf Vorhalt: Mir kam es allerdings in erster Linie darauf an, unsere zivil- rechtlichen Belange wahrzunehmen, nämlich zu verhindern, daß widerrechtlich geangelt wurde. - Welche Maßnahmen Polizeihauptmeister Franke ergreifen sollte, hatten wir nicht abgesprochen.

    Geschlossen: v.g.u.

    gez. Flügel, KK   gez. Erich Bender

Der Oberkreisdirektor   Siegen, 23.10.1989
- Kriminalpolizei -
2. K. 8839/89

1.) <u>Vermerk:</u>

    Der Oberkreisdirektor in Siegen bestätigte auf fernmündliche Anfrage, daß die Stadt Hüttental mit den Beschuldigten Franke und Bender am 21.11.1987 einen noch heute gültigen Pachtvertrag abgeschlossen hat, der vom Oberkreisdirektor genehmigt worden ist. Der Vertrag mit der Fa. Mitteldorf war im Sommer 1987 abgelaufen.

2.) U. m. A.

der Staatsanwaltschaft

<u>5900 Siegen</u>

nach Abschluß der Ermittlungen übersandt.

i.A.

gez. Flügel, KK

<u>Vermerk für den Bearbeiter</u>

Das Ermittlungsverfahren gegen den Anzeigenden Bienert ist eingestellt worden.

Der Sachverhalt ist zu begutachten; die Entschließung der Staatsanwaltschaft ist zu entwerfen.

Im Gutachten ist bei der Erörterung der einzelnen Merkmale der untersuchten Straftatbestände nicht nur in rechtlicher, sondern auch in tatsächlicher Hinsicht zu prüfen, ob die Beschuldigten nach den Ergebnissen des vorbereitenden Verfahrens der Begehung von Straftaten hinreichend verdächtig sind. Im wesentlichen Ergebnis der Ermittlungen (§ 200 Abs. 2 S. 1 StPO) braucht die tatsächliche Würdigung nicht ausführlich wiederholt zu werden.

Sollten weitere Ermittlungen für erforderlich gehalten werden, so ist davon auszugehen, daß diese durchgeführt worden sind und keine neuen Gesichtspunkte ergeben haben.

Wird Anklage beim Strafrichter erhoben, so ist § 200 Abs. 2 S. 2 StPO nicht anzuwenden.

Am Ende der Klausur ist anzugeben, in welchen Auflagen ggf. die Hilfsmittel Dreher/Tröndle, StGB, und Kleinknecht/Meyer, StPO, dem Bearbeiter zur Verfügung standen.

<u>Hinweise</u>

Der von Ihnen benutzte Aufgabentext wird nicht zu Ihren Prüfungsunterlagen genommen. Bezugnahmen oder Verweisungen, die nur durch Einsicht in das von Ihnen benutzte Exemplar des Aufgabentextes verständlich werden, verbieten sich deshalb.

Lösung

Vorschlag

Ich schlage vor, das Verfahren gegen den Beschuldigten Bender einzustellen und gegen den Beschuldigten Franke Anklage vor dem Schöffengericht Siegen wegen Erpressung u.a. zu erheben.

Gutachten

A. Strafbarkeit der Beschuldigten

I. Strafbarkeit des Bender (B.)

1. Der Beschuldigte könnte einer Amtsanmaßung (§ 132 StGB) hinreichend verdächtig sein.

a) Die erste Alternative von § 132 StGB setzt die unbefugte Ausübung eines öffentlichen Amtes voraus, d.h., der Täter muß sich als Inhaber eines öffentlichen Amtes dadurch ausgeben, daß er eine entsprechende Amtshandlung vornimmt.

Auch ein Beamter - wie der Beschuldigte B. - kann Täter einer Amtsanmaßung sein, wenn er sich z.B. amtliche Befugnisse beilegt, die mit seinem Amt nicht verbunden sind[1]. Zu prüfen ist, ob B. unbefugt ein öffentliches Amt ausübte, als er mit seinem Vorgehen gegen Bienert (Beschlagnahme der Angelgeräte, der Beute und des Fischereischeins) vornehmlich seine privaten Belange als Mitpächter des Fischgewässers verfolgte. Das hängt davon ab, ob er für die von ihm getroffenen Maßnahmen generell zuständig war: Bei Vorliegen eines objektiven Straftatbestandes ist die Polizei und damit jeder örtlich sowie sachlich zuständige Polizeibeamte zur Einleitung von Ermittlungen gehalten (§ 163 Abs. 1 StPO) und zur Sicherstellung bzw. Beschlagnahme von Beweisstücken berechtigt (§§ 94, 98 StPO, § 152 GVG i.V.m. VO vom 31.8.1982 (GV NW 82, 592) i.V.m. ÄndVO v. 7.5.1985 (GV NW 85, 382)). Der Anzeigenerstatter hatte, weil er - wie aufgrund der Auskunft des Oberkreisdirektors in Siegen feststeht - ohne Erlaubnis am 8.10.1989 in fremdem Fischgewässer angelte, den Tatbestand der Fischwilderei (§ 293 Abs. 1 StGB) verwirklicht.

Das betreffende Teilstück der Sieg gehörte zum Dienstbereich des Beschuldigten B. Dieser war daher örtlich und als Polizeibeamter auch sachlich (§ 163 Abs. 1 StPO) zur Personalienfeststellung Bienerts, zur Beschlagnahme der Geräte und zur Einleitung von Ermittlungen zuständig.

Der Umstand, daß er zur Tatzeit nicht im Dienst war und seine hoheitlichen Befugnisse zur Durchsetzung seiner Privatinteressen einsetzte, ändert an der - berechtigten - Inhaberschaft eines öffentlichen Amtes nichts. Geschütztes Rechtsgut i.S. des § 132 StPO ist nämlich nicht der Schutz des betroffenen Bürgers vor Übergriffen pflichtwidrig handelnder Amtsträger, sondern ausschließlich die staatliche Autorität und die staatliche Organisationsgewalt[2].

Mithin hat B. die erste Tatbestandsalternative des § 132 StGB nicht verwirklicht.

b) Da B. zu den von ihm getroffenen hoheitlichen Maßnahmen gegenüber Bienert berechtigt war, scheidet auch die zweite Alternative des § 132 StGB, die unbefugte Vornahme einer Handlung, die nur kraft eines öffentlichen Amtes vollzogen werden kann, aus[3].

2. Hinreichende Anhaltspunkte dafür, daß der Beschuldigte B. von den Handlungen Frankes am 9.10.1989 wußte oder an ihnen beteiligt war, liegen nicht vor[4].

II. Strafbarkeit des Franke (F.)

1. Vorgänge am 9.10.1989: Vorschlag gegenüber Bienert, sich durch Zahlung einer "Geldbuße" von 250,-- DM vor der Erstattung einer Strafanzeige zu schützen, und Entgegennahme des Geldes.

a) F. könnte einer Bestechlichkeit (§ 332 Abs. 1 StGB) hinreichend verdächtig sein[5], weil er Geld von B. forderte.

aa) Fraglich erscheint, ob F. - als Polizeibeamter Amtsträger i.S.v. § 11 Abs. 1 Nr. 2 a StGB - mit seiner Aufforderung an Bienert, zwischen einer Strafanzeige wegen Fischwilderei und der Zahlung von 250,-- DM zu wählen, einen Vorteil forderte.

Vorteil ist jede Zuwendung, die - von der in Aussicht gestellten Diensthandlung abgesehen - unentgeltlich ist und die Lage des Empfängers objektiv meßbar verbessert. Ob die vom Beschuldigten F. begehrte Zuwendung unentgeltlich war, ist nach den Umständen des Falles zu beurteilen:

Der Anzeigenerstatter gibt glaubhaft an[6], er habe seit dem Tode des früheren Fischereiberechtigten lediglich zweimal in der Sieg geangelt und nur ein paar Schleien gefangen. Die Beschuldigten B. und F. sind bei ihrer verantwortlichen Vernehmung nicht in der Lage gewesen, eine Schadensersatzforderung gegen Bienert zu begründen, die in ihrer Höhe auch nur annähernd den geforderten 250,-- DM entspricht. Bezeichnenderweise hat F. daher die von Bienert verlangten 250,-- DM als "Geldbuße" und nicht etwa als Schadens- oder Wertersatzforderung bezeichnet und von der ordnungsgemäßen Ausstellung einer Zahlungsquittung abgesehen. Es ist daher mit der für eine Anklage erforderlichen Sicherheit erwiesen, daß den Beschuldigten B. und F. ein Schadensersatzanspruch in Höhe von 250,-- DM nicht zustand. Abgesehen davon hätte Bienert auch nicht schuldbefreiend gezahlt, als er die 250,-- DM an F. übergab. Denn er kannte die Gläubigerstellung des F., der ihm gegenüber keine zivilrechtliche Schadensersatzforderung geltend machte, nicht. Es fehlte daher der Erfüllungswille des Schuldners wie - wegen der anderslautenden Erklärungen des F. - der Annahmewille des Gläubigers (§ 362 BGB). Bienert hat sich daher mit der Zahlung nicht von einer eventuellen Verbindlichkeit befreit[7]. Daraus folgt: F. verlangte und forderte - wenn auch in der versteckten Form einer Wahlmöglichkeit - von Bienert einen Vorteil, nämlich - zumindest in dieser Höhe - nicht geschuldetes Geld.

Mit der Zusicherung gegenüber Bienert, von der Durchführung eines Ermittlungsverfahrens gegen ihn nach Zahlung der Geldsumme abzusehen, müßte F. weiter eine Diensthandlung in Aussicht gestellt haben, die seine Dienstpflichten verletzen würde. Gem. § 335 StGB steht das Unterlassen einer Diensthandlung, die sachlich geboten ist, der Vornahme einer solchen gleich. Nach § 163 Abs. 1 StPO sind Beamte des Polizeidienstes zur Erforschung von

Straftaten verpflichtet und bei Vorliegen zureichender tatsächlicher Anhaltspunkte, die den Verdacht einer Straftat begründen (§ 160 StPO), zur Einleitung von Ermittlungen gehalten. Der Anzeigenerstatter hatte, wie bereits
ausgeführt, mit seinem Angeln am 8.10.1989 in der Sieg den objektiven Straf-
tatbestand der Fischwilderei (§ 293 Abs. 1 StGB) erfüllt; er handelte rechtswidrig. Jede Ermittlungssache ist nach § 163 Abs. 2 StPO von der Polizei der
Staatsanwaltschaft vorzulegen, und zwar auch dann, wenn die Polizei der Ansicht ist, der zunächst angenommene Tatverdacht habe sich verflüchtigt. Die
Entscheidung über ein schon eingeleitetes Ermittlungsverfahren ist nicht
Aufgabe der Polizei[8], sondern allein der Staatsanwaltschaft. Der Beschuldigte F. war daher nicht befugt, von der Vorlage der Anzeige abzusehen. Er
hatte die Ermittlungssache der Staatsanwaltschaft zur Entscheidung vorzulegen. Hinzu kommt in diesem Falle noch, daß der Beschuldigte auch von einem
vorsätzlichen Handeln Bienerts überzeugt war; dies wird aus seiner im Rahmen der verantwortlichen Vernehmung angegebenen Erklärung deutlich,
Bienerts Berufung auf die mündlich erteilte Fischereierlaubnis des Prokuristen der Firma Mitteldorf sei eine reine Schutzbehauptung.

Das in Aussicht gestellte und nach Erhalt der Summe auch eingehaltene Ver-
sprechen, von einer Strafanzeige gegen Bienert abzusehen, bildet das Gegen-
stück des geforderten Vorteils.

Durch das Absehen von einer Strafanzeige, welches F. in Aussicht stellte,
verletzte er seine Dienstpflichten.

Die Tat ist mit dem Eingehen der sog. Unrechtsvereinbarung oder dem Stellen
einer darauf zielenden Forderung vollendet. Also hat F. mit der Abgabe seines Alternativvorschlags gegenüber dem Anzeigenerstatter, der eine, wenn
auch versteckte Forderung auf Gewährung eines Vorteils als Gegenleistung
für das Unterlassen einer gebotenen Strafanzeige enthielt, den Tatbestand
des § 332 Abs. 1 StGB erfüllt.

bb) Die Verwirklichung des Tatbestands indiziert die Rechtswidrigkeit. Zu
prüfen bleibt, ob der Beschuldigte F. auch vorsätzlich und im übrigen schuldhaft handelte.

F. war über seine Pflichten als Polizeibeamter im Rahmen seiner Ausbildung
unterrichtet worden; insbesondere die Pflicht, gem. §§ 163 Abs. 1, 160 StPO
bei Vorliegen zureichender tatsächlicher Anhaltspunkte für das Vorliegen
einer Straftat - wie im vorliegenden Falle - eine Strafanzeige zu erstatten, ist jedem Beamten des Polizeidienstes stets bewußt. Die Unterlassung
der Strafanzeige als Gegenleistung für die geforderte Summe war daher gerade aus der Sicht des Polizeibeamten F. pflichtwidrig.

Zweifelhaft könnte sein, ob der Beschuldigte auch von der Unentgeltlichkeit
der geforderten Zahlung ausging. Seine Einlassung, er habe lediglich die
berechtigten Schadensersatzforderungen als Pächter gegen Bienert wahrge-
nommen, steht entgegen, daß er die zivilrechtliche Seite der Angelegenheit
unerwähnt ließ und seine Fischereiberechtigung verheimlichte[6]. Hinzu kommt,
daß der Beschuldigte - wohl wissend, daß eine Geldforderung in Höhe von
250,-- DM nicht zu belegen war - die geforderte Summe als Geldbuße und nicht
als Schadens- oder Wertersatzforderung benannt hat. Der Beschuldigte ging
also selbst von der Unentgeltlichkeit der geforderten Leistung aus. F. handelte daher vorsätzlich.

Mit der Behauptung, er sehe nicht ein, sich strafbar gemacht zu haben, will
F. geltend machen, ihm fehle das Unrechtsbewußtsein (§ 17 StGB). Diese Ein-

lassung ist nicht glaubhaft. Denn es wird durch sein eigenes Verhalten, insbesondere dadurch, daß er B.'s und seine Fischereiberechtigung verschwieg
und von Geldbuße sprach, deutlich, daß er um das Unrechtmäßige seines Vor-
gehens wußte. Mit der für eine Anklage erforderlichen Sicherheit[9] steht
fest, daß er als Polizeibeamter das Verbotensein seines Handelns kannte.
Der Beschuldigte F. ist daher der Bestechlichkeit hinreichend verdächtig.

b) Durch die Annahme des Geldes hat F. auch die Tatbestandsalternative des
§ 332 Abs. 1 StGB: "Annahme eines Vorteils" verwirklicht, und zwar ebenfalls - wie sich aus den Ausführungen zu a) ergibt - bei Vorliegen der übrigen Tatbestandsmerkmale dieser Strafnorm.

c) Der Beschuldigte F. könnte weiterhin auch einer Erpressung (§ 253 Abs. 1
u. 2 StGB) hinreichend verdächtig sein.

aa) Mit der Bienert unterbreiteten Möglichkeit, durch Zahlung von 250,-- DM
die Durchführung eines Ermittlungsverfahrens abzuwenden, drohte F. mit einem empfindlichen Übel und veranlaßte Bienert zur Zahlung der geforderten
Summe, einer Handlung, durch die dieser seinem Vermögen einen Nachteil zu-
fügte. F. handelte in der Absicht, sich zu bereichern. Die von ihm begehrte
- und später auch realisierte - Bereicherung müßte objektiv rechtswidrig
sein.

Wie bereits zu II 1 a ausgeführt, war F. nicht Inhaber eines Zahlungsan-
spruchs in Höhe von 250,-- DM; auf den erstrebten Vermögensvorteil hatte
der Beschuldigte also keinen Anspruch. Die beabsichtigte Bereicherung war
rechtswidrig. Hinzu kommt, daß für die verlangte Geldbuße - will man den
Beschuldigten hier wörtlich nehmen - ohnehin keine Rechtsgrundlage existiert.

bb) Die allgemeine Rechtswidrigkeit der Tat bestimmt sich nach der Mittel-
Zweck-Relation des § 253 Abs. 2 StGB. Zweifel an der Rechtswidrigkeit könn-
ten auftauchen, weil F. lediglich mit einer Strafanzeige drohte, zu deren
Erstattung er gem. § 163 StPO ohnehin verpflichtet war. Bei Prüfung der
Rechtswidrigkeit darf indes nicht isoliert auf das konkret eingesetzte
Mittel oder den erstrebten Zweck abgestellt werden; entscheidendes Krite-
rium ist vielmehr die Verknüpfung zwischen der angewendeten Drohung und der
erstrebten Bereicherung.

Der Beschuldigte setzte die Drohung mit der "Strafanzeige" als Mittel ein,
um 250,-- DM zu erlangen, auf die er - jedenfalls in dieser Höhe - keinen
Anspruch hatte und die er verlangte, ohne überhaupt offenzulegen, daß er der
Fischereiberechtigte war, dem möglicherweise Schaden entstanden sein könnte.
Die erstrebte rechtswidrige Bereicherung ist im Rahmen des § 253 Abs. 2
StGB der Nötigungszweck; die Rechtswidrigkeit des Zwecks stellt ein wesentliches und in der Regel auch ausschlaggebendes Element der Mittel-Zweck-
Relation dar. Die von F. vorgenommene Nötigung ist gerade unter Berücksichtigung der Durchsetzung einer in dieser Höhe nicht bestehenden Geldforderung und der Tatsache, daß der Beschuldigte als Polizeibeamter mit der Erstattung einer sachlich gebotenen Strafanzeige drohte, als besonders verwerflich und damit als rechtswidrig zu werten.

Bei der Prüfung der Frage, ob der Beschuldigte F. auch vorsätzlich und im
übrigen schuldhaft handelte, könnte nur zweifelhaft sein, ob sich der Vorsatz auch auf die Rechtswidrigkeit der erstrebten Bereicherung erstreckt
hat. Er könnte fehlen, wenn F., wie er geltend macht, von einer Schadensersatzforderung in Höhe der geforderten 250,-- DM ausging, die durch Zahlung einer entsprechenden Summe durch Bienert erfüllt werden sollte.

Entgegen seiner Einlassung ließ F. bei dem Gespräch am 9.10.1989 mit Bienert die zivilrechtliche Seite unerwähnt und verschwieg seine Pächterstellung; bezeichnenderweise hielt er sogar bei Vorlage des zwischen ihm, B. und dem Berechtigten geschlossenen Fischereivertrages die Rubrik "Pächter" verdeckt und sprach lediglich von einer "Geldbuße"; eine ordnungsgemäße Quittung erteilte er nicht. Hinzu kommt, daß er nicht einmal im Rahmen seiner verantwortlichen Vernehmung auch nur annähernd einen Sachschaden in Höhe von 250,-- DM darlegen konnte. Angesichts dieser Umstände ist die Einlassung des Beschuldigten als fadenscheinige - zudem lebensfremde - Ausrede zu werten: Sie ist unglaubhaft. Mit der für eine Anklage erforderlichen Sicherheit[9] steht fest, daß F. vorsätzlich handelte.

Zu der Frage, ob F. die Einsicht in das Strafbare seines Tuns gefehlt hat, gilt das oben hierzu Ausgeführte: F. wußte um das Unrecht seines Tuns.

d) Der Beschuldigte F. könnte durch sein Verhalten gegenüber Bienert zugleich einen Betrug (§ 263 Abs. 1 StGB) zu dessen Nachteil und zu seinem Vorteil begangen haben[10]. Bei Vorlage des Pachtvertrages "unterdrückte" F. gegenüber dem Anzeigenerstatter durch Verdecken der Rubrik "Pächter" die Tatsache, daß er - gemeinsam mit B. - fischereiberechtigt war. Der dadurch hervorgerufene Irrtum müßte bei Bienert den Entschluß hervorgerufen oder mitbeeinflußt haben, die vermögensschädigende Verfügung, nämlich die Zahlung von 250,-- DM, vorzunehmen.

Neben der Drohung, eine Strafanzeige zu erstatten, erreichte F. durch Verdecken des Pächternamens und Verschweigen der zivilrechtlichen Belange bei Bienert folgendes: Der Anzeigenerstatter, ohne Kenntnis von der eventuellen Gläubigerstellung des F., stand bei der Entscheidung, ob er zahlen sollte, durch die Täuschung des Beschuldigten unter dem unmittelbaren Druck einer Strafanzeige durch einen Polizeibeamten; bei Offenlegung der Pächterstellung F.'s wäre die Drohung mit einer Strafanzeige aus der Sicht Bienerts mit Wahrscheinlichkeit weniger eindrucksvoll und möglicherweise nicht erfolgreich gewesen; F. hätte in diesem Fall nicht mehr von einer Geldbuße, sondern von Schadensersatzforderungen reden und mithin die Höhe der Forderung begründen müssen. Hinzu kommt, daß Bienert in Kenntnis der Gläubigerstellung des F. und des B. durch Zahlung der Summe als Schuldner frei geworden wäre. Daraus[6] ergibt sich der hinreichende Verdacht, daß neben der Drohung auch der durch die Täuschungshandlung des F. hervorgerufene Irrtum mitmotivierend für den Entschluß Bienerts war, die geforderte Summe zu zahlen.

Zur Frage der Rechtswidrigkeit der beabsichtigten Bereicherung, der allgemeinen Rechtswidrigkeit und der Schuld wird auf die Darlegung zu II 1 c bb) verwiesen.

e) aa) Weiterhin könnte F. den Tatbestand der Strafvereitelung im Amt (§§ 258 Abs. 1, 258 a Abs. 1 StGB) verwirklicht haben. Dies würde allerdings eine strafbare Handlung des Begünstigten, also hier des Bienert, voraussetzen.

Da Bienert - wie er glaubhaft angibt - annahm, der Fischereiberechtigte habe ihm zum Angeln in der Sieg die Erlaubnis erteilt, irrte er über das Tatbestandsmerkmal der Verletzung fremden Fischereirechts i.S. des § 293 Abs. 1 StGB; dieser Irrtum schließt nach § 16 Abs. 1 StGB den Vorsatz aus.

bb) Da F., wie auch aus seiner verantwortlichen Vernehmung hervorgeht, jedoch von einem strafbaren Verhalten Bienerts ausgegangen ist, könnte ein

- untauglicher - Versuch der Strafvereitelung im Amt vorliegen, der gem. § 258 a Abs. 2 StGB unter Strafe gestellt ist.

Zu prüfen ist, ob F. einen entsprechenden Entschluß gefaßt hat. Der Beschuldigte, als Polizeibeamter Amtsträger i.S.v. § 11 Abs. 1 Nr. 2 a StGB und zur Mitwirkung bei Strafverfahren gem. § 163 StPO berufen, war gewillt, nach Zahlung der 250,-- DM von der Erstattung einer Strafanzeige gegen Bienert abzusehen; so war - nach der Überzeugung des F. - gewährleistet, daß Bienert trotz seines strafbaren Verhaltens nicht verfolgt werden konnte. Der Anfang der Ausführungshandlung des F. lag in dem pflichtwidrigen Unterlassen der Erstattung einer Strafanzeige und ihrer Vorlage an die Staatsanwaltschaft. F. hat absichtlich und wissentlich gehandelt.

Daher ist F. der versuchten Strafvereitelung im Amt (§§ 258 a Abs. 1, 2, 258 Abs. 1, 22 Abs. 1 StGB) hinreichend verdächtig.

2. Verfügung der Herausgabe der Angelgeräte, des Angelscheins und der Schleien.

a) F. könnte eines Verstrickungsbruchs (§ 136 Abs. 1 StGB) hinreichend verdächtig sein.

Das Angelgerät, der Angelschein und die Fische waren von B. am 8.10.1989 rechtmäßig nach §§ 94, 98 StPO (vgl. insoweit § 136 Abs. 3 StGB) beschlagnahmt, in amtlichen Besitz genommen und noch am selben Tage seinem Vorgesetzten F. in dessen Dienstzimmer ausgehändigt worden.

Fraglich erscheint, ob der Beschuldigte F. mit der Übergabe der Geräte an Bienert diese "in anderer Weise der Verstrickung" entzogen hat. Mit der Herausgabe der Angelruten und der anderen Gegenstände hob F. die durch die Beschlagnahme begründete Verfügungsgewalt auf; da Täter des Verstrickungsbruches jeder Beliebige sein kann, also auch der Beamte, ist unschädlich, daß F. als Mitinhaber der behördlichen Verfügungsgewalt den amtlichen Gewahrsam selbst aufhob.

Zu berücksichtigen ist jedoch, daß geschütztes Rechtsgut im Rahmen des § 136 StGB die durch die Beschlagnahme begründete staatliche Herrschaftsgewalt ist. F. war vor der - sachlich gebotenen - Abgabe der Ermittlungen an die Staatsanwaltschaft als Dienststellenleiter der Polizeiwache zur Entscheidung über die Freigabe der beschlagnahmten Gegenstände befugt. Die Herausgabe der Sachen an den Eigentümer und Berechtigten Bienert stand daher nach außen hin im Einklang mit seinen Befugnissen. Die staatliche Herrschaftsgewalt wurde insoweit nicht verletzt.

Durch die pflichtwidrige Freigabe der beschlagnahmten Sachen hat sich F. also keines Verstrickungsbruchs schuldig gemacht.

b) Aus den gleichen Erwägungen scheidet der Tatbestand des § 133 Abs. 1, 3 StGB aus. Zwar schützt § 133 StGB sowohl staatliche Herrschaftsgewalt über alle amtlich aufbewahrten oder übergebenen Sachen gegen unbefugte Eingriffe (wie § 136 StGB) als auch das Vertrauen, daß Gegenstände, die sich kraft staatlichen Hoheitsrechts im Besitz des Staates befinden, auch ordnungsgemäß aufbewahrt werden. Da F. die Geräte - wenn auch pflichtwidrig - an den Berechtigten und Eigentümer herausgegeben hat, kann auch dieses besondere Vertrauen des Bürgers in die Fürsorge des Staates nicht verletzt worden sein[11].

III. Konkurrenzen

Das Fordern und das zeitlich unmittelbar darauf folgende Annehmen des Vorteils als Gegenleistung für dieselbe pflichtwidrige Diensthandlung sind Teile desselben Delikts[12].

Die Tatbestände der Erpressung und des Betruges stehen - weil durch dieselbe Handlung verwirklicht - in Idealkonkurrenz. Da die Erpressung und der Betrug noch während der Verwirklichung der Bestechlichkeit begonnen haben und bei Erhalt des Geldes fortdauerten, stehen diese Delikte zur Bestechlichkeit ebenfalls im Verhältnis der Idealkonkurrenz[13].

Gleiches gilt für die versuchte Strafvereitelung[14], weil diese mit der Zusage beginnt, eine Strafanzeige nicht zu erstatten, dies andererseits Teil der Erpressungs-, Betrugs- und Bestechlichkeitshandlung ist. § 253 StGB und § 263 StGB haben im gegebenen Fall selbständige Bedeutung, d.h., der Betrug geht nicht in der Erpressung auf, weil die Täuschung nicht lediglich dazu diente, die zugleich angewendete Drohung gefährlicher erscheinen zu lassen[15]. Im Gegenteil: Die Täuschung bewirkte zusätzlich andere Vorstellungen, die mit der Drohung nicht zusammenhängen und die auch maßgeblich für die Vermögensverfügungen waren. Es liegt Tateinheit vor[16].

B. Verfahrensfragen

1. Anklage gegen den Beschuldigten F. soll vor dem Schöffengericht in Siegen, das gem. § 7 Abs. 1 StPO örtlich und gem. § 28 GVG sachlich zuständig ist, erhoben werden. Wegen der zu erwartenden Strafhöhe und der Bedeutung der Sache ist eine Anklage vor dem Strafrichter nicht sachdienlich.

2. Das Verfahren gegen B. ist einzustellen. Da Bienert Strafanzeige erstattet hat, ist ihm ein Bescheid zu erteilen, der mit Gründen zu versehen ist (§ 171 Abs. 1 StPO). Hinsichtlich der Frage der Erteilung einer Rechtsmittelbelehrung i.S.v. § 172 Abs. 2 StPO ist folgendes zu beachten: § 132 StGB schützt zwar ausschließlich die staatliche Autorität und das Ansehen des Staatsapparats und nicht den Bürger vor Übergriffen pflichtwidriger Beamter (vgl. insoweit die Ausführungen zu I). Darauf kann in diesem Zusammenhang jedoch nicht entscheidend abgestellt werden. Es kommt vielmehr darauf an, ob der Anzeigende unmittelbar in seinen Rechten betroffen ist. Das ist der Fall, weil er durch die Handlung des Beschuldigten B. seinen Besitz verloren hat. Er ist also nicht nur wie jeder Staatsbürger - als Teil der Allgemeinheit -, sondern selbst unmittelbar betroffen. Hinzu kommt, daß der Anzeigende zudem behauptet, auch B. habe sich nicht korrekt verhalten und damit - wie aus dem Kontext der Anzeige zu entnehmen ist - darlegen wollte, B. habe ihn geschädigt. Deshalb ist eine Rechtsmittelbelehrung angebracht[17].

Abschlußentscheidung der Staatsanwaltschaft

I. Anklageschrift

Staatsanwaltschaft   Siegen, den 8.11.1989
- 18 Js 379/89 -

An das
Amtsgericht
- Schöffengericht -

5900 Siegen

                              Anklageschrift

Der Polizeihauptmeister Egon Franke, geboren am 4.4.1950 in Siegen, wohnhaft Bergstraße 2, Klafeld/Siegen, verheiratet,

wird a n g e k l a g t ,

am 9.10.1989 in Siegen-Weidenau
durch dieselbe Handlung

a) als Amtsträger einen Vorteil als Gegenleistung dafür gefordert und angenommen zu haben, daß er eine Diensthandlung unterließ und dadurch seine Dienstpflichten verletzte,

b) einen anderen rechtswidrig durch Drohung mit einem empfindlichen Übel
   zu einer Handlung genötigt und dadurch dem Vermögen des Genötigten Nachteil zugefügt zu haben, um sich zu Unrecht zu bereichern,

c) in der Absicht, sich einen rechtswidrigen Vermögensvorteil zu verschaffen, das Vermögen eines anderen dadurch beschädigt zu haben, daß
   er durch Unterdrückung wahrer Tatsachen einen Irrtum erregte,

d) als Amtsträger, der zur Mitwirkung bei einem Strafverfahren berufen war,
   versucht zu haben, absichtlich und wissentlich ganz zu vereiteln, daß
   ein anderer dem Strafgesetz gemäß wegen einer rechtswidrigen Tat bestraft wurde.

Der Angeschuldigte, Polizeihauptmeister in Weidenau, erhielt von Polizeimeister Bender am 8.10.1989 in seinem Dienstzimmer den Fischereischein, die
Angelgeräte und die Fischbeute des Gastwirtes Bienert mit dem Bemerken, er
habe Bienert auf frischer Tat bei der Fischwilderei an der Sieg bei Weidenau ertappt, die Geräte beschlagnahmt und ihn aufgefordert, am 9.10.1989
auf der Polizeiwache in Weidenau bei dem Angeschuldigten vorzusprechen.

Der Angeschuldigte, der gemeinsam mit Bender Pächter des Fischgewässers bei
Weidenau war, stellte am 9.10.1989 in seinem Dienstzimmer den Zeugen Bienert, der sich auf die Genehmigung zum Angeln berief und nur wenige Fische
- wie der Angeschuldigte wußte - gefangen hatte, vor die Wahl, entweder
eine "Geldbuße" von 250,-- DM an ihn zu zahlen oder die an sich gebotene
Strafanzeige wegen Fischwilderei und ein Ermittlungsverfahren in Kauf zu
nehmen; dabei legte er den Pachtvertrag vor, aus dem sich ergab, daß der
Zeuge Bienert nicht berechtigt war zu angeln, und täuschte über die wahren

Pachtverhältnisse und seine wirtschaftlichen Interessen durch Verdecken der Rubrik "Pächter"; der Zeuge zahlte daraufhin 250,-- DM an Franke.

Nach Zahlung des Geldbetrages gab der Angeschuldigte die beschlagnahmten Gegenstände an Bienert heraus; von der Erstattung einer Strafanzeige sah er vereinbarungsgemäß ab.

Vergehen der Erpressung, der versuchten Strafvereitelung im Amt, des Betruges sowie der Bestechlichkeit, strafbar nach §§ 253 Abs. 1, 258 Abs. 1, 258 a Abs. 1 u. 2, 263 Abs. 1, 332 Abs. 1, 335, 22, 23 Abs. 1, 52 StGB.

Beweismittel:

    I. Einlassung des Angeschuldigten.

II. Zeugen:

    1) Gastwirt Fritz Bienert, Bahnhofstraße 8, Siegen-Weidenau,

    2) Polizeimeister Erich Bender, Mittelstraße 34, Siegen-Klafeld.

Wesentliches Ergebnis der Ermittlungen

Der Angeschuldigte Egon Franke ist Polizeihauptmeister und Leiter der Polizeiwache in Weidenau. Er und der ebenfalls in Weidenau diensttuende Polizeimeister Erich Bender sind Mitglieder des Angelvereins in Klafeld. Von der Stadt Hüttental haben beide mit dem am 21.11.1987 geschlossenen - heute noch gültigen - Vertrag Fischereirechte an der Sieg in Weidenau gepachtet. Früherer Pächter der Fischereirechte an diesem Flußabschnitt war die Firma Mitteldorf, deren Prokurist August Albrecht dem Zeugen Bienert 1980 gestattete, dort zu angeln.

Am Sonntag, dem 8.10.1989, angelte der Zeuge Bienert wiederum in der Sieg. Da dem Zeugen Bender und dem Angeschuldigten zugetragen worden war, daß in dem von ihnen gepachteten Flußstück unbefugt geangelt werde, ging der Zeuge Bender an diesem Tage an der Sieg vorbei, die zu seinem Zuständigkeitsbereich als Polizeibeamter gehört. Bender, der dienstfrei hatte, aber Uniform trug, traf den Zeugen Bienert beim Angeln an. Auf sein Verlangen zeigte Bienert seinen Angelschein vor und berief sich - als Bender nach dem Erlaubnisschein fragte - auf die ihm erteilte mündliche Erlaubnis. Der Zeuge Bender beschlagnahmte daraufhin das Angelgerät, den Fischereischein und die gefangenen fünf Schleien.

Polizeimeister Bender lieferte die beschlagnahmten Gegenstände noch am selben Tage seinem Vorgesetzten und Dienststellenleiter, dem Angeschuldigten, der an diesem Tag Dienst hatte, ab. Dabei bemerkte er, die weitere Verfolgung der Angelegenheit überlasse er dem Angeschuldigten.

Am Montagmorgen, dem 9.10.1989, suchte der Zeuge Bienert, weil er die Maßnahmen des Polizeimeisters Bender für unbefugt hielt, den Angeschuldigten in der Polizeiwache auf. Dieser warf dem Zeugen vor, eine Fischwilderei begangen zu haben, die mit Freiheitsstrafe bedroht sei. Auf den Einwand Bienerts, ihm sei die Erlaubnis erteilt worden, in der Sieg zu fischen, belehrte der Angeschuldigte ihn, daß die Fischereirechte nicht mehr der Firma Mitteldorf zuständen, sondern vom Berechtigten seit 1987 an zwei Privatpersonen verpachtet worden seien. Zum Beweise legte er dem Zeugen den Pachtvertrag vor, verdeckte aber die Namen der Pächter, nämlich seinen

und Benders, und weigerte sich, die Namen zu nennen. Schließlich stellte er
den Zeugen Bienert vor die Wahl, entweder eine "Geldbuße" von 250,-- DM
an ihn zu zahlen oder die an sich gebotene Anzeige wegen Fischwilderei
und ein Ermittlungsverfahren in Kauf zu nehmen. Der Zeuge Bienert, der
sich unschuldig fühlte und seit 1987 nur zweimal geangelt und dabei einige
Schleien gefangen hatte, fürchtete, vor allem wegen seiner Gaststätten-
konzession, die Folgen eines Strafverfahrens. Er erklärte sich bereit, eine
Geldbuße zu zahlen, und übergab dem Angeschuldigten 250,-- DM. Eine Quittung
erhielt er dafür nicht. Die beschlagnahmten Gegenstände gab der Angeschuldigte an den Zeugen daraufhin heraus.

Der Angeschuldigte bestreitet, sich strafbar gemacht zu haben. Er räumt
zwar den äußeren Tatablauf ein, macht aber geltend, er sehe nicht ein, sich
strafbar gemacht zu haben. Er behauptet, es habe ihm ferngelegen, Schmiergeld von Bienert zu nehmen. Er sei vielmehr bestrebt gewesen, die Forderung
auf Schadensersatz, die ihm und Bender zugestanden habe, durchzusetzen. Er
sei der Überzeugung gewesen, daß Bienert entgegen seiner Behauptung mehrere
Male gefischt und auch von dem Prokuristen der Firma Mitteldorf, August
Albrecht, keine Erlaubnis zum Fischen gehabt habe. Er habe sich für befugt
gehalten, von einer Strafanzeige gegen Bienert abzusehen, weil er und Bender
die Geschädigten gewesen seien. Diese Einlassung ist unglaubhaft. Daß es
dem Angeschuldigten nicht darum ging, eine Schadensersatzforderung geltend
zu machen, ergibt sich aus drei von ihm unbestrittenen Tatsachen: Er hat
Bienert gegenüber nicht von einer Schadensersatzforderung gesprochen, sondern im Gegenteil mit List verhindert, daß dieser davon erfuhr, daß er
Fischereiberechtigter war. Darüber hinaus ist der Angeschuldigte nicht in
der Lage, eine Schadensersatzforderung in Höhe von 250,-- DM zu begründen,
er hat dies auch nicht versucht. Der Angeschuldigte als Polizeihauptmeister
wußte auch, daß er - wie alle Polizeibeamten - nicht befugt war, eine ab-
schließende Entscheidung über eine - hier schon von Bender - vorgelegte
Meldung über eine Straftat zu treffen, erst recht nicht dem Betroffenen zu
erklären, die Entscheidung über strafrechtliche Maßnahmen hänge von der
Zahlung einer "Geldbuße" ab.

Der Angeschuldigte ist daher der ihm zur Last gelegten Straftaten hinreichend verdächtig.

Es wird beantragt, das Hauptverfahren vor dem Amtsgericht - Schöffengericht -
in Siegen zu eröffnen.

Staatsanwalt

II. Begleitverfügung

Staatsanwaltschaft   Siegen, den 8.11.1989
- 18 Js 379/89 -

Vfg.

1) Die Ermittlungen sind abgeschlossen.

2) Einstellung des Ermittlungsverfahrens gem. § 170 Abs. 2 StPO hinsichtlich des beschuldigten Polizeibeamten Bender.

3) Nachricht von Nummer 2.) an den Beschuldigten Bender.

4) Bescheid an den Anzeigenerstatter Bienert (§ 171 StPO):

Sehr geehrter Herr Bienert!

Auf Ihre Strafanzeige vom 16.10.1989 gegen die Polizeibeamten Bender und Franke wegen Verdachts der Erpressung u.a. teile ich Ihnen folgendes mit:

Nach Prüfung des Sachverhalts und der Rechtslage habe ich das Ermittlungsverfahren gegen den Polizeibeamten B e n d e r eingestellt[18].

Der Beamte war zur Beschlagnahme Ihrer Angelgeräte etc. am 8.10.1989 berechtigt. Denn entgegen Ihrer damaligen Überzeugung besaßen Sie - wie Sie nunmehr wissen - zur Tatzeit nicht die Fischereierlaubnis der an der Sieg in Weidenau Berechtigten. Bei Vorliegen eines objektiven Straftatbestandes - hier der Fischwilderei i.S. des § 293 StGB - ist die zuständige Polizei gehalten, ein Ermittlungsverfahren einzuleiten (§ 163 StPO) und die Beweisstücke, falls dies notwendig ist, zu beschlagnahmen (§§ 94, 98 StPO). Daß Herr Bender zugleich Mitpächter der Fischrechte an dem Siegabschnitt in Weidenau war und möglicherweise mit seinem Vorgehen auch private Interessen verfolgte, vermag an der Rechtmäßigkeit seines Handdelns nichts zu ändern.

Gegen diesen Bescheid steht Ihnen binnen 2 Wochen nach Erhalt dieses Schreibens die Beschwerde an den Generalstaatsanwalt in Hamm zu. Durch die Einlegung der Beschwerde bei mir wird die Frist gewahrt. Jedoch genügt es bei schriftlichen Erklärungen zur Fristwahrung nicht, daß die Erklärung innerhalb der Frist zur Post gegeben wird. Die Frist ist vielmehr nur dann gewahrt, wenn die Erklärung vor dem Ablauf der Frist beim Generalstaatsanwalt in Hamm oder bei meiner Dienststelle eingeht.

Mit Entschließung von heute habe ich Herrn F r a n k e wegen Erpressung u.a. beim Schöffengericht in Siegen angeklagt.

Hochachtungsvoll

Staatsanwalt

5) Anklageschrift in Reinschrift fertigen.

6) Entwurf und 1 Durchschlag zu den Handakten.

7) 1 Durchschrift der Anklage übersenden als "Vertrauliche Personalsache" an Oberkreisdirektor in Siegen unter Verwendung des grünen Klebezettels: Mitteilung nach Nr. 15 MiStra.

8) U. m. A.
Herrn Vorsitzenden des
Schöffengerichts

5900 Siegen

unter Bezugnahme auf die anliegende Anklageschrift übersandt.

9) 3 Monate.

Staatsanwalt

Anmerkungen

zu 1): RGSt 58, 173, 176, Schönke/Schröder § 132 Rdnr. 15 m.w.N., Dreher/
Tröndle § 132 Rdnr. 3.

zu 2): BGHSt 12, 31; 3, 241, 244, Schönke/Schröder § 132 Rdnr. 1; a.A.
OLG Hamm NJW 51, 245, jedoch zu einem gesondert gelagerten Sachverhalt.

zu 3): Eine Prüfung von § 240 StGB erübrigt sich damit.

zu 4): Zur Reihenfolge der zu prüfenden Straftatbestände ist anzumerken:
Die Darlegungen zu I 2) können schon an dieser Stelle, also vor
der Prüfung der Strafbarkeit des F., erfolgen, weil das Ergebnis
auf der Hand liegt und so nicht später nochmals auf die Frage nach
der Strafbarkeit des Beschuldigten B. eingegangen zu werden
braucht.

zu 5): Da der Tatbestand des § 332 Abs. 1 StGB bereits mit der Forderung
eines Vorteils für die in Aussicht gestellte pflichtwidrige Diensthandlung vollendet ist, wird mit der Prüfung des § 332 StGB begonnen. Erpressung und Betrug sind erst mit der am selben Tage
erfolgten Zahlung der Summe vollendet.

zu 6): Beweiswürdigung an der Stelle der Prüfung, an der sie erforderlich
wird.

zu 7): RGSt 60, 294, OLG Celle NdsRpfl. 63, 339, Schönke/Schröder § 263
Rdnr. 117.

zu 8): Vgl. statt aller Kleinknecht/Meyer § 163 Rdnr. 24, 25.

zu 9): Bei Beweisfragen ist immer deutlich zu machen, daß von der Wahrscheinlichkeit des Nachweises, die für die Anklageerhebung notwendig ist, auszugehen ist.

zu 10): Genauer Ansatz: Wem gegenüber, zu wessen Nachteil, zu wessen
Vorteil?

zu 11): BGHSt 3, 107; 5, 155, Schönke/Schröder § 133 Rdnr. 15, § 136
Rdnr. 17.

zu 12): Dreher/Tröndle § 331 Rdnr. 16 spricht davon, daß die 1. und
2. Alt. in der 3. Alt. "aufgehen"; Differenzierung und Begründung
fehlen.

zu 13): Zwischen der Bestechlichkeit und der als Gegenleistung versproche-
nen pflichtwidrigen Handlung soll, falls diese zugleich die Merkmale einer Straftat erfüllt, in der Regel Realkonkurrenz bestehen.
Auf diese wenig überzeugende Rechtsprechung braucht hier nicht
eingegangen zu werden (RG GA 54, 293, BGHSt 4, 169; a.A. BGHSt 7,
150, BGH GA 59, 177), denn hinsichtlich der Konkurrenz mit Betrug
und Erpressung gilt dies auch nach der Rechtsprechung nicht (vgl.
dazu BGHSt 9, 245, RG HRR 40 Nr. 195, Schönke/Schröder § 332
Rdnr. 30).

zu 14):   OLG Köln JMBl NW 5O, 254; a.A. Schönke/Schröder § 258 a Rdnr. 23,
          der in dem Angebot der Strafvereitelung noch nicht den Beginn der
          Strafvereitelung sieht, aber wohl eine andere Fallgestaltung im
          Blick hat. Im vorliegenden Fall entscheidet der Beamte mit seiner
          Zusage schon, eine Strafanzeige nicht zu erstatten. Er braucht
          also keine weitere Handlung vorzunehmen.

zu 15):   Vgl. BGHSt 23, 294.

zu 16):   Vgl. BGHSt 9, 245.

zu 17):   Vgl. Solbach DRiZ 77, 181.

zu 18):   Der Einstellungsbescheid kann auch so aufgebaut werden, daß das
          Ergebnis (Einstellung) als Folge der zuvor dargelegten Gründe an
          den Schluß der Ausführungen gesetzt wird.

K l a u s u r   N r .   4

(Raub an der Müllkippe)

Der Oberkreisdirektor   Siegburg   , den   11.11.   19 89 _12.00 Uhr

.... – Kriminalpolizei – ....

Behörde, genaue Bezeichnung der Dienststelle

Tgb. Nr.   1. K. – 2285/89 –

Fernruf   75490   NA   52

Eingangsstempel

Strafanzeige

Strafbare Handlung: Versuchter Mord u.a.

§§   211   StGB

Tatort: Troisdorf   AG.-Bezirk:
Ausführliche Beschreibung

Tatzeit: 10.11.1989,   18.20 Uhr
Wochentag, Datum, Uhrzeit

Geschädigt   a) Wilhelm Zielke, Deichstr. 43, Emden,
          b) Otto Münkel, Altenrather Str. 97, Troisdorf,
Name, bei Frauen auch Geburtsname, Vornamen, Geburtstag, Geburtsort

Fernruf 75813

Beruf, Wohnung

Beschuldigt   1. Fahrer des Lieferwagens SU – X 310
Name, bei Frauen auch Geburtsname, Vornamen, Geburtstag, Geburtsort

Beruf, Wohnung

2.

Name, bei Frauen auch Geburtsname, Vornamen, Geburtstag, Geburtsort

Beruf, Wohnung

Gegenstand: Schadenshöhe:

Beweisstücke:

Wo versichert?

Spurensuche	Fahndung
a) wurde veranlaßt am .... um .... Uhr	a) Suchvermerk liegt — nicht — vor
(siehe Spurensicherungsbericht Bl. ..... d. A.) ,	b) Notkarte — nicht — angelegt
b) ist nicht erforderlich.	c) FS — nicht — gegeben
Blutprobe	
wurde · nicht · veranlaßt	

(Unterschrift, Dienstgrad)   (Unterschrift, Dienstgrad)

Vermerk über die Erfassung in der polizeilichen Kriminalstatistik (KP 31)

KP 31 a						Spalten des Vordrucks KP 31														Datum und Zeichen des Sachbearb.	KP 31b — nicht — gefertigt
	Lfd.Nr.	b	c	d	e	f	g	h	i	k	l	m	n	o	p	q	r	s	t	u		
(Vorders.)																						
evtl. Nachträge																						
(Rücks.)																						
evtl. Nachträge																						

Sachverhalt umseitig

60 Js 325/89 KV

Herrn/Frau/Fräulein

Name   der Geschädigte Münkel   Vornamen Otto
          Bei Frauen auch Geburtsname

geb. am   24.5.1939   in Bonn   Beruf   Kaufmann

Wohnung Altenrather Str. 97, Troisdorf   Fernruf   7 58 13

zeigt an Gestern abend, gegen 18.20 Uhr, fuhr ich mit meinem Schwiegervater,
Wilhelm Zielke, wohnhaft in Emden, Deichstr. 43, zur städtischen Müllkippe
in Troisdorf, deren Pächter ich bin. Die Kippe ist von der Bonner Straße
aus über einen kurzen Zufahrtsweg zu erreichen. Sie ist mit einem etwa 2 m
hohen Maschendrahtzaun eingezäunt. Die Zufahrt ist die Nacht über durch
ein Tor, das aus einem Eisenrahmen und Maschendraht besteht, verschlossen
(Kette mit Vorhängeschloß). Die Müllkippe ist nur tagsüber von 7.30 Uhr
bis 18.00 Uhr zum Abladen von Müll gegen Gebühr für jedermann geöffnet.
Auch gestern war das Tor gegen 18.00 Uhr verschlossen worden, was ich wie
jeden Abend kontrollieren wollte.

Schon aus größerer Entfernung bemerkten wir, daß das Tor offen war. Als
wir näherkamen, sahen wir eine männliche Person, die auf einen Kleinlie-
ferwagen Buntmetall auflud, das meine Leute am Nachmittag aussortiert hatten. Als uns der Mann entdeckte, sprang er hastig in sein Fahrzeug und
startete. Inzwischen war ich mit meinem Wagen bis auf etwa 30 m an das
Tor herangekommen; ich hielt an und lief auf das Tor zu, um es zu schließen und dem Fahrzeug so den Weg abzuschneiden. Das gelang mir jedoch nicht
mehr. Ich stellte mich deshalb mitten in die Einfahrt und gab dem Fahrer
mit der Hand Haltezeichen. Der nahm davon jedoch keine Notiz, sondern fuhr
mit unverminderter Geschwindigkeit auf mich zu, so daß ich zur Seite springen mußte, um nicht angefahren zu werden. Meinem Schwiegervater, der sich
auf der Zufahrtsstraße neben meinen Wagen gestellt hatte, passierte dasselbe. Auch er wollte den Fahrer mit erhobenen Händen zum Stehen bringen
und mußte ebenfalls zur Seite springen, um nicht überfahren zu werden.
Dabei fiel er und trug eine blutende Verletzung an der linken Hand davon.

Der Lieferwagen hatte das Kennzeichen SU - X 310. Den Wagentyp kann ich
nicht angeben. Ich weiß auch nicht, wieviel Metall der Fahrer des Wagens
aufgeladen hatte.

Ich stelle gegen den Täter Strafantrag. Mein Schwiegervater hat mich gebeten, auch in seinem Namen Strafantrag zu stellen, was ich hiermit tue.

Geschlossen: v.u.g.

gez. Fuhrmann, KOM   gez. Otto Münkel

Der Oberkreisdirektor   Siegburg, den 11. November 1989
- Kriminalpolizei -
  1. Kommissariat

                            B e r i c h t

Durch Rückfrage beim hiesigen Straßenverkehrsamt wurde festgestellt, daß
das in der Anzeige benannte Fahrzeug für Gustav Hillers, 5204 Lohmar,
Aggerstr. 74, zugelassen ist.

Der Unterzeichnete begab sich darauf mit POW Pfister zu der bezeichneten
Adresse, wo der Halter des Fahrzeuges angetroffen wurde. Dieser gab auf ein-
dringlichen Vorhalt zu, der gesuchte Täter zu sein. Er zeigte die von ihm
entwendeten Gegenstände. Es handelt sich um etwa 250 kg Kupfer- und Messingteile. Sie wurden ebenso wie das Fahrzeug, ein VW-Bulli, Baujahr 1982
(Fahrgestell-Nr. 728.667; Motor-Nr. 720.525), Kennzeichen SU - X 310, und
eine Beißzange im Einverständnis mit dem Beschuldigten sichergestellt.

Der Beschuldigte wurde zur Vernehmung am 17.11.1989, 9 Uhr, vorgeladen.

Anschließend wurde die Müllkippe in Augenschein genommen. Die von dem Anzeigenerstatter gemachten Angaben treffen zu. Der Zufahrtsweg zur Müllkippe
ist an der Bonner Straße mit dem Verkehrszeichen 250 der Anlage zur StVO
(Verkehrsverbot für Fahrzeuge aller Art) und dem Zusatzschild "Anlieger
frei" gekennzeichnet. Er ist etwa 150 m lang. An dem Maschendrahtzaun ist
rechts neben dem Tor ein Schild angebracht mit der Aufschrift: "Unbefugten
ist das Betreten verboten".

                            gez. Fuhrmann, KOM

                        —————————

                                     Siegburg, den 14.11.1989

V e r m e r k

Inzwischen wurde bekannt, daß Herr Wilhelm Zielke aus Emden, Deichstr. 32,
am 14.11.1989, gegen 8.00 Uhr morgens, infolge einer Blutvergiftung, die er
sich durch die bei seinem Sturz erlittene Verletzung zugezogen haben soll,
im Städt. Krankenhaus in Troisdorf verstorben ist. Die Obduktion des Toten
ist angeordnet worden.

                            gez. Fuhrmann, KOM

Der Oberkreisdirektor

...... - Kriminalpolizei - ......
Dienststelle

Tgb.-Nr.:   1. K. 2285/89
Akt.-Zeichen:

Merkblatt angelegt.
Fingerabdrücke genommen.   Ja/XXXX)
Lichtbilder gefertigt.   Ja/XXXX)
Person ist— XXXX —festgestellt.*)
Im Deutschen Fahndungsbuch-Festnahmen/Aufent-
haltsermittlungen —, in der Fahndungskartei ausge-
schrieben ?   Jä-Nein*)

*) Nichtzutreffendes streichen

.... Siegburg .... , den 17.11. 19 89

Verantwortliche Vernehmung

Es erscheint**) .... Gustav Hillers

der / die Nachgenannte

wohnhaft in .... 5204 Lohmar., Aggerstr. .... Straße/Platz Nr. 74

Fernruf .... und erklärt:

1. a) Familienname, auch Beinamen, Künstlername, Spitzname, bei Namensänderung früherer Familienname, bei Frauen auch Geburtsname, ggf. Name des früheren Ehemannes	a) ...... Hillers
b) Vornamen (Rufname unterstreichen)	b) ...... Gustav
2. Geboren	am 28.10.1937 in Altenrath Kreis (Verwaltungsbezirk) Siegkreis Landgerichtsbezirk Bonn Land NRW
3. a) Beruf	a) ...... Altwarenhändler
aa) erlernter	aa) ./.
bb) z.Z. der Tat ausgeübter	bb) Altwarenhändler
cc) Stellung im Beruf (z.Z. der Tat) Hier ist anzugeben: — ob Geschäftsinhaber, Gehilfe, selbständiger Handwerksmeister, Geselle usw.	cc) selbständig
b) Ferner sind anzugeben: — bei Ehefrauen Beruf des Mannes — bei Beamten, Behördenangestellten, Angehörigen der Bundeswehr usw. Anschrift der Dienststelle — bei Studierenden Anschrift der Hochschule und das belegte Lehrfach — bei Trägern akademischer Würden (Dipl.-Ing., Dr., D. usw.), wann und wo bei welcher Hochschule der Titel erworben wurde	b) ..../.
c) bei Erwerbslosigkeit, seit wann?	c) ..../.

**) Auf Vorladung, aus Untersuchungshaft, aus Strafhaft, als vorläufig Festgenommener vorgeführt, in der Wohnung, an der Arbeitsstätte aufgesucht usw.
(Zutreffendes einsetzen.)

Verantwortliche Vernehmung Pol. N. 15

4. Einkommensverhältnisse	
a) z. Z. der Tat	a) ca. 1.900,-- DM
b) gegenwärtig	b) s.o.

5. a) Familienstand ledig · verheiratet - verwitwet - geschieden - getrennt lebend -	a) ledig
b) Vor- und Familienname des Ehegatten bei Frauen auch Geburtsname, ggf. Name des früheren Ehemannes	b) entfällt
c) Wohnung des Ehegatten bei verschiedener Wohnung	c) entfällt
d) Beruf des Ehegatten	d) entfällt

6. Kinder a) Anzahl	a) 1 (nichtehelich)
b) Alter	b) 18

7. a) Vater, Vor- und Zuname Beruf Wohnung	a) Hans-Helmut Hillers Rentner Bonn-Holzlar, Waldweg 26
b) Mutter, Vor- und Geburtsname Beruf Wohnung (auch wenn Eltern bereits verstorben)	b) Margarete geb. Adams ohne wie oben
c) Vormund*), Pfleger*) oder Bewährungshelfer*), Vor- und Zuname Beruf Wohnung	c)

8. Staatsangehörigkeit (auch evtl. frühere)	deutsch

9. Ehrenämter in Staat, Gemeinde oder einer Körperschaft des öffentl. Rechts (Schöffe oder Geschworener — Handels-, Arbeits- oder Sozialrichter — Vormundschaften oder Pflegschaften — Bewährungshelfer — sonstige Ehren- ämter)	entfällt

10. Personalausweis Reisepaß, sonstige Ausweise und Berechtigungsscheine (Art, ausstellende Behörde, Nummer, Ausgabedatum) z. B. Führerschein, Wandergewerbeschein, Legitima- tionskarte, Jagd- oder Fischereischein, Waffenschein, Schiffer- oder Lotsenpatent, Unterbringungsschein nach Gesetz zu Art. 131 GG, Rentenbescheid, Spreng- meisterschein	Personalausweis Nr. NW 27 391 78

11. Vorstrafen Maßregeln der Sicherung und Besserung, Strafe zur Bewährung ausgesetzt, bedingte Entlassung bewilligt. Anhängige Strafverfahren — nach eigenen Angaben —.	nach eigenen Angaben 1 Vorstrafe wegen Trunkenheit im Straßenverkehr 1986

Nichtzutreffendes durchstreichen.

Mir wurde eröffnet, daß ich beschuldigt werde,
einen versuchten Mord u.a. begangen zu haben, indem ich mit meinem VW-Bulli
beim Verlassen der städtischen Müllkippe auf 2 Personen losgefahren bin,
nachdem diese mich beim Aufladen von Buntmetall überrascht hatten.

Ich wurde darauf hingewiesen, daß es mir nach dem Gesetz freisteht, mich
zu der Beschuldigung zu äußern oder nicht zur Sache auszusagen und jederzeit, auch schon vor meiner Vernehmung, einen von mir zu wählenden Verteidiger zu befragen. Ferner bin ich darüber belehrt worden, daß ich zu meiner Entlastung einzelne Beweiserhebungen beantragen kann. Mir wurde weiter
gesagt, daß ich mich auch schriftlich zu der Beschuldigung äußern kann.

1. Zur Person:

Ich wurde 1937 in Altenrath geboren; dort besuchte ich 8 Jahre lang die
Volksschule. Eine Lehre habe ich nicht gemacht und auch keinen Beruf
erlernt. Zunächst half ich meinem Vater, der Inhaber eines Getränkegroß-
handels war. Da ich keine Lust hatte, den Betrieb fortzuführen, gab mein
Vater das Geschäft 1960 aus Altersgründen auf. Anschließend habe ich an
verschiedenen, mir heute nicht mehr genau bekannten Stellen gearbeitet,
ohne daß ich über längere Zeit einer geregelten Arbeit nachgegangen wäre. Seit etwa 1967 betätige ich mich als Altwarenhändler. Hierbei verdie-
ne ich im Durchschnitt etwa 1.900,-- DM. Davon kann ich gut leben, weil
ich nicht verheiratet bin. Bis vor kurzem mußte ich noch regelmäßig
Unterhalt für ein nichteheliches Kind zahlen. Da das Kind inzwischen
18 Jahre alt ist, ist die Unterhaltspflicht entfallen. Meine Eltern sind
verstorben. Ich habe eine eigene kleine 2-Zimmer-Wohnung, für die ich
monatlich 450,-- DM Miete bezahle. Schulden habe ich nicht.

2. Zur Sache:

Ich gebe zu, am 10.11.1989 von der Müllkippe Buntmetall mit dem VW-Bulli
SU - X 310 wegtransportiert zu haben und auf zwei Personen zugefahren
zu sein.

Ich hatte zu der Müllkippe schon mehrfach Altwaren gebracht, die nicht
mehr verwertbar waren, als ich auf die Idee kam, das dort herumliegende
Buntmetall an mich zu nehmen und zu Geld zu machen. Wem diese Sachen ge-
hörten und wer Besitzer der Müllkippe war, darüber hatte ich mir keine
Gedanken gemacht. Mir war allerdings klar, daß ich das Buntmetall nicht
ohne weiteres wegnehmen durfte, da ja außen am Zaun das Schild angebracht war: "Unbefugten ist das Betreten verboten". Deswegen habe ich
auch abgewartet, bis sich die Leute, die auf der Kippe beschäftigt waren, abends gegen 18 Uhr entfernt hatten und das Tor geschlossen war. Ich
bin dann an dem Freitag vergangener Woche (10.11., etwa 1/4 nach 18 Uhr),
mit meinem VW-Bulli zu der Kippe gefahren. Die Kette, mit der das Tor verschlossen war, habe ich mit einer Beißzange durchgekniffen. Sodann habe
ich mein Fahrzeug rückwärts in die Kippe gefahren, um schnell wegzukom-
men, wenn mich jemand überraschen würde, und habe das dort auf einem
Haufen liegende Buntmetall aufgeladen. Das Weitere hat sich so abge-
spielt, wie es der Anzeigenerstatter angegeben hat. Ich wollte mich auf
jeden Fall vor Entdeckung schützen; denn mir war auch klar, daß ich mit
hoher Strafe zu rechnen hatte. Ich dachte, die beiden würden, als ich

auf sie zufuhr, vor Schreck vergessen, sich das Kennzeichen meines Wagens zu merken.

Auf Vorhalt muß ich zugeben, daß die beiden Männer überfahren worden wären, wenn sie nicht rechtzeitig zur Seite gesprungen wären. Natürlich habe ich gehofft, daß sie noch rechtzeitig beiseite springen würden. In dem Moment war mir aber alles egal.

Es tut mir sehr leid, daß der ältere der beiden Männer inzwischen gestorben ist. Ich bin aber der Überzeugung, daß mir sein Tod nicht angelastet werden kann, weil der Mann mit meinem Fahrzeug gar nicht in Berührung gekommen ist.

Geschlossen: Selbst gelesen, genehmigt
                                          und unterschrieben:

gez. Fuhrmann, KOM   gez. Gustav Hillers

Der Oberkreisdirektor   Siegburg, den 24.11.1989
- Kriminalpolizei -
- 1. K. 2285/89 -

                              Vfg.

U. m. A.
der Staatsanwaltschaft

Bonn

zur weiteren Veranlassung übersandt. Der VW-Bulli ist - im Einverständnis mit Hillers - bei der Fa. Weidenbrück in Troisdorf sichergestellt. Die als Tatwerkzeug benutzte Beißzange ist dem Vorgang beigefügt. Das sichergestellte Buntmetall befindet sich noch bei der hiesigen Dienststelle.

                              gez. Kramer, KK

Staatsanwaltschaft   Bonn, den 4.12.1989
- 60 Js 325/89 KV -

                              Vfg.

1) Vermerk:

a) Nach dem fernmündlich durchgegebenen Befund des Gerichtsmedizinischen
   Instituts in Bonn vom 1.12.1989 "ist der Tod des Wilhelm Zielke durch

akutes Herzversagen eingetreten, hervorgerufen durch eine Unverträglichkeitsreaktion gegen eine Penicillin-Injektion, mit der die durch
die Handverletzung verursachte Blutvergiftung bekämpft werden sollte".

b) Der Pachtvertrag zwischen der Stadt Troisdorf und Herrn Otto Münkel,
Troisdorf, Altenrather Str. 97, hat - wie die Angestellte der Stadt-
verwaltung Troisdorf, Kasbach, fernmündlich mitgeteilt hat - auszugs-
weise folgenden Wortlaut:

"§ 1: Die Stadt Troisdorf überträgt Herrn Münkel die Unterhaltung
der städtischen Müllkippe.

§ 4: Die Müllkippe ist an Werktagen in der Zeit von 7.30 bis
18.00 Uhr geöffnet zu halten ...

§ 7: Die Verpächterin überläßt dem Pächter die alleinige Verwertung der auf der Müllkippe anfallenden Rohprodukte ..."

2) Anliegende Beißzange asservieren.

3) Auskunft aus dem Bundeszentralregister betreffend Gustav Hillers,
geb. 28.10.1937 in Altenrath, einholen.

4) 10 Tage.

Dr. Willms

(Staatsanwalt)

Vermerk: Beißzange ist unter LÜ 331/89 asserviert.

Ersuchen um unbeschränkte Auskunft
aus dem Zentralregister und um Auskunft aus dem Erziehungsregister

Ausfüllanleitung beachten!

| Ordnungs-daten | 01 Beleg-Art | 02 | | ◁ Geburtsdatum |
| | R | | 28.10.1937 | |

Personen-daten

07 | Hillers | ◁ Geburtsname

08 | | ◁ Nur bei Abweichung vom Geburtsnamen: Familienname

09 | Gustav | ◁ Vornamen

10 | Altenrath | ◁ Geburtsort

11 Deutsche(r) X | 12 | ◁ Andere Staatsangehörigkeiten

14 | Lohmar, Aggerstr. 74 | ◁ Letzte bekannte Anschrift

15 | Adams | ◁ Geburtsname der Mutter

16 | | ◁ Abweichende Personendaten

Erläuterungen für den in Feld 01 (Belegart) einzutragenden Kennbuchstaben:

Belegart **R** = Unbeschränkte Auskunft aus dem Zentralregister

Belegart **S** = Auskunft aus dem Erziehungsregister

Belegart **T** = Unbeschränkte Auskunft aus dem Zentralregister
und Auskunft aus dem Erziehungsregister

Antrag   **Es wird um Erteilung einer Auskunft entsprechend der in Feld 01 eingetragenen Belegart gebeten.**

18 Hier Anschrift der Registerbehörde eintragen!

An das

Bundeszentralregister

Postfach 11 06 29

1000 Berlin 11

17

Zweck des Auskunftsersuchens:

Für ein Strafverfahren gegen den

Betroffenen

Dienst-stempel-abdruck

Staatsanwaltschaft
(Behörde)

Bonn, 4.12.1989
(Ort, Datum)

60 Js 325/89 KV
(Geschäftsnummer)

Herkenrath, JOS
(Unterschrift)

---

22 Hier Anschrift für **Rückantwort** eintragen!

An die

Staatsanwaltschaft

Oxfordstr. 19

5300 Bonn

20

Auskunft

Eintragungen im Zentralregister
ggf. im Erziehungsregister:

s. Rückseite

Dienst-stempel-abdruck

Bundeszentralregister
(Behörde)

Berlin, 12.12.1989
(Ort, Datum)

Dettmann, Registerführer
(Unterschrift)

AG Waldbröl vom 22.8.1986

- 45 Ds 50 Js 239/86 - wegen fahrlässiger

Trunkenheit im Straßenverkehr

gem. § 316 StGB zu 30 Tagessätzen à 30,-- DM.

Vermerk für den Bearbeiter

Der Sachverhalt ist zu begutachten; die Entschließung der Staatsanwaltschaft ist zu entwerfen.

Im Gutachten ist bei der Erörterung der einzelnen Merkmale der untersuchten
Straftatbestände nicht nur in rechtlicher, sondern auch in tatsächlicher
Hinsicht zu prüfen, ob die Beschuldigten nach den Ergebnissen des vorberei-
tenden Verfahrens der Begehung von Straftaten hinreichend verdächtig sind.
Im wesentlichen Ergebnis der Ermittlungen (§ 200 Abs. 2 S. 1 StPO) braucht
die tatsächliche Würdigung nicht ausführlich wiederholt zu werden.

Sollten weitere Ermittlungen für erforderlich gehalten werden, so ist davon
auszugehen, daß diese durchgeführt worden sind und keine neuen Gesichtspunkte ergeben haben.

Wird Anklage beim Strafrichter erhoben, so ist § 200 Abs. 2 S. 2 StPO
nicht anzuwenden.

Am Ende der Klausur ist anzugeben, in welchen Auflagen ggf. die Hilfsmittel Dreher/Tröndle, StGB, und Kleinknecht/Meyer, StPO, dem Bearbeiter
zur Verfügung standen.

Hinweis

Der von Ihnen benutzte Aufgabentext wird nicht zu Ihren Prüfungsunterlagen
genommen. Bezugnahmen oder Verweisungen, die nur durch Einsicht in das von
Ihnen benutzte Exemplar des Aufgabentextes verständlich werden, verbieten
sich deshalb.

L ö s u n g

Vorschlag

Ich schlage vor, den Beschuldigten Hillers wegen schweren räuberischen Diebstahls, versuchten Mordes und gefährlichen Eingriffs in den Straßenverkehr vor der Schwurgerichtskammer des Landgerichts Bonn anzuklagen.

Gutachten

A. Strafbarkeit des Beschuldigten Hillers (H.)

I. H. könnte eines schweren räuberischen Diebstahls (§§ 252, 250 Abs. 1 Nr. 2 und Nr. 3 StGB) mit Todesfolge (§ 251 StGB) hinreichend verdächtig sein[1].

1. Dies setzt zunächst voraus, daß H. einen Diebstahl begangen hat. Dann müßte es sich bei dem von ihm mitgenommenen Buntmetall um fremde Sachen handeln. Die ursprünglichen Eigentümer des Metalls haben die Gegenstände derelinquiert (§§ 959, 855, 856 BGB), nämlich die tatsächliche Gewalt über sie und damit den Besitz (§ 856 BGB) in der Absicht aufgegeben, auf das Eigentum zu verzichten[2]. Die Gegenstände waren damit herrenlos. Münkel (M.) könnte dadurch, daß die von ihm beauftragten Arbeiter das Buntmetall aus dem Müll heraussuchten und gesondert lagerten, gem. §§ 958 Abs. 1, 854, 855, 872 BGB Eigentum erworben haben. Die Stadt Troisdorf hat M. die Verwertung der "auf der Müllkippe anfallenden Rohprodukte" (§ 7 des Vertrages) gestattet. Gegen das Aneignungsrecht eines anderen verstießen die Handlungen des M. daher nicht. Durch das Aussortieren des Buntmetalls durch die von M. beauftragten Arbeiter war die Absicht des M., daran Eigentum zu erwerben - auch objektiv erkennbar -, kundgetan. Die im Erwerbsgeschäft des M. nach seinen Weisungen tätigen Arbeiter übten für M. als seine Besitzdiener (§ 855 BGB) die tatsächliche Gewalt über die aussortierten Gegenstände aus, die M. somit in Besitz nahm (§§ 855, 854 BGB), und zwar in Eigenbesitz, weil er sie als ihm gehörend (§ 872 BGB) besaß. M. ist daher mit dem Aussortieren Eigentümer des Buntmetalls gem. § 959 Abs. 1 BGB geworden, das somit für H. eine fremde Sache war.

H. müßte ferner das Buntmetall weggenommen, d.h. fremden Gewahrsam gebrochen und neuen - hier eigenen - Gewahrsam begründet haben. M. übte nach der Auffassung des täglichen Lebens die tatsächliche Sachherrschaft mit Herrschaftswillen aus; dies ergibt sich für die Tatzeit schon daraus, daß ihm die Öffnung und Schließung der Müllkippe oblag (§§ 1, 4 des Vertrages), diese nach Schließung durch einen zwei Meter hohen Maschendrahtzaun und ein verschlossenes Tor gesichert war. Diesen damit gegebenen Gewahrsam des M. hat H. durch die Verladung des Buntmetalls auf seinen Transporter gebrochen. Er hat auch eigenen Gewahrsam begründet[3], spätestens als ihm die Flucht geglückt war. H. hat also das Metall weggenommen, und zwar durch Einbruch[4] in einen umschlossenen Raum (§ 243 Abs. 1 Nr. 1 StGB).

H. hat auch in der Absicht gehandelt, sich das Buntmetall zuzueignen, denn er nahm es weg, um es für sich zu verwerten. Die Zueignung war rechtswidrig. Zu prüfen bleibt, ob H. auch um die Fremdheit der Sachen und damit um die

Rechtswidrigkeit der Zueignung wußte. Das Buntmetall war aussortiert und lag gesammelt bereit; durch den Zaun und das verschlossene Tor war es gesichert. Die Durchsicht und Verwertung des Mülls in dieser Weise ist üblich und allgemein bekannt. Für Dritte offenkundig ist, daß aussortiertes und gesammeltes Buntmetall fremdem Vermögen zuzuordnen ist. Bei hier notwendiger und richtiger Parallelwertung in der Laiensphäre[5] besteht daher hinreichender Verdacht, daß H. um die Fremdheit der Sachen und damit auch um die Rechtswidrigkeit der beabsichtigten Zueignung wußte.

2. Ob H. den Tatbestand des räuberischen Diebstahls gem. § 252 StGB erfüllt hat, hängt davon ab, ob er zum Schutz der bereits erlangten Diebesbeute Gewalt angewandt hat, als er auf frischer Tat betroffen wurde. Nach dem Wortlaut der §§ 249 und 252 StGB begeht der Täter einen Raub (§ 249 StGB), wenn er Gewalt anwendet, um sich die Sache zu verschaffen, wenn er also Gewalthandlungen vor der Vollendung des Diebstahls vornimmt. Einen räuberischen Diebstahl gem. § 252 StGB begeht er hingegen, wenn er sich die Sache zunächst verschafft und dann, nach Vollendung, aber vor Beendigung des Diebstahls, Gewalt anwendet, um sich den - noch nicht gesicherten - Besitz der Sache zu erhalten. Der Anwendungsbereich des § 249 StGB kann nicht erweitert werden um die Fälle der Gewaltanwendung von der Vollendung bis zur Beendigung der Wegnahme mit Zueignungsabsicht. Denn dann bliebe für den räuberischen Diebstahl kein Anwendungsbereich mehr übrig, weil nämlich nach Sicherung der Beute § 252 StGB aus anderen Gründen ausscheidet[6].

Da H. in unmittelbarer Nähe des Tatortes in unmittelbarem Anschluß an die Tat - als er noch beim Aufladen war - von M. und Zielke (Z.) angetroffen wurde, ist er auf frischer Tat betroffen worden. Zu prüfen ist, ob der Diebstahl zu dieser Zeit zwar vollendet, aber noch nicht beendet war. Vollendet war der Diebstahl, wenn H., als er das gestohlene Metall auf den VW-Bulli verladen hatte, die tatsächliche Sachherrschaft an dem Metall hatte. Nach der Anschauung des täglichen Lebens konnte er die Herrschaft über die Sachen ohne Behinderung durch den bisherigen Gewahrsamsinhaber ausüben. Denn er konnte jederzeit unbehindert mit dem in Fahrtrichtung bereitgestellten Kraftwagen, auf dem das Metall lag, durch das geöffnete Tor davonfahren. Damit hatte er Gewahrsam am Metall erlangt[7], wie er Gewahrsam an seinem Kraftfahrzeug schon hatte. Der Diebstahl war also vollendet. Der erlangte Gewahrsam war aber noch nicht so gesichert, daß der Diebstahl als beendet angesehen werden kann. Das Diebesgut war nämlich noch nicht unerreichbar weggeschafft worden.

Weiter ist zur Tatbestandserfüllung erforderlich, daß H. gegen Personen Gewalt angewendet hat. H. ist mit dem VW-Bulli auf die sich ihm in den Weg stellenden Personen M. und Z. zugefahren und hat diese damit gezwungen, sich durch einen Sprung zur Seite zu retten. Er hat damit die physische Kraft des Kraftfahrzeuges eingesetzt und entscheidenden Zwang entfaltet, um den Widerstand der entgegentretenden Personen zu brechen. Damit hat er Gewalt, die gekennzeichnet ist durch den Einsatz physischer Kraft und die Bewirkung entscheidenden Zwangs, angewandt. Er hat sie damit gezwungen, von ihrem Vorhaben, ihn zu stellen und ihm die Beute abzujagen, abzulassen und ihn vorbeifahren zu lassen. Subjektiv ist für die Tatbestandserfüllung des § 252 StGB erforderlich, daß der Täter gehandelt hat, um sich den Besitz der Diebesbeute zu erhalten[8]. Hierfür reicht es nach allgemeiner Meinung aus, daß die Verteidigung der Beute nur eines der durch die Gewaltanwendung verfolgten Ziele ist[9]. Eine Ausschließlichkeit wird weder in der Literatur noch in der Rechtsprechung gefordert. Zwar führt H. in seiner nicht zu widerlegenden Einlassung an, es sei ihm darauf angekommen, seine Entdeckung zu verhindern; er habe gehofft, die beiden sich ihm in den Weg stellenden Männer an dem Ablesen des Nummernschildes zu hindern. Diese Einlassung muß aber im Zusammenhang mit dem von ihm zugestandenen Gesamtausführungsplan des Diebstahls gesehen werden. Danach hatte er von vornherein seine Vorkehrungen so getroffen, daß er bei einer nötig werdenden Flucht, mit der er jedenfalls als Möglichkeit rechnete, im Besitz der Beute bleiben würde. Aufgrund dessen besteht hinreichender Tatverdacht dafür, daß die Sicherung der Diebesbeute jedenfalls eines der Ziele des Beschuldigten H. bei der Gewaltanwendung war.

H. hat rechtswidrig und auch nach einem vorgefaßten Plan gehandelt, der den Fall seiner vorzeitigen Entdeckung einschloß. Sein Tatvorsatz erstreckte sich demgemäß auf den Diebstahl und - spätestens angesichts der beiden Männer - auch auf die Gewaltanwendung.

3. H. könnte hinreichend verdächtig sein, sich gem. § 250 Abs. 1 Nr. 2 StGB strafbar gemacht zu haben. Dies setzt voraus, daß er ein Werkzeug oder Mittel bei sich führte, um den Widerstand durch Gewalt zu verhindern oder zu überwinden. Das Kraftfahrzeug ist ein Gegenstand, der - objektiv und nach dem Willen des Beschuldigten - geeignet und bestimmt war, Gefahr für Leib und Leben zu schaffen. Da der Beschuldigte den PKW zur Überwindung des Widerstandes eingesetzt hat, liegen auch die subjektiven Voraussetzungen des § 250 Abs. 1 Nr. 2 StGB vor.

Schließlich ist auch Nr. 3 des Abs. 1 des § 250 StGB verwirklicht worden[10], denn sowohl M. als auch Z. sind im Augenblick des Zufahrens in die Gefahr einer schweren Körperverletzung, ja sogar des Todes gebracht worden. Der Beschuldigte hat auch vorsätzlich gehandelt, denn er hat billigend in Kauf genommen, daß beide Personen überfahren und getötet werden könnten. Diesen möglichen Erfolg hatte er seinem Ziel zu entkommen untergeordnet. Der Beschuldigte hat zugegeben, daß ihm im Moment des Zufahrens "alles egal gewesen" sei.

4. Schließlich könnte H. auch durch den räuberischen Diebstahl leichtfertig den Tod eines anderen verursacht haben (§ 251 StGB).

Z. ist durch die Gewaltanwendung des H. beim rettenden Sprung zu Fall gekommen und dabei an der Hand verletzt worden. Durch die Behandlung der daraus entstandenen Blutvergiftung ist Z. zu Tode gekommen. Da das Zufahren auf Z. nicht hinweggedacht werden kann, ohne daß der Tod entfiele, ist der Tod des Z. durch die Gewaltanwendung des H. verursacht worden.

Fraglich ist jedoch, ob der Tod durch den räuberischen Diebstahl im Sinne des § 251 StGB von H. leichtfertig verursacht worden ist.

Die Leichtfertigkeit, eine etwa der groben Fahrlässigkeit entsprechende Schuldform, muß sich auf den konkreten Erfolg, d.h. hier auf den Tod im Krankenhaus durch die Penicillinunverträglichkeitsreaktion, beziehen. Daß der Beschuldigte bei dem Zufahren auf M. und Z. billigend in Kauf nahm, daß beide überfahren und getötet werden könnten, ist zur Feststellung, ob er leichtfertig im Hinblick auf den konkreten Tod gehandelt hat, nicht verwendbar. Denn so und zu dem ins Auge gefaßten Zeitpunkt ist der Tod nicht eingetreten. Zwar ist voraussehbar, daß Z. durch das Zurseitespringen zu Fall kommen und sich verletzen würde, ebenso wie die Notwendigkeit einer weiteren Krankenhausbehandlung und ihre üblichen Gefahren. Daß aber die erforderlich werdende Penicillinbehandlung eine Penicillinunverträglichkeitsreaktion verursachen, die wiederum ein Herzversagen hervorrufen und dadurch den Tod verursachen könnte, war nicht voraussehbar. Denn schon eine solche

Überempfindlichkeitsreaktion ist äußerst selten, um so mehr, als sie - wie ärztlich vor der Anwendung von Penicillin festgestellt und damit vermieden werden kann - Herzversagen verursacht, das trotz ärztlichen Beistandes zum Tode führt. Daher hat H. hinsichtlich des konkreten Todes nicht leichtfertig gehandelt. Die Straferschwerung gem. § 251 StGB hat der Beschuldigte daher nicht verwirklicht.

II. H. könnte eines vollendeten Mordes an Z. hinreichend verdächtig sein.

Nach § 211 StGB ist derjenige ein Mörder, der einen Menschen tötet, um eine andere Straftat zu verdecken.

Wie oben unter I 4 dargelegt[11], hat der Beschuldigte H. den Tod des Z. durch seine Handlung verursacht.

Es ist weiter zu prüfen, ob H. den Tod des Z. verursacht hat, um eine andere Straftat zu verdecken.

H. hatte einen schweren räuberischen Diebstahl begangen. Als er sich ertappt sah, wollte er unter allen Umständen verhindern, daß er entdeckt würde. H. fuhr mit dem Wagen mit unverminderter Geschwindigkeit auf M. und Z. in der Annahme los, die beiden würden vor Schreck nicht auf das Fahrzeugkennzeichen schauen. So wollte er unerkannt entkommen. Folglich wollte H. eine andere Straftat verdecken.

Fraglich ist, ob H. den Tod des Z. vorsätzlich verursacht hat. Zwar hatte er gehofft, M. und Z. würden noch beiseite springen, als er auf sie losfuhr, doch ist aus seiner Einlassung, ihm sei im Moment "alles egal gewesen", zu folgern, daß er den möglichen Tod der beiden billigend in Kauf genommen hatte, um auf jeden Fall unentdeckt zu entkommen.

H. hatte bei seiner Handlung also bedingten Tötungsvorsatz. Fraglich ist nur, ob sich dieser bedingte Tötungsvorsatz auch auf den konkret eingetretenen Tod bezog. Damit einem Täter ein Erfolg als vorsätzlich herbeigeführt zugerechnet werden kann, muß der Täter auch die kausale Verknüpfung zwischen seiner Handlung und dem Erfolg erkennen. Dabei reicht es aus, daß der Täter den Kausalverlauf in seinen wesentlichen Zügen kennt[12]. Ein nach § 16 Abs. 1 StGB vorsatzausschließender Irrtum über den Kausalverlauf liegt also nur dann vor, wenn der tatsächlich eingetretene wesentlich von dem vorgestellten Kausalverlauf abweicht. Unerhebliche Abweichungen des Kausalzusammenhangs lassen den Vorsatz unberührt. Solche liegen vor, wenn sie sich noch innerhalb der Grenzen des nach allgemeiner Lebenserfahrung Voraussehbaren halten und keine andere Bewertung der Tat rechtfertigen. Nach allgemeiner Lebenserfahrung war es - wie oben bereits dargelegt - nicht mehr voraussehbar, daß Z. - trotz aller ärztlichen Maßnahmen - an einem Herzversagen, hervorgerufen durch eine Penicillinunverträglichkeitsreaktion, sterben würde[13].

Zudem ist das objektiv Geschehene und das von dem H. Gewollte auch nicht wertmäßig gleichzusetzen. Denn die Art und Weise, in der der Verbrechenswille des Beschuldigten objektiv verwirklicht wurde, unterscheidet sich von der vorgestellten Verwirklichung so stark, daß es unbillig erscheint, dem Täter den letztlich herbeigeführten Erfolg noch als "den gewollten Erfolg" zuzurechnen.

H. ist daher eines vollendeten Mordes nicht hinreichend verdächtig.

III. H. könnte jedoch eines versuchten Mordes gem. §§ 211, 22, 23 StGB an M. und Z. hinreichend verdächtig sein.

Wie oben ausgeführt, hat H. billigend in Kauf genommen, daß M. und Z. den Tod finden würden, als er mit dem Kraftwagen auf sie zufuhr. Damit könnte er den Entschluß gefaßt haben, Menschen zu töten. Ein Entschluß, der zwar nach der Neufassung des Versuchstatbestandes im Gesetzestext nicht mehr angeführt, aber doch weiter vorausgesetzt ist, ist dem Vorsatz gleichzusetzen. Da für den Versuch hinsichtlich der Willensseite dieselbe Vorsatzform wie für die Vollendung notwendig ist, aber auch genügt, reicht bedingter Vorsatz für den Entschluß aus. Bedingt vorsätzlich hat H. hinsichtlich eines möglichen Todes von M. und Z. - wie schon zu II dargelegt - gehandelt; also hat er den Entschluß gefaßt, zwei Menschen zu töten. Mit dem Zufahren auf M. und Z. hat er auch entsprechend seinem Tatplan unmittelbar zur Verwirklichung des Tatbestandes angesetzt, wie sich schon daraus ergibt, daß der Erfolg nur deshalb nicht eingetreten ist, weil beide Opfer sich im letzten Augenblick durch einen Sprung haben retten können. H. wollte M. und Z. auch töten, um eine andere Straftat zu verdecken. Dies ist oben begründet worden.

H. ist daher eines zweifachen versuchten Mordes (§§ 211, 22, 23 StGB) hinreichend verdächtig.

IV. Eine fahrlässige Tötung (§ 222 StGB), der sich H. schuldig gemacht haben könnte, scheidet aus, weil H. - wie oben im einzelnen begründet - den konkreten Todeseintritt nicht vorhersehen konnte.

V. Der Beschuldigte könnte einer vorsätzlichen Körperverletzung hinreichend verdächtig sein.

Es kann dahingestellt bleiben, ob ein Tötungsvorsatz generell einen Körperverletzungsvorsatz - wie vor allem früher viel vertreten - ausschließt[14], so daß ein Vorsatz des Beschuldigten H. zur Körperverletzung zu verneinen wäre. Denn hinter ein Tötungsdelikt tritt ein Körperverletzungsdelikt subsidiär zurück. Ein Fall vollendeter Tötung setzt stets eine Körperverletzung voraus, ihr Unrechtsgehalt ist in dem der Tötung bereits enthalten. Das gleiche gilt aber auch für den Fall einer versuchten Tötung. Zwar tritt mit der Verletzung ein selbständiger Erfolgsunwert ein, doch vermag dies allein eine andere Entscheidung nicht zu rechtfertigen. Denn einmal muß gerade bei dem versuchten Tötungsdelikt dem Handlungsunwert Dominanz zuerkannt werden, zum anderen ist zu beachten, daß im Regelfall die versuchte Tötung unter derselben Strafdrohung wie die vollendete Tat steht. Daraus folgt, daß auch gegenüber der versuchten Tötung, selbst mit bedingtem Vorsatz, die Körperverletzung subsidiär ist[15]: Die Absolutheit des Tötungsvorsatzes bestimmt die ausschließliche Qualifikation der Tat.

VI. Der Beschuldigte H. könnte eines gefährlichen Eingriffs in den Straßenverkehr nach § 315 b Abs. 1 Nr. 3 u. Abs. 3 i.V.m. § 315 Abs. 3 Nr. 2 StGB hinreichend verdächtig sein. Geschütztes Rechtsgut des § 315 b StGB ist - wie bei § 315 c StGB - die Sicherheit des Straßenverkehrs, deren Beeinträchtigung vorausgesetzt wird. Gemeint ist der Verkehr auf allen öffentlichen Verkehrswegen. Dieser Begriff bestimmt sich nicht nach wegerechtlichen, sondern allein nach verkehrsrechtlichen Gesichtspunkten. Ausreichend ist, daß ein Verkehrsweg den Benutzern allgemein - im Gegensatz zu einem Privatweg - zur Verfügung steht. Dabei ist es gleichgültig, ob der allgemeine Verkehrsweg nur vorübergehend, nur zu bestimmten Zeiten oder gar nur von bestimmten Gruppen (wie etwa Radfahrern oder Autofahrern) benutzt werden darf. Im vorliegenden Fall handelt es sich um Anliegerverkehr. Die Benutzung des Zufahrtsweges zur Müllkippe ist einer bestimmten Personengruppe zu einer bestimmten Zeit vorbehalten. Auch der Verkehr auf einer solchen Straße bedarf des Schutzes, und zwar des gleichen wie der Verkehr auf einer öffentlichen, stets benutzten Straße. Der Verkehr auf der Straße zur Müllkippe ist daher als Straßenverkehr i.S.v. § 315 b StGB zu werten.

Weiter ist zu erörtern, ob H. einen dem Hindernisbereiten ähnlichen, ebenso gefährlichen Eingriff vorgenommen hat (§§ 315 b Abs. 1 Nr. 2 und 3 StGB). Der Schutzzweck der Norm des § 315 b StGB ergreift Verkehrsvorgänge des fließenden Verkehrs - wie im gegebenen Fall - grundsätzlich nicht, weil alle Verkehrsvorgänge, die als kriminelles Delikt geahndet werden sollen, durch § 315 c Abs. 1 Nr. 2 StGB erfaßt sind. Auch andere als die dort beschriebenen Handlungen können daher grundsätzlich nicht von § 315 b StGB erfaßt werden. Der Grund hierfür liegt darin, daß der Teilnehmer am Straßenverkehr, auch wenn er sich verkehrswidrig verhält, an seinem Fortkommen interessiert ist, während der von außen in den Straßenverkehr Eingreifende nur feindlich, hindernd eingreifen will. Die gleiche feindliche Gesinnung wie der von außen in den Straßenverkehr Eingreifende zeigt aber der, der seine Teilnahme am Straßenverkehr sozusagen als Tarnung benutzt, um verkehrsfeindliche Handlungen zu begehen. Solche Handlungen müssen daher von Sinn und Zweck des § 315 b StGB erfaßt werden[16], jedenfalls dann, wenn sie - wie im gegebenen Fall - absichtlich erfolgen.

H. ist unter bewußter Zweckentfremdung seines Fahrzeuges und der Möglichkeiten der Teilnahme am Straßenverkehr gezielt auf die beiden Verkehrsteilnehmer M. und Z. zugefahren, ihren Tod in Kauf nehmend. Er hat damit absichtlich verkehrsfeindlich gehandelt und einen Eingriff in den Straßenverkehr vorgenommen. Dieser ist dem Hindernisbereiten ähnlich. Denn wie beim Hindernisbereiten wurde die Straße nur vom absichtlich verkehrsfeindlich handelnden Täter eingenommen, damit der Straßenverkehr in gleicher Weise beeinträchtigt. Der Eingriff war auch gleichermaßen gefährlich wie ein Hindernisbereiten. Denn durch beide Handlungen werden Verkehrsteilnehmer einer Gefahr für Leib oder Leben ausgesetzt. Der Beschuldigte hat durch das Zufahren mit dem Kraftfahrzeug vorsätzlich Leib und Leben von M. und Z. gefährdet. Dies hat er zugleich in der Absicht getan, bei seinen vorangehenden Straftaten nicht entdeckt zu werden. Damit hat er auch die erschwerten Umstände des § 315 b Abs. 3 StGB i.V.m. § 315 Abs. 3 Nr. 2 StGB erfüllt.

Der Beschuldigte H. ist somit - da er auch rechtswidrig sowie wissentlich und willentlich gehandelt hat - eines Verbrechens nach §§ 315 b Abs. 1 Nr. 3 u. Abs. 3 i.V.m. § 315 Abs. 3 Nr. 2 StGB hinreichend verdächtig.

VII. Durch das Zufahren mit dem Kraftwagen hat H. - wie oben dargelegt - Gewalt angewandt und M. und Z. gezwungen, ihm den Weg freizugeben. Die damit verwirklichte Nötigung steht zum räuberischen Diebstahl in Gesetzeskonkurrenz, weil § 252 StGB tatbestandlich die Anwendung von Gewalt zur Erreichung eines bestimmten Verhaltens von Personen voraussetzt[17].

VIII. Die Voraussetzungen des § 69 StGB "Entziehung der Fahrerlaubnis" liegen vor. Der Beschuldigte hat zwei Mordversuche durch gefährlichen Eingriff in den Straßenverkehr mit einem Kraftwagen begangen, Delikte, die schwerer wiegen als die in § 69 Abs. 2 StGB angeführten.

Nach § 74 Abs. 1 StGB können der zur Zeit benutzte Kraftwagen sowie die Beißzange eingezogen werden.

IX. Konkurrenzen

1. Zwischen § 252 StGB und § 242 StGB besteht Gesetzeskonkurrenz, weil der Diebstahlstatbestand in § 252 StGB enthalten ist.

Eine Idealkonkurrenz zwischen § 252 StGB und § 243 StGB scheidet ebenfalls aus, da § 243 StGB kein eigener Tatbestand ist.

2. Bei dem versuchten Mord an M. und Z. handelt es sich um einen Fall gleichartiger Idealkonkurrenz (§ 52 StGB).

3. Zwischen Mordversuch, schwerem räuberischem Diebstahl und dem gefährlichen Eingriff in den Straßenverkehr besteht Tateinheit (§ 52 StGB), denn alle Tatbestände sind durch eine - eine Zeitlang andauernde und die Tatbestände verklammernde - Handlung verwirklicht worden.

B. Verfahrensfragen

Anklage ist gem. § 74 Abs. 2 Nr. 4 GVG, § 7 Abs. 1 StPO vor der Schwurgerichtskammer des Landgerichts in Bonn zu erheben. Angesichts der Höhe der drohenden Strafe ist es angebracht, Erlaß eines Haftbefehls zu beantragen, zumal der Beschuldigte keine familiären Bindungen hat; die Voraussetzungen von § 112 Abs. 1, Abs. 2 Nr. 2, Abs. 3 StPO liegen vor.

Gem. § 140 Abs. 1 Nr. 1 u. 2 StPO ist bei dem Verfahren die Mitwirkung eines Verteidigers notwendig. Die Bestellung hat gem. § 141 Abs. 3 StPO die Staatsanwaltschaft zu beantragen.

Abschlußentscheidung der Staatsanwaltschaft

I. Anklageschrift

Staatsanwaltschaft   Bonn, den 22.12.1989
- 60 Js 325/89 KV -

An das
Landgericht
-Schwurgerichtskammer -

Bonn

Anklageschrift

Der Altwarenhändler Gustav H i l l e r s ,   geb. am 28.10.1937 in Altenrath, wohnhaft Aggerstr. 74, 5204 Lohmar, Deutscher, ledig,

wird a n g e k l a g t ,

am 10.11.1989 in Troisdorf
durch dieselbe Handlung

a) bei einem Diebstahl, nämlich der Wegnahme fremder beweglicher Sachen in
   der Absicht rechtswidriger Zueignung, auf frischer Tat betroffen, gegen
   Personen Gewalt verübt zu haben, um sich im Besitz des gestohlenen Gutes
   zu erhalten, wobei er ein Werkzeug bei sich führte, um den Widerstand
   anderer durch Gewalt zu überwinden, und diese durch die Tat in die Gefahr des Todes brachte,

b) vorsätzlich die Sicherheit des Straßenverkehrs dadurch beeinträchtigt zu
   haben, daß er einen dem Hindernisbereiten ähnlichen, ebenso gefährlichen Eingriff vornahm und dadurch vorsätzlich Leib und Leben eines anderen gefährdete, wobei er in der Absicht handelte, eine andere Straftat
   zu verdecken und

c) versucht zu haben, zwei Menschen zu töten, um eine andere Straftat zu
   verdecken.

Der Angeschuldigte begab sich gegen 18.15 Uhr zu der von dem Zeugen Münkel
gepachteten städtischen Müllkippe in Troisdorf, öffnete mit einer Beißzange
die vor dem Tor zur Müllkippe als Sicherheit angebrachte Kette und lud dort
aussortiertes und gesondert gelagertes Buntmetall auf sein Fahrzeug. Als er
die Zeugen Münkel und Zielke auf dem Weg zur Müllkippe bemerkte, sprang er
in sein zur Flucht in Fahrtrichtung stehendes Fahrzeug und startete.

Sowohl der Zeuge Münkel, der in der Toreinfahrt stand, als auch der auf dem
Zufahrtsweg neben dessen Fahrzeug stehende Zeuge Zielke versuchten, den Angeschuldigten mit Handzeichen anzuhalten. Der Angeschuldigte beachtete dies
nicht, sondern fuhr - deren Tod billigend in Kauf nehmend - zunächst auf
den Zeugen Münkel und dann auf den Zeugen Zielke zu, die sich beide nur
durch einen Sprung zur Seite in Sicherheit bringen konnten, wobei sich
Zielke an der Hand verletzte und später aufgrund von durch den Angeschuldigten nicht vorhersehbaren Umständen an Herzversagen starb.

Verbrechen des schweren räuberischen Diebstahls, des gefährlichen Eingriffs in den Straßenverkehr und des versuchten Mordes, strafbar nach §§ 252, 250 Abs. 1 Nr. 2 und Nr. 3, 315 b Abs. 1 Nr. 3, Abs. 3 in Verbindung mit 315 Abs. 3 Nr. 2, 211, 22, 23, 52, 69, 74 Abs. 1 StGB.

Beweismittel:

   I. Teilgeständnis und Einlassung des Angeschuldigten.

  II. Zeugen:

      1) Otto Münkel, Altenrather Straße 97, 5210 Troisdorf,

      2) KOK Fuhrmann, zu laden bei dem Oberkreisdirektor, Kriminalpolizei
         - 1. K. -, 5200 Siegburg,

      3) POW Pfister, zu laden bei der Polizeistation 5204 Lohmar.

 III. Urkunden:

      Strafakte 45 Ds 50 Js 239/86 StA Bonn.

  IV. Gegenstände des Augenscheins:

      1) 1 Beißzange (LÜ 331/89)
      2) VW-Bulli SU - X 310

Wesentliches Ergebnis der Ermittlungen

Der Angeschuldigte wurde 1937 in Altenrath geboren. Er besuchte 8 Jahre lang die dortige Volksschule und half nach seiner Schulentlassung seinem Vater, der bis 1960 einen Getränkegroßhandel betrieb. Nachdem der Vater dieses Geschäft aus Altersgründen aufgegeben hatte, weil sein Sohn es allein nicht fortführen wollte, ging der Angeschuldigte mehrere Jahre keiner geregelten Tätigkeit nach. Seit etwa 1967 betätigt er sich als Altwarenhändler. Nach seinen eigenen Angaben verfügt er über ein monatliches Durchschnittseinkommen von ca. 1.900,-- DM. Der ledige Angeschuldigte wohnt in einer eigenen kleinen Zwei-Zimmer-Wohnung, für die er 450,-- DM Miete zahlt. Er ist Vater eines nichtehelichen Kindes, für das er bis zur Vollendung des 18. Lebensjahres regelmäßig Unterhalt gezahlt hat.

Der Angeschuldigte ist bislang - 1986 - einmal wegen Trunkenheit im Straßenverkehr bestraft worden.

Aufgrund seiner Tätigkeit ist dem Angeschuldigten die städtische Müllkippe in Troisdorf bekannt; er hat dorthin mehrfach für ihn unbrauchbares Altmaterial gebracht. An der Müllkippe, die mit einem 2 m hohen Maschendrahtzaun eingefriedet ist und regelmäßig nach 18.00 Uhr verschlossen wird, befindet sich ein Hinweisschild "Unbefugten ist das Betreten verboten".

Einige Tage vor dem Tattag kam er auf den Gedanken, das dort von den Arbeitern des Pächters der Müllkippe, Münkel, aussortierte und gesondert gelagerte Buntmetall zu entwenden. Ihm war bekannt, daß er hierzu nicht berechtigt war.

Am Freitag, dem 10.11.1989, fuhr der Angeschuldigte mit seinem Kraftwagen VW-Bulli SU - X 310 gegen 18.15 Uhr zur Müllkippe. Die zur Sicherung des Tores angebrachte Kette durchkniff er mit einer Beißzange. Er fuhr mit dem

Kraftwagen rückwärts auf das Gelände der Müllkippe, um schnell wegfahren zu können, falls er überrascht würde.

Das dort lagernde, aussortierte Buntmetall, ca. 250 kg Kupfer- und Messingteile, lud er auf seinen Wagen. Etwa gegen 18.20 Uhr fuhren der Zeuge Münkel und sein inzwischen verstorbener Schwiegervater Zielke zur Müllkippe, weil der Zeuge Münkel wie jeden Abend nachsehen wollte, ob der Zugang zur Müllkippe ordnungsgemäß verschlossen war. Dort beobachteten sie, daß der Angeschuldigte Gegenstände auf seinen Wagen lud. Als dieser sich entdeckt sah, sprang er in seinen Wagen und fuhr los. Um den Angeschuldigten zum Halten zu bringen, hatte sich der Zeuge Münkel in die Toreinfahrt gestellt. Sein Schwiegervater Zielke stand neben dem PKW des Zeugen Münkel einige Meter hinter dem Tor auf dem 150 m langen Zufahrtsweg, der für den Anliegerverkehr freigegeben ist. Beide versuchten, den Angeschuldigten durch Handzeichen zum Anhalten zu bringen. Der Angeschuldigte beachtete dieses nicht, sondern fuhr mit unverminderter Geschwindigkeit auf die beiden Zeugen zu, die sich nur mit einem Sprung zur Seite retten konnten. Der Zeuge Zielke verletzte sich an der Hand; er starb im Krankenhaus an Herzversagen, hervorgerufen durch eine nicht vorhersehbare und dem Angeschuldigten nicht zurechenbare Unverträglichkeitsreaktion gegen eine Penicillin-Injektion, mit der eine durch die Verletzung verursachte Blutvergiftung behandelt worden war.

Der Angeschuldigte räumt den Tathergang ein. Seine Angaben stimmen mit der Aussage des Zeugen Münkel, der das Kennzeichen des bei der Tat benutzten Kraftwagens abgelesen hat, und der Tatsache überein, daß auf dem Hof hinter seiner Wohnung 250 kg Kupfer- und Messingteile und eine Beißzange gefunden wurden. Hinsichtlich seiner Motive bei dem Zufahren auf die beiden Personen hat sich der Angeschuldigte eingelassen, er habe sich um jeden Preis vor einer Entdeckung schützen wollen, weil ihm klar gewesen sei, daß es im Falle einer Entdeckung zu einer Bestrafung kommen würde; er habe gehofft, die beiden Männer würden noch rechtzeitig zur Seite springen und sich das Kennzeichen des Wagens nicht merken, ihm sei in diesem Augenblick jedoch "alles egal" gewesen.

Es wird beantragt, das Hauptverfahren vor der Strafkammer - Schwurgerichtskammer - des Landgerichts in Bonn zu eröffnen.

Staatsanwalt

II. Begleitverfügung

Staatsanwaltschaft   Bonn, den 22.12.1989
- 60 Js 325/89 KV -

Sofort!

Vfg.

1) Die Ermittlungen sind abgeschlossen.

2) Akten 45 Ds 50 Js 239/86 StA Bonn beifügen.

3) Anklageschrift in Reinschrift fertigen.

4) Entwurf und 1 Durchschlag zu den Handakten[18].

5) Als Prüfungssache (Klausur) vermerken.

5) U. m. A. und BA (wie Nr. 2 d. Vfg.)
   dem Landgericht
   Schwurgerichtskammer

   Bonn

   mit dem Antrag aus der Anklageschrift und den weiteren Anträgen übersandt,

   a) gegen den Angeschuldigten Haftbefehl gem. § 112 Abs. 1, Abs. 2 Nr. 2, Abs. 3 StPO zu erlassen,

   b) einen Pflichtverteidiger gem. § 140 Abs. 1 Nr. 1 und 2, 141 StPO zu bestellen.

   Wenn meinem Antrag zu a) stattgegeben wird, bitte ich, mir die Vorgänge mit Haftbefehl vor Zustellung der Anklageschrift nochmals zuzuleiten, damit der Haftbefehl zunächst vollstreckt werden kann[19].

7) Wv. in 10 Tagen (genau).

Staatsanwalt

A n m e r k u n g e n

zu 1): Ob Raub oder räuberischer Diebstahl vorliegt, hängt davon ab, ob der Diebstahl zum Zeitpunkt der Gewaltanwendung bereits vollendet war, h.M. vgl. Schönke/Schröder § 252 Rdnr. 1, 3 m.w.N. Da dies bei den Vorüberlegungen bejaht worden ist, wird mit § 252 StGB begonnen. Dreher/Tröndle § 252 Rdnr. 4 ist mit Dreher MDR 76, 529; 79, 529 der Ansicht, es sei darauf abzustellen, ob der Diebstahl beendet sei.

zu 2): Diese rechtliche Wertung liegt auf der Hand. Es bedarf daher keiner weiteren Begründung.

zu 3): An dieser Stelle ist es nicht erforderlich, den Zeitpunkt der Gewahrsamserlangung festzustellen. Dies ist nur notwendig, um zu entscheiden, ob Raub oder räuberischer Diebstahl vorliegt. Deshalb wird diese Frage auch bei der Erläuterung dieser Unterscheidung geprüft.

zu 4): Eine Fragestellung, die nicht näher ausgeführt wird, weil sie
   - vgl. die Darlegungen zur Konkurrenz - keine Bedeutung gewinnt.

zu 5): Vgl. BGHSt 4, 347 ff.

zu 6): Vgl. zu dieser Problematik Leipziger Kommentar § 252 Rdnr. 5, BGHSt 20, 184, BGH GA 68, 339.

zu 7): Vgl. BGHSt 16, 271; 17, 205, BGH JR 63, 466.

zu 8): Vgl. BGHSt 9, 162; 13, 64, OLG Köln NJW 67, 739.

zu 9): Vgl. Schönke/Schröder § 252 Rdnr. 7 m.w.N.; BGHSt 13, 64.

zu 10): Auch ein Aufbau von § 251 StGB ausgehend bot sich an. Der Aufbau
         in der vorliegenden Form ist gewählt worden, weil er weniger Ver-
         schachtelungen erfordert.

zu 11): Bezugnahme auf schon erfolgte Erörterungen zur Vermeidung wieder-
         holender Darlegungen ist sinnvoll. Niemals aber - ein häufig
         anzutreffender Fehler - auf erst folgende Ausführungen Bezug neh-
         men.

zu 12): BGHSt 7, 329; 14, 193, Schönke/Schröder § 15 Rdnr. 198, Dreher/
         Tröndle § 222 Rdnr. 15.

zu 13): Vgl. Schönke/Schröder § 15 Rdnr. 198, 199.

zu 14): Im folgenden wird ein Konkurrenzproblem erörtert. Die Notwendig-
         keit, dies an dieser Stelle schon zu tun, ergibt sich daraus, daß
         nur mit einer solchen vorgezogenen Untersuchung das Vorsatzpro-
         blem (vgl. dazu RGSt 61, 375, OHGSt 1, 261; 3, 58) nicht weiter
         untersucht und entschieden zu werden braucht.

zu 15): Eine heftig umstrittene Frage, zu der in einer Klausur weiter aus-
         greifend und mit eingehenden Argumenten nicht Stellung genommen
         werden kann. Denn sonst würde man notwendigerweise anderen Fragen
         zu wenig Raum geben. Es ist aber wichtig, alle auftauchenden Fra-
         gen abgewogen und entsprechend ihrer Bedeutung gleichermaßen aus-
         führlich zu untersuchen und zu beantworten. Zum Streitstand vgl.
         Schönke/Schröder § 212 Rdnr. 17 - 25, BGHSt 16, 121; 21, 265, 248.

zu 16): Hier wurde der h.M. gefolgt, vgl. Dreher/Tröndle § 315 b
         Rdnr. 5. Streitige Frage: Vgl. dazu Solbach/Kugler JR 70, 171,
         die die entgegengesetzte Auffassung vertreten. Zur Frage des Ein-
         tritts einer konkreten Gefahr BGH NStZ 85, 263 m. Anm. Geppert.

zu 17): Weitere Ausführungen erübrigen sich.

zu 18): Anklagen in Kapitalsachen sind dem Abteilungsleiter vorzulegen,
         eine Abschrift der Anklage ist der Pressestelle zuzuleiten. Dieser
         Teil der Verfügung ist nicht gefertigt worden, weil die entspre-
         chenden Anweisungen Referendaren nicht bekannt sein dürften.

zu 19): Wird erst mit Anklageerhebung Antrag auf Erlaß eines Haftbefehls
         gestellt, so empfiehlt sich diese Handhabung. So kann vor Zustel-
         lung der Anklageschrift, die evtl. den Angeschuldigten zur Flucht
         veranlassen könnte, der Haftbefehl vollstreckt werden.

<u>K l a u s u r   N r .   5</u>
("Gefundener" Blankoscheck)

Kriminalpolizei   Aachen   den 23. Okt. 1989   Uhr

- 4. K. -

Behörde, genaue Bezeichnung der Dienststelle

Tgb. Nr. 2438/89

Fernruf   NA

Eingangsstempel

Strafanzeige

Strafbare Handlung: Betrug und Urkundenfälschung

§§ 263, 267   StGB

Tatort: Aachen-Kornelimünster   AG.-Bezirk: Aachen
                    Ausführliche Beschreibung

Tatzeit: 23.10.1989
                    Wochentag, Datum, Uhrzeit

Geschädigt   Raiffeisenbank in Kornelimünster, Markt Nr. 46
                    Name, bei Frauen auch Geburtsname, Vornamen, Geburtstag, Geburtsort

                                                        Fernruf 2033
                    Beruf, Wohnung

Beschuldigt 1. Unbekannt
                    Name, bei Frauen auch Geburtsname, Vornamen, Geburtstag, Geburtsort

                    Beruf, Wohnung

          2.
                    Name, bei Frauen auch Geburtsname, Vornamen, Geburtstag, Geburtsort

                    Beruf, Wohnung

Gegenstand: 1 Scheck   Schadenshöhe: 347,-- DM

Beweisstücke:

Wo versichert?

Spurensuche	Fahndung
X) wurde veranlaßt am um Uhr	a) Suchvermerk liegt — nicht — vor
(siehe Spurensicherungsbericht Bl. d. A.)	b) Notkarte — nicht — angelegt
b) ist nicht erforderlich.	c) FS — nicht — gegeben
Blutprobe wurde · nicht · veranlaßt	
Austmann, KK (Unterschrift, Dienstgrad)	Austmann, KK (Unterschrift, Dienstgrad)

Vermerk über die Erfassung in der polizeilichen Kriminalstatistik (KP 31)

KP 31b — nicht — gefertigt

KP 31a	Lfd.Nr.	b	c	d	e	f	g	h	i	k	l	m	n	o	p	q	r	s	t	u	Datum und Zeichen des Sachbearb.
(Vorders.)																					
evtl. Nachträge																					
(Rücks.)																					
evtl. Nachträge																					

Sachverhalt umseitig

6 Js 817/89

Herrn/~~Frau/Fräulein~~

Name Fisch   Vornamen Georg
         Bei Frauen auch Geburtsname

geb. am   20.7.1938   in   Essen   Beruf Prokurist

Wohnung   Kornelimünster, Markt 47   Fernruf 3020

zeigt an Heute morgen wurde von uns zu Lasten des Kontos 27/6308, Inhaber

          Kaufmann Engbert, Aachen, Antonstr. 7, ein Barscheck (Inhaberscheck)

          über 347,-- DM eingelöst. Der Einlösende quittierte den Empfang des

          Geldes auf der Rückseite des Schecks mit

                         "Knieper 23.10.1989".

          Er war keinem unserer Angestellten bekannt. Kurze Zeit später bat

          uns der Kontoinhaber, das Konto zu sperren, weil ihm sein Scheckheft

          abhanden gekommen sei.

          Wir bitten, die erforderlichen Ermittlungen einzuleiten.

          v.g.u.   geschlossen:

          gez. Georg Fisch   gez. Austmann, K.K.

Kriminalpolizei   Aachen, den 24. Okt. 1989
- 4. K. -

                                 Bericht

Um Anhaltspunkte für die Ermittlungen zu bekommen, wurde der Kontoinhaber
Engbert aufgesucht. Dieser erklärte:

Er habe am Freitag, dem 20. Okt. 1989, nachmittags gegen 15 Uhr, zur Bank
gehen und 500,-- DM holen wollen. Einen Scheck habe er zu Hause bereits
unterschrieben gehabt; nur den Betrag habe er noch offengelassen, um vorher
den Kontostand zu prüfen. Der Scheck habe noch im Scheckheft gesessen. Dieses habe er in die Innentasche seines Mantels gesteckt. Auf der Fahrt zur
Bank habe er festgestellt, daß die Lichtanlage seines Wagens nicht in Ordnung sei. Er habe den Wagen deshalb in die Werkstatt Krümper, Stromberg-
straße 69, gebracht. Dort sei die Lichtanlage von dem Elektromonteur Kohler
überprüft und repariert worden. Das habe etwa eine Stunde gedauert. So lange
habe er sich mit dem Firmeninhaber über den in Aussicht genommenen Kauf
eines Neuwagens unterhalten. Anschließend habe er kein Geld mehr holen können, weil die Bank bereits geschlossen gewesen sei. An das Scheckheft habe
er nicht mehr gedacht; den Mantel habe er von Freitag bis Montag nicht
mehr getragen. Erst am Montagmorgen habe er den Verlust des Scheckheftes
bemerkt. Er halte es für möglich, daß das Scheckheft im Wagen aus der Tasche
gerutscht sei. Er habe deshalb im Wagen nachgesehen. Dort sei das Scheckheft aber nicht. Er sei deshalb zur Werkstatt Krümper gefahren und habe den
Monteur Kohler gefragt, ob er bei der Reparatur am Freitag ein Scheckheft
im Wagen habe liegen sehen. Kohler habe einen roten Kopf bekommen und sich
auffallend erregt gezeigt. Das Scheckheft wollte er nicht gesehen haben.

M.E. besteht Grund zu der Annahme, daß Kohler das Scheckheft an sich genommen hat. Er soll daher in dem ihm gehörenden Haus in Aachen, Knüppelsberg 67,
aufgesucht werden.

                                 gez. Austmann, KK

Kriminalpolizei

- 4. K. -
....
Dienststelle

Tgb.-Nr.: 2338/89
Akt.-Zeichen:

Aachen , den 25. Okt. 19 89

Verantwortliche Vernehmung

Es erscheint**) Kohler, Erich

der / die Nachgenannte

wohnhaft in Aachen, Knüppelsberg Straße/Platz Nr. 67

Fernruf und erklärt:

1. a) Familienname, auch Beinamen, Künstlername, Spitzname, bei Namensänderung früherer Familienname, bei Frauen auch Geburtsname, ggf. Name des früheren Ehemannes	a) Kohler
b) Vornamen (Rufname unterstreichen)	b) Erich
2. Geboren	am 22.8.1947 in Ahlen Kreis (Verwaltungsbezirk) Münster Landgerichtsbezirk Münster Land NRW
3. a) Beruf	a) Elektromonteur
aa) erlernter	aa) s.o.
bb) z.Z. der Tat ausgeübter	bb) s.o.
cc) Stellung im Beruf (z.Z. der Tat) Hier ist anzugeben: — ob Geschäftsinhaber, Gehilfe, selbständiger Handwerksmeister, Geselle usw.	cc) Angestellter bei der Firma Krümper in Aachen
b) Ferner sind anzugeben: — bei Ehefrauen Beruf des Mannes — bei Beamten, Behördenangestellten, Angehörigen der Bundeswehr usw. Anschrift der Dienststelle — bei Studierenden Anschrift der Hochschule und das belegte Lehrfach — bei Trägern akademischer Würden (Dipl.-Ing., Dr., D. usw.), wann und wo bei welcher Hochschule der Titel erworben wurde	b)
c) bei Erwerbslosigkeit, seit wann?	c)

**) Auf Vorladung, aus Untersuchungshaft, aus Strafhaft, als vorläufig Festgenommener vorgeführt, in der Wohnung, an der Arbeitsstätte aufgesucht usw.
(Zutreffendes einsetzen.)

Verantwortliche Vernehmung Pol. N. 15

4. Einkommensverhältnisse	
a) z. Z. der Tat	a) ...... 2.300,-- DM netto ......
b) gegenwärtig	b) ...... s.o. ......
5. a) Familienstand	a) ...... verheiratet ......
ledig - verheiratet - verwitwet - geschieden - getrennt lebend -	

b) Vor- und Familienname des Ehegatten
     bei Frauen auch Geburtsname, ggf. Name des
     früheren Ehemannes
	b) ...... Maria Kohler geb. Tonbrink ......

c) Wohnung des Ehegatten bei verschiedener Wohnung	c) ......
d) Beruf des Ehegatten	d) ...... Verkäuferin ......
6. Kinder a) Anzahl	a) ...... zwei ......
b) Alter	b) ...... 25 u. 27 ......

7. a) Vater, Vor- und Zuname
     Beruf
     Wohnung
	a) ...... Kohler, Theodor ......
	verst.

b) Mutter, Vor- und Geburtsname
     Beruf
     Wohnung
     (auch wenn Eltern bereits verstorben)
	b) ...... Maria, geb. Meier ......
	verst.

c) Vormund*), Pfleger*) oder Bewährungshelfer*),
     Vor- und Zuname
     Beruf
     Wohnung
	c) ......

8. Staatsangehörigkeit (auch evtl. frühere)	...... Deutscher ......

9. Ehrenämter
   in Staat, Gemeinde oder einer Körperschaft des
   öffentl. Rechts (Schöffe oder Geschworener — Handels-,
   Arbeits- oder Sozialrichter — Vormundschaften oder
   Pflegschaften — Bewährungshelfer — sonstige Ehren-
   ämter)
	...... keine ......

10. Personalausweis
    Reisepaß, sonstige Ausweise und Berechtigungsscheine
    (Art, ausstellende Behörde, Nummer, Ausgabedatum)
    z. B. Führerschein, Wandergewerbeschein, Legitima-
    tionskarte, Jagd- oder Fischereischein, Waffenschein,
    Schiffer- oder Lotsenpatent, Unterbringungsschein
    nach Gesetz zu Art. 131 GG, Rentenbescheid, Spreng-
    meisterschein
	Personalausweis
	Nr. B 327896
	ausgestellt von der Stadt Aachen
	am 30.5.1986

11. Vorstrafen
    Maßregeln der Sicherung und Besserung, Strafe zur
    Bewährung ausgesetzt, bedingte Entlassung bewilligt.
    Anhängige Strafverfahren — nach eigenen Angaben —,
	nicht bestraft

Nichtzutreffendes durchstreichen.

Zur Person:

Ich bin als Elektromonteur bei der Firma Krümper in Aachen beschäftigt. Ich bin bislang nicht vorbestraft. Mit meiner Ehefrau und zwei erwachsenen Kindern lebe ich in einem eigenen Reihenhaus. Das Haus ist noch mit einer Hypothek von 50.000,-- DM belastet, die ich in monatlichen Raten von 465,-- DM abzahle. Ich verfüge über ein geregeltes Einkommen und habe sonst keine Schulden. Bei der Firma Krümper bin ich bereits seit 17 Jahren beschäftigt.

Zur Sache:

Am Freitagnachmittag, dem 20.10.1989, hatte ich den Personenwagen des Kaufmanns Engbert auf einen Defekt in der Lichtleitung durchzusehen. Auf Vorhalt muß ich zugeben, daß ich bei der Arbeit hinter einer Sitzbank ein Scheckheft für das Konto 27/6308 der Raiffeisenbank Kornelimünster fand. Das erste Scheckformular war mit "Franz Engbert" unterschrieben, ein Betrag war aber noch nicht eingesetzt. Ich habe das Scheckheft eingesteckt und mir dabei gedacht, daß ich den unterschriebenen Scheck ausfüllen und einlösen könnte.

Am Sonntag habe ich in meinem Haus in Aachen den Betrag von 347,-- DM in das unterschriebene Scheckformular eingesetzt und den Scheck am Montag sofort nach Schalteröffnung eingelöst. Diesen Zeitpunkt habe ich gewählt, weil wegen des arbeitsfreien Samstages der Verlust des Scheckheftes unmittelbar nach Geschäftsbeginn noch nicht bekannt sein konnte. Um nicht aufzufallen, habe ich auf der Rückseite des Schecks mit "Knieper" quittiert. Die Angestellte, die den Scheck entgegennahm, bemerkte wohl meine Unsicherheit und beobachtete mich genau. Sie nahm auch den Scheck und ging damit zu einer Kartei, in der sie blätterte.

Von dem Geld habe ich gestern zusammen mit meiner Frau ein neues Radio gekauft. Als meine Frau mich nach der Herkunft des Geldes fragte, habe ich ihr gesagt, ich hätte das Geld bei Reparaturarbeiten in einem Auto gefunden. Ich verstehe jetzt selbst nicht mehr, warum ich das getan habe. Ich hatte es nicht nötig.

    v.g.u.   geschlossen:

    Erich Kohler   Austmann, KK

Kriminalpolizei

— 4. K. —
_____
Dienststelle

Tgb.-Nr.: 2438/89
Akt.-Zeichen:

Aachen , den 25.10. 19 89

Verantwortliche Vernehmung

Es erscheint**) Maria Kohler, geb. Tonbrink

der/die Nachgenannte

wohnhaft in Aachen, Knüppelsberg 67

Fernruf 77526 und erklärt:

1. a) Familienname, auch Beinamen, Künstlername, Spitzname, bei Namensänderung früherer Familienname, bei Frauen auch Geburtsname, ggf. Name des früheren Ehemannes	a) K o h l e r geb. Tonbrink
b) Vornamen (Rufname unterstreichen)	b) Maria
2. Geboren	am 7.7.1950 in Ahlen Kreis (Verwaltungsbezirk) Münster Landgerichtsbezirk Münster Land NRW
3. a) Beruf aa) erlernter bb) z.Z. der Tat ausgeübter cc) Stellung im Beruf (z. Z. der Tat) Hier ist anzugeben: — ob Geschäftsinhaber, Gehilfe, selbständiger Handwerksmeister, Geselle usw. b) Ferner sind anzugeben: — bei Ehefrauen Beruf des Mannes — bei Beamten, Behördenangestellten, Angehörigen der Bundeswehr usw. Anschrift der Dienststelle — bei Studierenden Anschrift der Hochschule und das belegte Lehrfach — bei Trägern akademischer Würden (Dipl.-Ing., Dr., D. usw.), wann und wo bei welcher Hochschule der Titel erworben wurde c) bei Erwerbslosigkeit, seit wann?	a) Verkäuferin aa) Verkäuferin bb) Verkäuferin cc) b) Elektromonteur c)

**) Auf Vorladung, aus Untersuchungshaft, aus Strafhaft, als vorläufig Festgenommener vorgeführt, in der Wohnung, an der Arbeitsstätte aufgesucht usw.
  (Zutreffendes einsetzen.)

Verantwortliche Vernehmung Pol. N. 15

4. Einkommensverhältnisse
   a) z. Z. der Tat
   b) gegenwärtig
	a) keine eigenen Einkünfte
	b)

5. a) Familienstand
     ledig - verheiratet - verwitwet - geschieden -
     getrennt lebend -
 	
   b) Vor- und Familienname des Ehegatten
     bei Frauen auch Geburtsname, ggf. Name des
     früheren Ehemannes
 	
   c) Wohnung des Ehegatten
     bei verschiedener Wohnung
 	
   d) Beruf des Ehegatten
	a) verheiratet
	
	b) Erich Kohler
	
	c)
	
	d) Elektromonteur

6. Kinder a) Anzahl b) Alter	a) 2 b) 25 und 27

7. a) Vater, Vor- und Zuname
     Beruf
     Wohnung
 	
   b) Mutter, Vor- und Geburtsname
     Beruf
     Wohnung
     (auch wenn Eltern bereits verstorben)
 	
   c) Vormund*), Pfleger*) oder Bewährungshelfer*),
     Vor- und Zuname
     Beruf
     Wohnung
	a) Heinrich Tonbrink
	     Rentner
	     Münster, Hamburger Str. 3
	
	b) Hildegard, geb. Schmitz
	     Hausfrau
	     s.o.
	
	c)

8. Staatsangehörigkeit (auch evtl. frühere)	Deutsche

9. Ehrenämter
   in Staat, Gemeinde oder einer Körperschaft des
   öffentl. Rechts (Schöffe oder Geschworener — Handels-,
   Arbeits- oder Sozialrichter — Vormundschaften oder
   Pflegschaften — Bewährungshelfer — sonstige Ehren-
   ämter)
	keine

10. Personalausweis
   Reisepaß, sonstige Ausweise und Berechtigungsscheine
   (Art, ausstellende Behörde, Nummer, Ausgabedatum)
   z. B. Führerschein, Wandergewerbeschein, Legitima-
   tionskarte, Jagd- oder Fischereischein, Waffenschein,
   Schiffer- oder Lotsenpatent, Unterbringungsschein
   nach Gesetz zu Art. 131 GG, Rentenbescheid, Spreng-
   meisterschein
	Nr. S 653793
	  ausgestellt von der Stadt Aachen
	  am 27.1.1986

11. Vorstrafen
   Maßregeln der Sicherung und Besserung, Strafe zur
   Bewährung ausgesetzt, bedingte Entlassung bewilligt.
   Anhängige Strafverfahren — nach eigenen Angaben —,
	nicht bestraft

Nichtzutreffendes durchstreichen.

Zur Sache:

Am Montagabend (23. Oktober 1989) schlug mein Mann mir nach Rückkehr von
der Arbeit vor, wir sollten uns doch ein neues Radio kaufen, unser altes
Gerät spielte schon lange nicht mehr gut. Als ich ihn fragte, woher er denn
das Geld dafür nehmen wolle, erwiderte er, er habe Geld. Er erklärte mir
dann, er habe einen Betrag von 347,-- DM in einem Mercedes, den er zu reparieren gehabt habe, gefunden. Ich hatte erst Angst, daß der Verlust des
Geldes auffallen und mein Mann in Verdacht geraten werde. Das hat er mir
aber ausgeredet. Wir haben dann in dem Geschäft Linnemann in Aachen,
Weststraße, ein Blaupunkt-Radio für 325,-- DM gekauft. Den Kaufpreis haben
wir in bar bezahlt, den Rest des Geldes hat mein Mann eingesteckt. Das
Radio steht bei uns zu Hause.

       v.g.u.   geschlossen:

       Maria Kohler   Austmann, KK

---

1) Vermerk: Das Bundeszentralregister hat fernschriftlich bestätigt, daß
   beide Beschuldigte nicht vorbestraft sind.

2) U.m.A.
   der Staatsanwaltschaft

   Aachen

   zur weiteren Veranlassung übersandt. Bei der Bankangestellten, die
   Kohler bedient hat, handelt es sich um Elvira Voß; diese konnte nicht
   mehr vernommen werden. Sie hat einige Tage nach dem Vorkommnis den
   Amerikaner Barry Sinclair geheiratet und ist in die Vereinigten
   Staaten gezogen. Ihr Aufenthalt ist unbekannt.

                                   Aachen, 1. November 1989

                                    gez. Krieger, KOK

Vermerk für den Bearbeiter

Der Sachverhalt ist zu begutachten; die Entschließung der Staatsanwaltschaft ist zu entwerfen.

Im Gutachten ist bei der Erörterung der einzelnen Merkmale der untersuchten Straftatbestände nicht nur in rechtlicher, sondern auch in tatsächlicher Hinsicht zu prüfen, ob die Beschuldigten nach den Ergebnissen des vorbereitenden Verfahrens der Begehung von Straftaten hinreichend verdächtig
sind. Im wesentlichen Ergebnis der Ermittlungen (§ 200 Abs. 2 S. 1 StPO)
braucht die tatsächliche Würdigung nicht ausführlich wiederholt zu werden.

Sollten weitere Ermittlungen für erforderlich gehalten werden, so ist davon auszugehen, daß diese durchgeführt worden sind und keine neuen Gesichtspunkte ergeben haben.

Wird Anklage beim Strafrichter erhoben, so ist § 200 Abs. 2 S. 2 StPO nicht anzuwenden.

Am Ende der Klausur ist anzugeben, in welchen Auflagen ggf. die Hilfsmittel Dreher/Tröndle, StGB, und Kleinknecht/Meyer, StPO, dem Bearbeiter zur Verfügung standen.

Hinweis

Der von Ihnen benutzte Aufgabentext wird nicht zu Ihren Prüfungsunterlagen genommen. Bezugnahmen oder Verweisungen, die nur durch Einsicht in das von Ihnen benutzte Exemplar des Aufgabentextes verständlich werden, verbieten sich deshalb.

Lösung

Vorschlag

Ich schlage vor, das Verfahren gegen die Beschuldigte Maria Kohler einzustellen und gegen den Beschuldigten Erich Kohler Anklage vor dem Schöffengericht Aachen wegen Diebstahls und Urkundenfälschung zu erheben.

Gutachten

A. Strafbarkeit der Beschuldigten

I. Strafbarkeit des Kohler (K.)

1. Die Mitnahme des Scheckhefts

K. könnte hinreichend verdächtig sein, das Scheckheft Engberts - eine für
ihn fremde bewegliche Sache[1] - gestohlen zu haben (§ 242 Abs. 1 StGB).

Dann müßte er das Scheckheft weggenommen haben. Wegnahme ist Bruch fremden
und Begründung neuen Gewahrsams. Gewahrsam ist die nach den Regeln des
sozialen Lebens bestehende, von Herrschaftswillen getragene tatsächliche
Sachherrschaft. Die Entscheidung hängt also von den Gewahrsamsverhältnis-
sen der Beteiligten bezüglich des Scheckheftes ab. Solange Engbert das
Heft in seiner Manteltasche hatte, war er alleiniger Gewahrsamsinhaber. Er
könnte seinen Gewahrsam an dem Heft dadurch verloren haben, daß es aus der
Manteltasche hinter die Sitzbank seines PKW gerutscht war. Durch das Ver-
legen einer Sache innerhalb eines engen, ausschließlichen Herrschaftsbe-
reichs, z.B. anerkannt innerhalb der eigenen Wohnung, tritt noch kein Ge-
wahrsamsverlust ein, weil der Gewahrsamsinhaber die Möglichkeit und allgemein den Willen hat, die Sache zu "beherrschen", auch wenn er sie zeitweilig nicht zur Hand hat. Da die Voraussetzungen beim eigenen PKW insoweit
ähnlich sind wie bei der eigenen Wohnung, müssen diese Grundsätze auch für
den "Verlust" einer Sache im eigenen PKW gelten. Engbert war also nach wie
vor Gewahrsamsinhaber des Scheckheftes.

Er könnte den Gewahrsam mit Einstellen des PKW in die Reparaturwerkstatt
Krümper verloren haben, wenn er damit seinen Gewahrsam an dem Wagen - und
den darin befindlichen Sachen - wenigstens zeitweilig aufgegeben hatte.
Mit Rücksicht auf die Geringfügigkeit und Kurzfristigkeit der Reparatur
entspricht dies jedoch nicht den Gegebenheiten, zumal Engbert während der
Dauer der Reparatur in der Nähe war. Aber selbst wenn eine zeitweilige Ge-
wahrsamsaufgabe anzunehmen wäre, dann zugunsten des Werkstattinhabers Krümper, nicht jedoch zugunsten des K., einem Angestellten Krümpers. Demzufolge
war K. jedenfalls nicht Alleingewahrsamsinhaber des Scheckheftes, so daß er
durch das Einstecken des Scheckheftes den Gewahrsam Engberts bzw. Krümpers
gebrochen und eigenen Gewahrsam begründet hat. Er hat also das Heft weggenommen.

K. hat auch in der Absicht rechtswidriger Zueignung gehandelt, weil er unter dauerndem Ausschluß des Berechtigten die Substanz des Heftes seinem

Vermögen einverleibte, um sich die Möglichkeiten, die ihm das von Engbert unterschriebene Scheckformular bot, zunutze zu machen.

Da er auch rechtswidrig und vorsätzlich gehandelt[1] hat, ist er des Diebstahls hinreichend verdächtig.

Nach § 248 a StGB wird der Diebstahl geringwertiger Sachen im Fall des § 242 StGB nur auf Antrag oder dann verfolgt, wenn die Strafverfolgungsbehörde wegen des besonderen öffentlichen Interesses an der Strafverfolgung ein Einschreiten von Amts wegen für geboten hält. Sicher haben die Scheckformulare einen geringwertigen Substanz-(Papier-)wert. Ob davon aber i.S.v. § 248 a StGB auszugehen ist, erscheint zweifelhaft. Nach dem Sinn dieser Vorschrift sollen damit Sachen erfaßt werden, die einen gewöhnlichen Verkehrswert, d.h. Verkaufswert haben. Das in § 248 a StGB vorausgesetzte wirtschaftliche Kriterium paßt auf Blankoschecks nicht, die Sachen eigener Art sind und sich einer gewöhnlichen Verkehrswertbestimmung entziehen, die aber in ihrem Funktionsbereich von großem Wert sein können. Der Wert dieser Sachen liegt in ihrer besonderen Verwendbarkeit, ihrer besonderen Bestimmung. So ist ein Verkaufswert eines Blankoschecks auch nicht festsetzbar. Dies dürfte auch für die nicht unterschriebenen Scheckformulare anzunehmen sein, die ja wegen des Aufdrucks der Kontonummer für einen Dritten keinen "Kaufwert", damit auch keinen Verkehrswert i.S.v. § 248 a StGB haben. Daraus folgt, daß es eines Strafantrages zur Verfolgung des von K. begangenen Diebstahls nicht bedarf[2].

2. Das Ausfüllen des Schecks

Mit dem vollständigen Ausfüllen des Scheckformulars könnte K. eine unechte Urkunde hergestellt haben (§ 267 Abs. 1 StGB).

Ein Scheck im Sinne des Art. 1 ScheckG enthält in Urkundenform den Auftrag des Ausstellers (hier: Engberts) an die bezogene Bank, einen bestimmten Geldbetrag an einen Dritten auszuzahlen. Der Scheck wird daher auch vom Gesetzgeber als Urkunde bezeichnet (vgl. Art. 1, 3 ScheckG, § 605 a ZPO).

Das Blankett hingegen ist, wie Art. 2 I ScheckG ausdrücklich normiert, noch kein Scheck, noch keine verkörperte Gedankenerklärung, die den Aussteller erkennen läßt sowie geeignet und bestimmt ist, eine rechtserhebliche Tatsache zu beweisen, damit noch keine Urkunde; erst durch vollständiges Ausfüllen erhält es urkundlichen Inhalt und wird damit zum Scheck (vgl. Art. 13 ScheckG).

K. hat eine unechte Urkunde hergestellt, weil er dem Blankett ohne Willen des Ausstellers Engbert durch Einsetzen des Geldbetrages urkundlichen Inhalt gegeben hat. Der Schein der Entäußerung des Schecks durch Engbert wurde schon dadurch hervorgerufen, daß er nunmehr im Besitz des Beschuldigten war, der damit als Berechtigter ausgewiesen wurde.

Da, wie sein weiteres Verhalten zeigt, er im rechtsgeschäftlichen Verkehr täuschen wollte, er auch nach Sachlage rechtswidrig und vorsätzlich handelte, ist K. einer Urkundenfälschung hinreichend verdächtig.

3. Die Vorlage des Schecks und der Empfang des Geldes

a) Durch die Präsentation des gefälschten Schecks[3] könnte K. erneut den Tatbestand des § 267 Abs. 1 StGB - Gebrauchmachen - verwirklicht haben.

K. hat in Täuschungsabsicht über seine Berechtigung rechtswidrig und vorsätzlich von der zuvor hergestellten unechten Urkunde Gebrauch gemacht[1].

Es fragt sich aber, in welchem Konkurrenzverhältnis die beiden von K. verwirklichten Alternativen der Urkundenfälschung stehen[4]. Zu der Frage werden verschiedene Ansichten[5] vertreten:

Eine Auffassung sieht in dem Gebrauchen der falschen Urkunde durch den
Täter, der sie hergestellt hat, erst die tatsächliche Beendigung des Urkundendelikts: Herstellen bzw. Fälschen und Gebrauchen sind eine Tat.
Eine andere Auffassung nimmt Gesetzeskonkurrenz (Subsidiarität oder Kon-
sumtion) der Fälschung unter dem Gesichtspunkt Gefährdungs-/Verletzungstat
zum Gebrauchmachen an. Schließlich wird vertreten, das Gebrauchmachen sei
mitbestrafte Nachtat des Herstellens. Der BGH[6] hat mit eingehender Begründung dargelegt, Herstellen und Gebrauchmachen seien grundsätzlich
rechtlich selbständige Handlungen, die nur durch Fortsetzungszusammenhang
rechtlich miteinander verbunden werden können. Da die Voraussetzungen des
Fortsetzungszusammenhangs - Verletzung desselben Rechtsguts, Gleichartig-
keit der Begehungsform, zeitlicher und räumlicher Zusammenhang wie einheitlicher Willensentschluß - unter Zugrundelegung der Absicht des K. vorliegen, hat nach sämtlichen dargelegten Auffassungen K. sich also keines weiteren, rechtlich selbständigen Urkundendelikts schuldig gemacht.

Die Frage der Konkurrenz bedarf jedoch der Klärung, weil sowohl in der
Anklage als auch im Urteil der genaue Vorwurf, welche Straftat (Tatbestandsalternative) begangen worden ist, aufzunehmen ist. Durch die Strafbarkeit des Herstellens einer unechten bzw. Fälschens einer echten Urkunde
zur Täuschung im Rechtsverkehr und des Gebrauchmachens wird dasselbe Rechtsgut, nämlich der Beweisverkehr mit Urkunden, gegen denselben Angriff ge-
schützt. Materiell ist das Fälschen Vorbereitungs-, das Gebrauchen Versuchshandlung; die Vollendung tritt erst ein mit der Irreführung. Die einzelnen Handlungen sind objektiv verknüpft durch den Gebrauch der zuvor gefälschten Urkunde und subjektiv durch die einheitliche Täuschungsabsicht.
Aus diesen Gründen - und weil die überschießende Innentendenz die Teilakte
verklammert - sind Fälschen und Gebrauchmachen als einheitliche Handlung
im Rechtssinne zu werten. Der Auffassung des BGH kann daher nicht gefolgt
werden, zumal die vom BGH angeführten Gründe nicht stichhaltig scheinen.
Der BGH argumentiert: Wären alle Akte des Gebrauchmachens nur die Beendigung des mit dem Herstellen der falschen Urkunde durch denselben Täter bereits vollendeten Delikts, so würde auch dann, wenn der Täter mit jedem
Gebrauchmachen einen Betrug begehen würde, nur eine Tat im Rechtssinne vorliegen. Ein solcher sich schwerer gegen das Gesetz vergehender Täter würde
damit besser gestellt sein als einer, der eine von einem anderen gefälschte
Urkunde zu Betrügereien gebraucht, denn in diesem Falle lägen selbständige
Taten vor. Diese Auffassung führe also zu so unterschiedlichen, ungerech-
ten Ergebnissen, daß ihr nicht gefolgt werden könne. Damit könne nur durch
den zur Begründung einer Fortsetzungstat erforderlichen Gesamtvorsatz (bei
Vorliegen der übrigen Voraussetzungen des Fortsetzungszusammenhanges), Fälschen oder Verfälschen und Gebrauchmachen als eine - fortgesetzte - Tat im
Rechtssinne angesehen werden.

Dagegen ist festzustellen[7]: Fortsetzungszusammenhang scheidet bereits deshalb aus, weil es an gleichartigen neuen Angriffen auf das geschützte
Rechtsgut fehlt; hier handelt es sich um einen einzigen Angriff in Teilakten. Den vom BGH als Argument angeführten Gerechtigkeitserwägungen kann
auch dann Rechnung getragen werden, wenn man Fälschen und Gebrauchmachen
als eine Tat ansieht. Die Klammerwirkung des Herstellens bzw. Fälschens

erstreckt sich nur auf das erste - von vornherein beabsichtigte - Gebrauchmachen. Die Klammerwirkung versagt gegenüber weiteren Fällen des Gebrauchmachens, weil das Herstellen bzw. Fälschen die materiell weniger schweren
Teilakte (Vorbereitungshandlung) gegenüber den schwereren Teilakten des Gebrauchmachens sind. Dies entspricht der allgemein gezogenen Folgerung, daß
mehrere an sich selbständige Handlungen nicht durch eine dritte, weniger
schwerwiegende Straftat, mit der sie zusammentreffen, zu einer Verbrechens-
einheit zusammengezogen werden.

Es liegt daher nur ein Verstoß gegen § 267 Abs. 1 StGB vor.

b) Durch die Präsentation des Schecks gegenüber der Bankangestellten könnte
K. ferner einen Betrug (§ 263 Abs. 1 StGB) zu seinem Vorteil und zum Nachteil der Bank oder zum Nachteil des Engbert[8]) begangen haben.

Er hat die Bankangestellte einmal über sein mangelndes Recht an dem Scheck,
zum anderen über die Echtheit des Papiers getäuscht. Diese Täuschung liegt
konkludent in der Präsentation des Papiers. Daß das Papier auch nach dem
Wertpapierrecht unecht war, läßt Art. 13 ScheckG erkennen, der nämlich eine
Begebung des Blanketts neben der Ausfüllung zur Schaffung eines Schecks
verlangt, die ja im vorliegenden Falle fehlt, weil der Scheck vom Beschuldigten gestohlen worden ist. Im ersten Falle dürfte es aber an einer Irrtumserregung bei der Bankangestellten fehlen. Da es sich nach dem Sachverhalt bei dem präsentierten Papier um einen Inhaberscheck (Art. 5 Abs. 2
oder Abs. 3 ScheckG) handelt, hätte die Bank auch an den Nichtberechtigten
in entsprechender Anwendung des § 793 Abs. 1 S. 2 BGB risikolos zahlen können. Bei dieser Rechtslage wird sich die Bankangestellte keine Gedanken
über das Recht des Inhabers am Papier machen, wenn ihr nicht besondere Umstände bekannt sind oder werden, wozu der vorliegende Sachverhalt jedoch
nicht genügende Hinweise gibt.

Zu prüfen ist jedoch auch, ob im letzteren Falle (Täuschung über die Echtheit des Papiers) eine irrige Vorstellung der Bankangestellten hervorgerufen worden ist. Dem Grundsatz nach trägt die Bank das Risiko der Scheck-
fälschung. Sie kann zwar das Risiko auf den Kontoinhaber teilweise abwäl-
zen, bleibt jedoch bei Verschulden verhaftet. Demnach heißt es auch in den
AGB, daß die Bank Urkunden, die sie im Auftrage des Kunden entgegennimmt,
sorgfältig zu prüfen hat. Schon dieser Gesichtspunkt könnte auf eine irrige Vorstellung der Bankangestellten hindeuten. Mit hinreichender Wahrscheinlichkeit ergibt sich aus der Einlassung des Beschuldigten K. in Verbindung
mit der Erklärung des Anzeigenden Fisch, daß sich die Bankangestellte Gedanken über den Einlösenden gemacht hat. Dies folgt aus der Äußerung des
Fisch, daß der Einlösende keinem Bankangestellten bekannt gewesen sei,
wie aus der Schilderung des K., die ihn bedienende Angestellte habe ihn
genau beobachtet. Daß die Zeugin Voß sich bestimmte irrige Vorstellungen
über die Echtheit des Schecks gemacht hat, ergibt sich aus folgendem:
Üblicherweise prüft die Bank - mag dies teils auch nur oberflächlich geschehen - jedenfalls die Unterschrift nach. Die Feststellung, daß diese
echt ist, ist für sie ein Indiz dafür, daß der Scheck auch im übrigen Inhalt nicht verfälscht worden ist. Diese Vorstellung wird dem Bankangestellten durch die - notwendigerweise beschränkte - Prüfung vermittelt. Davon
wird er ausgehen[9]). Daß dies im gegebenen Fall so gewesen ist, ist mit
hinreichender Gewißheit daraus zu schließen, daß die Zeugin Voß - wie K.
aussagt - den Scheck genauer geprüft hat, und zwar - wie nach der Lebenserfahrung anzunehmen ist - anhand der Unterschriftenkartei.

In der Auszahlung des Scheckbetrages seitens der Bank an K. liegt die durch die Irrtumserregung bedingte Vermögensverfügung.

Zu prüfen ist weiter, ob die Bank hierdurch geschädigt worden ist, oder ob sie zu Recht für Engbert ausgezahlt und dessen Konto mit dem Scheckbetrag belastet hat.

Dadurch, daß der Aussteller Engbert das Scheckformular mit seiner Unterschrift versah, hat er eine Ursache für den Anschein einer ordnungsmäßigen Blankettbegebung im Sinne des Art. 13 ScheckG gesetzt. Gegenüber der zahlenden, gutgläubigen Bank kann er sich daher nicht auf die Fälschung und die fehlende Begebung berufen. Dies wäre arglistig. Der Aussteller muß sich so behandeln lassen, als ob er die Bank zur Zahlung auf seine Rechnung angewiesen habe. Die Bank hat mit befreiender Wirkung zu Lasten des Kontoinhabers gezahlt.

Infolgedessen ist Engbert der Geschädigte; daß er nicht zugleich Verfügender ist, ändert an der Rechtslage nichts. Denn Verfügender und Geschädigter müssen nicht identisch sein. Der Verfügende war auch rechtlich befugt, über das Vermögen des Engbert zu verfügen.

K. hat in der Absicht, sich einen rechtswidrigen Vermögensvorteil zu verschaffen, rechtswidrig und vorsätzlich gehandelt. Der erstrebte - und erlangte - Vorteil ist auch stoffgleich mit dem herbeigeführten Schaden.

K. kann aber nur dann wegen Betruges angeklagt werden, wenn dieser Betrug nicht mitbestrafte Nachtat des Diebstahls an dem Scheckheft ist.

Schon die reichsgerichtliche Rechtsprechung hatte anerkannt, daß ein Dieb weitere Handlungen über die gestohlene Sache vornehmen könne, die sich lediglich als unselbständige, bereits durch die Bestrafung wegen Diebstahls gesühnte Eingriffe in fremdes Eigentum darstellen, sofern das weitere Verhalten des Täters in seinem Plan von Anfang an mit einbegriffen war und der Täter nur in weiterer Betätigung seiner Zueignungsabsicht mit der Sache wie ein Eigentümer verfährt (so Wegnahme eines Sparbuches oder Postsparbuches und Abheben des Geldbetrages nach vorgefaßtem Täterplan).

Eine andere Beurteilung sollen die Fälle erfahren, bei denen der Täter durch die Verfügung über die entwendete Sache einen neuen und anderen Schaden anrichtet, der über den durch die Entwendung dem Bestohlenen zugefügten Schaden hinausgeht.

Die Entwendung eines Scheckblanketts ist mit Rücksicht auf den Rechtsschein, der durch die echte Namenszeichnung des Ausstellers ausgelöst werden kann und der dem Scheckblankett einen einem Sparbuch vergleichbaren Wert verschafft (denn dem Täter steht ja damit das gesamte Konto des Konteninhabers offen), bereits ein derartiger Eingriff in das Eigentum des Bestohlenen, daß die nachfolgende Einlösung des durch den Täter vervollständigten Scheckformulars nicht als selbständiges strafwürdiges Unrecht gegen Eigentum oder Vermögen des Bestohlenen angesehen werden kann. Das durch § 267 StGB geschützte Rechtsgut wird durch diese Entscheidung nicht tangiert; insoweit bedarf es noch einer Prüfung. Darum ist der Betrug des K. zum Nachteil Engberts mitbestrafte Nachtat des Diebstahls an dem Scheckheft[10].

c) Indem K. mit dem falschen Namen "Knieper" quittiert hat, könnte er erneut eine unechte Urkunde hergestellt haben (§ 267 Abs. 1, 1. Alt. StGB).

Eine Quittung beinhaltet das Bekenntnis des Gläubigers, daß er die Leistung empfangen habe (§ 368 BGB, Art. 34 Abs. 1 ScheckG). Sie ist daher im konkreten Falle eine selbständige Urkunde.

Fraglich könnte sein, ob die von K. gezeichnete Quittung unecht ist. Das wäre dann zu verneinen, wenn K. lediglich über seinen Namen, nicht jedoch über seine Persönlichkeit hätte täuschen wollen (schriftliche Lüge). Es ist zu untersuchen, welche Motive K. gehabt hat. Ihm kam es darauf an, die von ihm eingesetzte Schecksumme zu erhalten, ohne daß der Geschädigte ihn später zivil- oder strafrechtlich belangen konnte. Das vermochte er nur durch eine Täuschung über seine Persönlichkeit zu erreichen. Um von sich abzulenken, wies er auf den zwar nicht existierenden - aber doch für die Bank und Engbert als existent erscheinenden - Knieper hin, der als eine bestimmte andere Person erscheinen sollte. Demzufolge hat er auch durch das Quittieren eine unechte Urkunde hergestellt und gebraucht.

Zugleich ist damit festgestellt, daß er diese Urkundenfälschung zur Täuschung im Rechtsverkehr bewirkt hat, ungehindert dadurch, daß die Möglichkeit seiner Inanspruchnahme zur Tatzeit noch ungewiß war.

Da er rechtswidrig und vorsätzlich gehandelt hat, ist er einer weiteren Urkundenfälschung (Herstellen und Gebrauchen), die noch beim Gebrauchmachen des unechten Schecks einsetzt, hinreichend verdächtig.

4. Das spätere Abstreiten des K., das Scheckheft gefunden zu haben

Durch den versuchten Betrug, den K. evtl. dadurch begangen hat, daß er abstritt, das Scheckheft gefunden zu haben, was nach dem Sachverhalt Engbert offenbar nicht glaubte, sollten Herausgabe- bzw. Ersatzansprüche Engberts abgewehrt werden. Ein neuer, gegenüber der Bank selbständiger Schaden wäre bei Gelingen des Tatplans nicht herbeigeführt worden. Dieser Betrugsversuch ist damit - wie der Betrug gegenüber der Bank - mitbestrafte Nachtat.

II. Strafbare Handlungen der Ehefrau Maria Kohler

a) Eine Strafbarkeit wegen Strafvereitelung entfällt gem. § 258 Abs. 6 StGB[11).

b) Die Ehefrau Kohler könnte dadurch ihren Ehemann gem. § 257 Abs. 1 StGB begünstigt haben, daß sie bei dem Erwerb des Radiogeräts mittels des betrügerisch erlangten Geldes mitgewirkt hat. Vortat der Begünstigung ist der o.a. tatbestandsmäßige und rechtswidrige Betrug. Daß er als mitbestrafte Nachtat gewertet worden ist, ändert daran nichts. Auch Urkundenfälschung allein käme in Betracht[12).

Jedoch kann in der Tätigkeit der Beschuldigten beim Erwerb des Radiogerätes kein Beistandleisten im Sinne des § 257 Abs. 1 StGB gesehen werden: Durch ihr Mitwirken hat sie ihren Mann um nichts günstiger in bezug auf den betrügerisch erlangten Geldbetrag gestellt, als er ohnehin schon stand.

c) Sie könnte aber der Hehlerei gem. § 259 Abs. 1 StGB (Alternative: Hilfe zum Absatz des Geldes bei anderen) hinreichend verdächtig sein.

Der Geldbetrag ist, wie festgestellt, mittels Betruges erlangt. Fraglich ist, ob die Beschuldigte an der wirtschaftlichen Verwertung des Geldes (auch Geld kann Gegenstand des Wertumsatzes sein), z.B. durch den Kauf von Sachen im Interesse ihres Mannes und in dessen Einverständnis, mitgewirkt hat. Sie hat sich anläßlich ihrer polizeilichen Vernehmung zwar eingelassen: "Wir haben gekauft, wir haben bar bezahlt", und der Beschuldigte hat erklärt: "... zusammen mit meiner Frau ... gekauft." Hieraus ist aber nicht mit der für eine Anklage erforderlichen Sicherheit zu folgern, daß sie bei der Auswahl des Radiogerätes irgendwie tätig geworden ist, zumal der Vorschlag, ein neues Radiogerät zu kaufen, von ihrem Ehemann ausgegangen ist. Der Sachverhalt bietet zu wenig sichere Anhaltspunkte, um bei der Beschuldigten eine Hilfehandlung bejahen zu können. Das "Dabeisein" und "Einverstandensein" allein genügen nicht[13].

III. Gemeinschaftliche strafbare Handlungen der Eheleute Kohler[14]

a) Ein gemeinschaftlicher Betrug zum Nachteil des Radiohändlers Linnemann ist nicht gegeben. Zwar mag Linnemann vorgespiegelt worden sein, das Geld sei rechtmäßig erworben. Jedoch hat Linnemann durch seine infolge möglichen Irrtums getroffene Vermögensverfügung keinen Schaden erlitten, denn er ist gem. § 929 BGB Eigentümer des Geldes geworden, da er es vom Eigentümer, dem Ehemann Kohler, erworben hat. Von merkantilem Minderwert kann auch bei Erwerb einer solchen geringen Summe Geldes keine Rede sein.

b) Eine Hehlerei an dem Radiogerät scheidet schon deshalb aus, weil es nicht aufgrund einer strafbaren Handlung erlangt wurde.

IV. Konkurrenzen

K. ist eines Diebstahls und zweier Urkundenfälschungen schuldig. Die zweite Urkundenfälschung beginnt noch während des Gebrauchmachens der ersten Fälschung. Beide Delikte stehen daher in Idealkonkurrenz (§ 52 StGB). Der Diebstahl und die Urkundendelikte konkurrieren real miteinander (§ 53 StGB), da der Diebstahl beendet war, ehe der Beschuldigte die Urkundenfälschung beging, und auch die Voraussetzungen der natürlichen Handlungseinheit nicht vorliegen.

B. Verfahrensfragen

Anklage gegen den Beschuldigten K. soll vor dem Schöffengericht in Aachen, das gem. § 7 Abs. 1 StPO örtlich und gem. §§ 24, 25, 28 GVG sachlich zuständig ist, erhoben werden. Anklage vor dem Strafrichter (§ 25 GVG) erscheint angesichts des Gewichts der dem Beschuldigten vorgeworfenen Straftaten und der schwierigen rechtlichen Bewertung nicht sachgerecht. Es handelt sich nicht um eine Strafsache minderer Bedeutung[15]. Das Verfahren gegen die Beschuldigte Maria Kohler ist gem. § 170 Abs. 2 StPO einzustellen.

C. Abschlußentscheidung der Staatsanwaltschaft

I. Anklageschrift

Staatsanwaltschaft   Aachen, den 8.11.1989
- 6 Js 817/89 -

An das
Amtsgericht
- Schöffengericht -

Aachen

Anklageschrift

Der Elektromonteur Erich K o h l e r ,
geb. am 22.8.1947 in Ahlen/Westf., wohnhaft Knüppelsberg 67,
5100 Aachen, verheiratet,

wird   a n g e k l a g t ,

im Oktober 1989 in Aachen
durch zwei selbständige Handlungen

1) fremde bewegliche Sachen einem anderen in der Absicht weggenommen zu
   haben, dieselben sich rechtswidrig zuzueignen,

2) durch dieselbe Handlung
   zur Täuschung im Rechtsverkehr zwei unechte Urkunden hergestellt und
   gebraucht zu haben.

Am 20.10.1989 entwendete der Angeschuldigte aus dem Personenwagen des Kaufmanns Engbert, den er im Auftrag seines Arbeitgebers Krümper in dessen
Werkstatt reparieren wollte, ein Scheckheft Engberts auf das Konto 27/6308
der Raiffeisenbank Kornelimünster, das auf der Fahrt zur Werkstatt aus dem
Mantel Engberts hinter eine Sitzbank gefallen war. Der Angeschuldigte, der
beabsichtigte, das erste bereits von Frank Engbert unterschriebene Scheckformular auszufüllen und einzulösen, setzte am 22.10.1989 in das unterschriebene Scheckformular den Betrag von 347,-- DM ein und löste am
23.10.1989 bei der Raiffeisenbank Aachen-Kornelimünster den Scheck ein, auf
dessen Rückseite er mit "Knieper" den Empfang des ausgezahlten Betrags
quittierte.

Vergehen des Diebstahls und der Urkundenfälschung, strafbar nach §§ 242
Abs. 1, 267 Abs. 1, 52, 53 StGB.

Beweismittel: Geständnis des Angeschuldigten.

Wesentliches Ergebnis der Ermittlungen

Der Angeschuldigte ist bisher nicht bestraft. Er lebt in geordneten Vermö-
gensverhältnissen mit seiner Ehefrau und zwei erwachsenen Kindern im eigenen Haus in Aachen. Er ist hinreichend verdächtig, die im Anklagesatz
geschilderten Taten begangen zu haben[16].

Der Angeschuldigte ist geständig.

Es wird beantragt, das Hauptverfahren vor dem Amtsgericht - Schöffengericht - in Aachen zu eröffnen[17].

Staatsanwalt

II. Begleitverfügung

Staatsanwaltschaft   Aachen, den 8.11.1989
- 6 Js 817/89 -

Vfg.

1) Die Ermittlungen sind abgeschlossen.

2) Einstellung des Verfahrens hinsichtlich der beschuldigten Ehefrau
   Kohler aus den Gründen des Vermerks zu II des Gutachtens[18].

3) Nachricht von Nr. 2 an Beschuldigte Maria Kohler, Knüppelsberg 67,
   5100 Aachen.

4) Sonst ohne Bescheid, weil insoweit keine Anzeige.

5) Anklageschrift in Reinschrift fertigen.

6) Entwurf und ein Durchschlag zu den Handakten.

7) Als Prüfungssache (Klausur) vermerken.

8) U. m. A.
   Herrn Vorsitzenden des Schöffengerichts

   Aachen

   unter Bezugnahme auf die anliegende Anklageschrift übersandt.

9) 2 Monate

Staatsanwalt

A n m e r k u n g e n

zu 1): Ohne Begründung; bei dem gegebenen Sachverhalt ist dies unmittel-
         bar einleuchtend, deshalb ist diese Kurzform vertretbar und rich-
         tig.

zu 2): Vgl. zu dieser Frage BGH NJW 77, 1460; wer § 248 a StGB für an-
         wendbar hält, wird - weil ein Strafantrag fehlt - das besondere
         öffentliche Interesse an der Strafverfolgung bejahen und das be-

gründen (erhebliche Gefährdung durch Fälschungen, Schädigung Dritter). Dies geschieht in der Regel in der "Prozeßstation". Im konkreten Fall muß die Prüfung vor der Erörterung der Konkurrenzfragen erfolgen, weil deren Entscheidung von der Verfolgbarkeit des Diebstahls abhängt.

zu 3): Knappe Festlegung des zu prüfenden Sachverhalts.

zu 4): Die Frage wird im folgenden eingehend und breit erörtert - als Beispiel einer intensiven Argumentation, die in einer Klausur natürlich so nicht möglich ist.

zu 5): Siehe die Zusammenstellung bei Schönke/Schröder § 267 Rdnr. 79, Dreher/Tröndle § 267 Rdnr. 35.

zu 6): BGHSt 17, 97.

zu 7): Versuch des Beispiels einer kurzen, eigenständigen Begründung mit von h.M. abweichender Ansicht.

zu 8): Bei der Prüfung von § 263 StGB immer festlegen: Wem gegenüber Täuschung, zu wessen Vorteil und zu wessen Nachteil.

zu 9): Vgl. BGH NJW 69, 1261.

zu 10): Sicher ein Grenzfall; auch für die entgegengesetzte Ansicht lassen sich gute Argumente finden: Jeder Prüfer wird eine eigene, begründete Auffassung des Kandidaten respektieren.

Die Prüfung von § 263 StGB war trotz der Annahme einer mitbestraften Nachtat hier notwendig, denn erst sie gab Auskunft darüber, wer Geschädigter war. Diese Feststellung aber war Voraussetzung für die Bejahung einer mitbestraften Nachtat.

zu 11): Liegt fern, wird hier jedoch angeführt, um deutlich zu machen, wie überflüssige Darlegungen zum Tatbestand u.a. vermieden werden können.

zu 12): Vgl. BGH NJW 69, 1261, RGSt 52, 96; 55, 281, Schönke/Schröder § 257 Rdnr. 5.

zu 13): Vgl. den Fall BGHSt 9, 139; 10, 1, Dreher/Tröndle § 259 Rdnr. 19.

zu 14): Ausnahmsweise - wegen der offensichtlich klaren Rechtslage - kann eine zusammengefaßte Prüfung hinsichtlich beider Mittäter erfolgen. Sonst sind zuerst die Handlungen des tatnächsten Angeschuldigten durchzuprüfen.

zu 15): Vgl. KK § 25 GVG Rdnr. 6.

zu 16): Von einer Wiederholung der Tatschilderung, die im Anklagesatz erfolgte, ist angesichts der einfachen Sachlage und der Tatsache, daß der Angeschuldigte geständig ist, abgesehen worden. Vgl. dazu im einzelnen Solbach, Anklageschrift, Einstellungsverfügung, Dezernat und Plädoyer, D V 2 b.

zu 17):   Vgl. dazu Solbach, Anklageschrift, Einstellungsverfügung, Dezernat
und Plädoyer, D V 12.

zu 18):   Diese Bezugnahme entspricht der Handhabung im Examen. In der
Praxis wird selten ein ausführliches Gutachten erstellt und zu
den Akten genommen. Die Gründe der Einstellung werden knapp gefaßt und als Vermerk Gegenstand der Verfügung.

K l a u s u r N r. 6

(Kampf um den Parkplatz)

VERKEHRSUNFALLANZEIGE

A ☐ B ☐ C ☒

Dienststelle

**Der Polizeipräsident
Aachen
SB I - Hauptwache -**

An Bußgeldbehörde / Staatsanwaltschaft

Aachen

Ordnungswidrigkeit

verjahrt am

Tatbestands-
Protokollaufnahme ☒

RB Krs Gem
3 | 3 | 3 0 0 0

Behördenkennung NW	6 0 8 1 0 0
Unfalldatum (Tag/Mon./Jahr)	13 11 89
Unfallzeit (h/min.)	19 35

Anzahl der Beteiligten 0 2   Getötete   Schwerverletzte   Leichtverletzte

Gesamtsachschaden (volle DM)   § 142 StGB ☒   Alkoholeinwirkung

Unfallort (Gemeinde/Ortsteil/Kreis/Straße/Richtungsfahrbahn):

Aachen, Hotmannspief / Peterstraße

innerorts ☒1   außerorts 2   Fahrtrichtung Ordn.-Nr.   aufsteigend 1   absteigend 2

Straßenschlüssel   Haus-Nr.   Straßen-gruppe   Straßen-Nr.   km

von Netzknoten A   nach B   Station (km)

☐ Unfalltyp   Sonder-erhebung

Unfallhergang (ggf. Handskizze):

Nach Angaben des Zeugen Gert Hein, Friedensstraße,
5100 Aachen, streifte der PKW, amtliches Kennzeichen
AC-A 1, am 13.11.1989 gegen 19.35 Uhr am Parkplatz
Hotmannspief den in einer Kurve des Parkplatzes
parkenden PKW, amtliches Kennzeichen AC-Z 850.
Der Zeuge will das Unfallgeschehen aus nächster
Nähe beobachtet haben. In dem Fahrzeug soll sich
ein etwa 175 cm großer Fahrer mit hellblondem Haar
und schwarzem Wintermantel befunden haben.

Unfallart

Zusammenstoß m. and. Fahrzeug, das anfahrt, anhalt o. i. ruh Verkehr steht	1
vorausfährt oder wartet	2
seitlich in gleicher Richtung fährt	3
entgegenkommt	4
einbiegt oder kreuzt	5
Zusammenstoß zw. Fzg. u. Fußg.	6
Aufprall auf Hindernis auf Fahrbahn	7
Abkommen von Fahrbahn nach rechts	8
Abkommen von Fahrbahn nach links	9
Unfall anderer Art	0

Charakteristik der Unfallstelle

Kreuzung	1
Einmündung/Anschluß	2
Grundstückein- oder -ausfahrt	3
Steigung/Gefälle	4
Kuppe	5
Kurve	6

Besonderheiten der Unfallstelle

Unübersichtlich	1
Schienengleicher Wegübergang	2
Fußgängerüberweg	3
Fußgängerfurt	4
Haltestelle	5
Arbeitsstelle	6
Verkehrsberuhigter Bereich (Z.325)	0
Verkehrsregelung Verkehrsregelungsposten	7
Lichtzeichenanlage in Betrieb	8
Lichtzeichenanlage außer Betrieb	9

Geschwindigkeitsbegrenzung (durch VZ angeordnet km/h)

Lichtverhältnisse

Dämmerung	1
Dunkelheit	2
Straßenbeleuchtung in Betrieb	3
Straßenbeleuchtung außer Betrieb	4

Straßenbefestigung

Betondecke	5
Schwarzdecke	6
Pflaster	7
Sonstige befestigte Straße	8
Unbefestigte Straße	9

Straßenzustand

Trocken	0
Naß	1
Glatteis	2
Schneeglätte	3
Gestreut	4
Schlüpfrigkeit (Öl, Dung, Laub usw.)	5
Schadhafte Fahrbahn	6

Witterung

Regen	7
Schneefall/Hagel	8
Nebel/Dunst (Sicht : ca. m)	9
Sturm/Böen	0

Vorläufig festgestellte Ursachen
gemäß Verzeichnis Nr. 01-69

Ordn. Nr.

Ordn. Nr.

gemäß Verzeichnis Nr. 70-89

Aachen, den 13.11.1989   Steinekamp, PHM

Datum/Unterschrift und Amtsbezeichnung des aufnehmenden Beamten

Blatt 2	(Nur bei Unfallanzeigen B und C)	Behördenkennung NW	6 0 8 1 0 0			Unfalldatum (Tag·Monat/Jahr)	13 11 89	Unfallzeit (hr/min)	19 35

	Ordn.-Nr.	§ 142 StGB	Kind	Jugendl.	Heranw.	Alkoholeinwirk.		Ordn.-Nr.	§ 142 StGB	Kind	Jugendl.	Heranw.	Alkoholeinwirk.
Beteiligte Personen und Fahrzeuge	0 1	X 1				BAK		0 2	1				BAK
	13 14	15						13 14	15				

Familiennamen/Staatsangh. - auch Geburtsnamen -	Beimer	Römgen
Vornamen	Hans	Peter
PLZ, Wohnort	5100 Aachen	5100 Aachen
Straße, Nr.	Peterstraße 4	Mathiashofstraße 17
Beruf	Kfm. Angestellter	

	Tag Mon Jahr	männl.	weibl.		Tag Mon Jahr	männl.	weibl.	
Geboren am bzw. Personen-kennzeichen/Geschlecht	1 6 1 2 4 6	X 1	2		0 4 0 8 5 9	X 1	2	
	16 21 22 27	28	28	29 30	16 21 22 27	28	28	29 30

Geburtsort	Bonn	Aachen
Kreis	Bonn	Aachen
Gesetzlicher Vertreter		

Art der Verkehrsbeteiligung

	Klasse Tag Monat Jahr ausstellende Behörde	Klasse Tag Monat Jahr ausstellende Behörde
Fahrerlaubnis	keine	3 5. 3. 1980 OStD Aachen
Erweiterung		
Besondere Fahrerlaubnis/ Fahrlehrerlaubnis		

Fahrzeughalter/Staatsangeh.	Beimer, Hans	Römgen, Peter
PLZ, Wohnort	wie oben	wie oben
Straße, Nr.		

	KFZ	Anhänger	KFZ	Anhänger
Fahrzeugart	PKW		PKW	
Hersteller	VW			
Typ/Erstzulassungsjahr				
Kennzeichen	AC-A 1		AC-Z 850	

Nationalitätszeichen (außer „D")	31 33	34 37	38 39	40 43		

		LKW/Zugfahrzeug	Anhänger		LKW/Zugfahrzeug	Anhänger
Benutzer	0 1			0 2		
Zulässiges Gesamtgewicht	44 45	kg	kg	44 45	kg	kg
		46 48			46 48	

	Art der bekannten Verletzungen:	Art der bekannten Verletzungen:
Unfallfolgen bei Beteiligten **Personenschaden**	getötet 1	getötet 1
	schwerv. 2	schwerv. 2
	leichtv. 3	leichtv. 3
	49	49

Sachschaden (volle DM)	(50 52 53 55 56 58 59 61)	600	(50 52 53 55 56 58 59 61)

Unfallfolgen bei sonstigen Geschädigten (nur bei Unfallanzeige B)

Ordn.-Nr.	Name, Vorname, PLZ, Wohnort, Straße	Art des Schadens	Sachschaden (volle DM)

Zeugen: Name, Vorname	Alter	PLZ, Wohnort, Straße
Hein, Gert		5100 Aachen, Friedensstraße 60

Ordn.-Nr.	**Ordnungswidrigkeiten, Anhörung der Betroffenen nach Belehrung gem. §§ 55 OWiG, 163a u. 136 StPO**	Bußgeldvorschlag

Geprüft und weitergeleitet mit (Nur bei Unfallanzeige B)   Anlagen

(Datum)   (Unterschrift und Amtsbezeichnung)

Blatt 3 (Nur bei Unfallanzeige C)	Behördenkennung NW 6 0 8 1 0 0		Unfalldatum (Tag/Monat/Jahr) 13 11 89	Unfallzeit (h/min) 19 35
	Sonstige Geschädigte		1. Art des Sachschadens und der bekannten Verletzungen	Sach- schaden (volle DM)
Ordn.- Nr.	Name, Vorname, PLZ Wohnort, Straße	Alter	2. Angabe, ob getötet a) schwerverletzt b) leichtverletzt c)	

Verkehrstüchtigkeit der Unfallbeteiligten unter Angabe der Ordnungsnummer des Beteiligten (bei Alkoholeinfluß stets Angabe der Ausfallerscheinungen):

Schäden oder Spuren an Fahrzeugen, die auf den Unfallhergang schließen lassen, techn. Mängel der beteiligten Fahrzeuge unter Angabe der Ordn.-Nr.:

    O2   linker vorderer Kotflügel eingedrückt.

Besonderheiten zur Verkehrslage, zum Unfallort, zur Verkehrsregelung usw., soweit nicht auf Blatt 1 vermerkt:

    PKW O2 stand ordnungsgemäß geparkt.

Strafprozessuale Maßnahmen unter Angabe der Ordn.-Nr.:

Geprüft und weitergeleitet mit   Anlagen

                                            Prenker, PHK

                     (Datum)   (Unterschrift und Amtsbez.)

Der Polizeipräsident Aachen   Aachen, den 13.11.1989

Az: 608 100 / 25089 / 1935

1) Ermittlungsvermerk:
   Aufgrund der Unfallanzeige begab ich mich mit POM Drumm zum Parkplatz
   Hotmannspief. Wir bemerkten den PKW mit dem amtlichen Kennzeichen
   AC-Z 850, der an der Ausfahrt des Parkplatzes zur Peterstraße parkte.
   Sein linker vorderer Kotflügel ist eingedrückt.

2) Gegen 20.00 Uhr erscheint auf der Wache der Halter und Führer des PKW
   AC-Z 850, Peter Römgen, geb. am 4.8.1959 in Aachen, wohnhaft:
   Mathiashofstraße 17, 5100 Aachen, und erklärt zu Protokoll nach Beleh-
   rung über die Pflichten eines Zeugen:

   Ich erstatte Anzeige gegen Unbekannt wegen Sachbeschädigung und stelle
   zudem Strafantrag. Jemand hat meinen Wagen heute, zwischen 19.00 und
   20.00 Uhr, angefahren und weder am Unfallort gewartet noch seine Visiten-
   karte oder ähnliches an den Wagen geheftet.

                                               v.g.u.

   gez. Steinekamp, PHM   gez. Römgen

                          _____

Rechtsanwalt   Aachen, den 14.11.1989
Gregor Deitz   Hauptstr. 1

An den
Polizeipräsidenten

5100 Aachen

Strafanzeige und Antrag auf Erhebung der öffentlichen Klage

gegen

Herrn Hans Beimer, Peterstraße 4, 5100 Aachen,

wegen

des Verdachts der gefährlichen Körperverletzung mittels des PKW AC-A 1
und des Verdachts der Nötigung.

Der Anzeige liegt folgender Sachverhalt zugrunde:

Am 13.11.1989, gegen 19.25 Uhr, stand ich auf dem vollgeparkten und beleb-
ten Parkplatz Hotmannspief am Rande einer Parkbucht, um das Kraftfahrzeug
meiner Schwester, der Studiendirektorin Helga Paquet geb. Deitz, Adresse
wie oben, einzuweisen, da der Fahrer des in der Parkbucht befindlichen
Kraftfahrzeugs den Motor anließ. Schräg hinter dem Kraftfahrzeug meiner
Schwester stand das Fahrzeug des Herrn Beimer, dessen Adresse ich über die
Kraftfahrzeugzulassungsstelle herausgefunden habe. Herr Beimer war hinter

das Fahrzeug meiner Schwester gefahren, nachdem diese bereits stand und den Fahrtrichtungsanzeiger betätigt hatte.

Während das in der Parkbucht befindliche Fahrzeug langsam rückwärts heraussetzte, fuhr meine Schwester im Schrittempo vor. In diesem Augenblick fuhr Herr Beimer mit eingelegtem Gang in Gegenwart mehrerer Personen auf mich zu und fuhr mich mehrfach an, obwohl ich meinen Standort nicht verlassen wollte, um meine Schwester einzuweisen. Durch den mehrfachen Aufprall verspürte ich Schmerzen (ein Attest über die Folgen füge ich bei). Meine Schwester fuhr dann in die Parklücke.

Als weiterer Zeuge kommt in Betracht: Leo Hannot, Heinrichstraße 34, 5100 Aachen.

Ich stelle ausdrücklich Strafantrag wegen Körperverletzung pp. Ich bitte, das öffentliche Interesse zu bejahen,

Anlage 1 Attest

gez. Gregor Deitz

———————

Dr. med. Walter Graf v. Stenner   Aachen, den 14.11.1989
Facharzt für Orthopädie   Adalbertsteinweg 110

Ärztliches Attest

Herr Gregor Deitz, geb. 22.9.1951, wurde heute morgen von mir untersucht. Er zeigte multiple Hämatome am linken Unterschenkel.

gez. Dr. Stenner

Kreispolizeibehörde (K / S. Fernruf / Nebenstelle)

Der Polizeipräsident

Aachen

Tgb.-Nr. 200/89

[x] Beschuldigtenvernehmung

[ ] Personalbogen

[x] Erwachsener

[ ] Heranwachsender

[ ] Jugendlicher

[ ] Ausländer

Ort / Datum / Uhrzeit

5100 Aachen, den 21.12.1989

PHW Personengebundene Hinweise (z. B. Ausbrecher, gewalttätig) *)

[ ] Bericht

[ ] Ausländerbehörde

[ ] Jugendamt

PFN Familienname / Ehename und Namensbestandteile

Beimer

PSN Sonstige Namen

PGB Geburtsname

Beimer

PVN Vorname(n)

Hans

PGD Geburtsdatum (TTMMJJJJ)

16.12.1946

PMW Geschlecht

[x] m [ ] w

PAT Akademische Grade

ZLA Wohnort (ggf. Aufenthaltsort)

Peterstraße 4

5100 Aachen

PGO Geburtsort (Kreis / Land)

Bonn

PNA Staatsangehörigkeit

Deutscher

PSP Spitzname

ZVL Familienstand

ledig

ZAT Beruf

Kfm. Angestellter

Eltern (auch Geburtsname) / Vormund

BPA / Pass / Führerschein

BPA

Ausstellungsdatum

15.10.1986

Behörde

Oberstadtdirektor Aachen

**)
Arbeitgeber (bei Angehörigen des öffentlichen Dienstes auch Anschrift der Dienststelle)

Einkommensverhältnisse a) z. Z. der Tat   b) gegenwärtig

a) 1.800,--   b) 1.800,--

Ehrenämter

Erwerbslos seit

./.

Vor- u. Familienname des Ehegatten (auch Geburtsname) / Wohnung des Ehegatten bei versch. Wohnung / Beruf

Kinder (Anzahl und Alter)

Pfleger / Bewährungshelfer (Vor- und Zuname, Beruf, Wohnung)

Schule (bei Studierenden auch Anschrift der Hochschule)

Familienverhältnisse (Anzahl der Geschwister - Alter - Eltern geschieden)

Noch zur Person (u. a. Vorstrafen nach eigenen Angaben; nicht einberufener Wehrpflichtiger oder Zivildienstpflichtiger; Angehöriger der Streitkräfte, Dienstgrad, Zivildienstpflichtiger, Dienststelle mit Anschrift; Ausländer: Aufenthaltserlaubnis/Ausstellungsbehörde; Festnahme/Verbleib; zuständige StA/AZ.)

wegen Trunkenheit im Verkehr und Fahren
ohne Fahrerlaubnis vorbestraft

(Unterschrift bei Personalbogen)

*) Polizeiinterner Hinweis / kein Bestandteil der Vernehmung
**) Bei Beschuldigtenvernehmung hier Belehrung (Vordruck NW Pol 11 a) vornehmen

148

Zu Beginn meiner Vernehmung zur Sache ist mir eröffnet worden, welche Tat mir zur Last gelegt wird.

Ich bin darauf hingewiesen worden, daß es mir nach dem Gesetz freisteht, mich zu der Beschuldigung zu äußern oder nicht zur Sache auszusagen und jederzeit, auch schon vor meiner Vernehmung, einen von mir zu wählenden Verteidiger zu befragen.

Ich bin ferner darüber belehrt worden, daß ich zu meiner Entlastung einzelne Beweiserhebungen beantragen kann.

Ich habe mich wie folgt entschieden:

Ich will aussagen

(Unterschrift) Hans Beimer

Die von mir soeben gefertigte Skizze stellt die Situation vor dem Heraus-
fahren des PKW aus der Parklücke dar. Ich meine, daß sich der Vorfall gegen
19.30 Uhr ereignet hat. An der von mir bezeichneten Stelle stand ich schon
eine geraume Zeit (etwa 5 Minuten) und wartete auf das Freiwerden der Parklücke. Die ganze Zeit über hatte ich den linken Blinker betätigt, um folgende Fahrzeuge auf meine Absicht, einzuparken, aufmerksam zu machen. Zwischen der Vorderfront meines Wagens und der freiwerdenden Parklücke lag
mindestens eine "PKW-Breite". Ich wurde auf das Freiwerden der Parklücke
dadurch aufmerksam, daß das Licht eingeschaltet wurde.

In diesem Augenblick sah ich den "PKW-Paquet und Zeuge", der an mir halb
vorbeifuhr, anhielt und den linken Blinker ebenfalls betätigte.

Ich bemerkte, daß das Fahrzeug "Paquet und Zeuge" wohl auch in die Parklücke hineinfahren wollte. Bereits jetzt machte ich durch Licht- und
Handzeichen deutlich, daß ich in die Parklücke einfahren wollte. In dieser
Situation stieg der Beifahrer, der Anzeigende Deitz, aus und stellte sich
vor meinen PKW in Höhe des linken Vorderrades in einem Abstand von etwa
einem halben Meter.

Ich gab daraufhin Hup- und Lichtsignale. Meine Absicht war es, Herrn Deitz
zu veranlassen, die Zufahrt zur Parklücke freizugeben. Deitz hätte nur
einen halben Meter zur Seite nach links zu gehen brauchen. Sodann - zu
dieser Zeit wurde die Parklücke gerade frei - fuhr ich langsam rollend im
zweiten Gang auf den noch immer vor meinem Wagen stehenden Deitz zu. Meine
Absicht war, den Anzeigenden zu veranlassen, den Weg freizugeben. Keines-
falls wollte ich den Anzeigenden anfahren. Ich nahm an, Herr Deitz würde
zur Seite treten. Als das nicht geschah, hielt ich meinen Wagen an, um den
Anzeigenden nicht anzufahren.

Ich meine auch, rechtzeitig angehalten zu haben. Ich habe jedenfalls nicht
bemerkt, daß ich Herrn Deitz bereits angefahren habe. Auf alle Fälle habe
ich den Anzeigenden nicht mehrfach angefahren, wie er behauptet.

Mir wird nunmehr die Anzeige vorgehalten sowie das zur Akte gereichte Attest. Ich bin auch jetzt der Auffassung, daß es zu keiner Berührung mit dem Anzeigenden durch mein Fahrzeug gekommen ist. Sollte dies doch der Fall gewesen sein, was ich bestreiten will, habe ich eine solche Berührung nicht gewollt und auch nicht als Möglichkeit in Betracht gezogen. Aus dem Attest geht nicht hervor, wodurch die Hämatome hervorgerufen worden sind.

Zur Situation bezüglich des Anfahrens möchte ich noch bemerken, daß ich als Fahrer sehr wohl in der Lage bin, meinen PKW auch auf kurze Distanzen richtig zu rangieren. Ich will damit sagen, daß ich richtig die Entfernungen abschätzen kann. Nachdem der "PKW-Paquet/Deitz" schon in der Parklücke stand, machte ich Herrn Deitz Vorwürfe wegen seines Verhaltens.

Durch das Verhalten des Herrn Deitz war ich sehr erregt. Deshalb habe ich wohl beim Ausfahren aus dem Parkplatz ein Fahrzeug gestreift und beschädigt. Ich hatte mir jedoch die Nummer gemerkt. Ich hatte die Absicht, den Fahrer ausfindig zu machen, was ich dann auch tat. Ich habe inzwischen dessen Schaden - eingedrückter Kotflügel - bezahlt. Der Name des Fahrzeughalters ist Peter Römgen.

Von seinen angeblichen Verletzungen hat Deitz nichts gesagt; da er auch nicht erklärte, ich solle dableiben, bin ich weggefahren. Ich ging davon aus, er war damit einverstanden.

Bezüglich meines Führerscheins erkläre ich, daß mir die Fahrerlaubnis im August 1989 für die Dauer von 10 Monaten entzogen wurde (Strafbefehl des AG Aachen v. 21.8.1989 - 6 Cs 64 Js 1222/89).

Auf Vorhalt muß ich zugeben, daß ich meinen PKW nicht nur am 13.11.1989, sondern auch in der Zeit vom 3.11.1989 bis zum Tage des Vorfalles am 13.11.1989 geführt habe.

Nach der Sicherstellung des Führerscheins habe ich mich, wenn dies notwendig war, von meinem Bekannten Otto Edelaus, Jülicher Straße, Aachen, fahren lassen. Weil mein Bekannter jedoch in der Zeit vom 11.11. bis 13.11.1989 in Kurzurlaub war, hatte ich mir vorgenommen, den PKW selbst zu führen, weil dies aus geschäftlichen Gründen erforderlich war. Ich war tags und nachts mit jeweils unterschiedlichen Pausen unterwegs. Bei einer Fahrt am 11.11. 1989 wurde ich dann mit meinem Fahrzeug am Kaiserplatz durch die automatische Kamera an der dort befindlichen Ampel bei einem Rotlichtverstoß fotografiert. Ich habe das selbst gar nicht bemerkt. Später wurde aufgrund des Lichtbildes dann festgestellt, daß ich der Fahrer des PKW's war und keine Fahrerlaubnis mehr hatte.

Am 7.12.1989 ist mir daraufhin der Strafbefehl vom 4.12.1989 zugestellt worden, den ich bei mir habe und den ich als Anlage zur Vernehmungsniederschrift gebe. Ich habe keinen Einspruch gegen den Strafbefehl eingelegt.

Nach dem Vorfall auf dem Parkplatz und der Fahrt nach Hause habe ich den PKW nicht mehr geführt, weil mir dies zu gefährlich war.

v.g.u.

gez. Donna, POM   gez. Beimer

Anlagen 1 Skizze, 1 Strafbefehl

Anlage

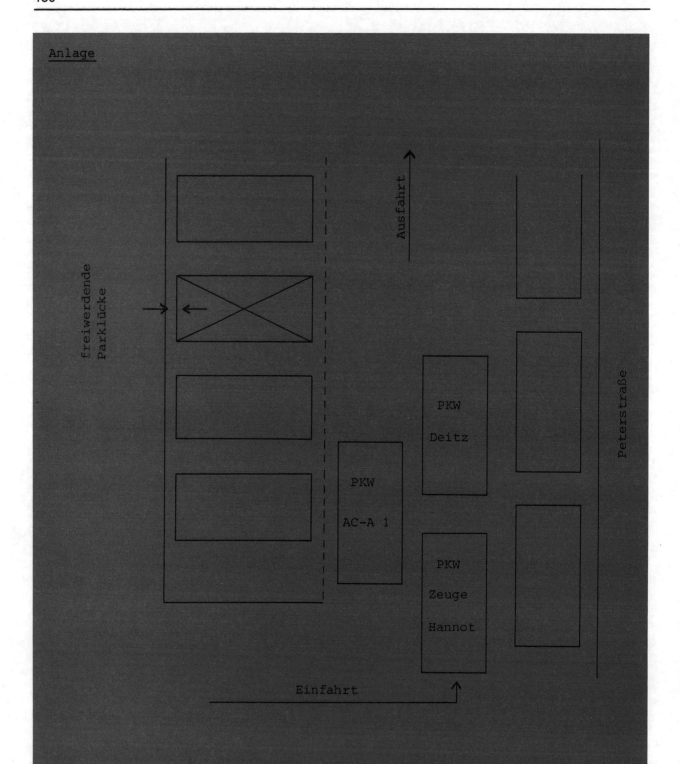

Skizze, gefertigt vom Beschuldigten Beimer

am 21.12.1989

gez. Donna

Amtsgericht

5100 Aachen

6 Cs 64 Js 666/89

Geschäfts-Nr.: 339/89

(Bitte bei allen Schreiben an das Amtsgericht
— insbesondere bei Einlegung eines Rechts-
mittels — angeben!)

Ort und Tag

4.12.1989

Anschrift und Fernruf
Adalbertsteinweg 90
(02441) 517 2501

Herrn
Hans Beimer
geb. am 16.12.1946
in Bonn
- Kaufmann -
Peterstraße 4

5100 Aachen

Verteidiger:

Nebenbeteiligter:

Strafbefehl

Die Staatsanwaltschaft   in Aachen   klagt Sie an,

am 11.11.1989, gegen 19.40 Uhr,
vorsätzlich
den PKW mit dem amtlichen Kennzeichen AC-A 1 im öffentlichen Straßenverkehr
geführt zu haben, obwohl Sie die dazu erforderliche Fahrerlaubnis nicht
hatten.

Sie·haben sich dadurch als ungeeignet erwiesen, ein Kraftfahrzeug zu führen.

Vergehen   des Fahrens ohne Fahrerlaubnis

nach §§ 2, 21 Absatz 1, Nummer 1 Straßenverkehrsgesetz;
    §§ 69, 69 a Strafgesetzbuch.

Als Beweismittel hat sie bezeichnet:

1. Ihre Angaben.
2. Zeugen: a) PHM Hans Köster,
           b) POM Günter Gant, beide zu laden bei PP Aachen, Schutzbereich I

Auf Antrag der Staatsanwaltschaft wird gegen Sie eine **Geldstrafe** von

        50 **Tagessätzen** zu je   60,- DM **festgesetzt.**

Der Verwaltungsbehörde wird untersagt, vor Ablauf von 12 Monaten eine neue
Fahrerlaubnis zu erteilen.

Zugleich werden Ihnen die Kosten des Verfahrens auferlegt. Ihre eigenen Auslagen haben Sie selbst zu tragen.

Bitte wenden!

Dieser Strafbefehl wird rechtskräftig und vollstreckbar, wenn Sie nicht **innerhalb von zwei Wochen nach der Zustellung** bei dem umstehend bezeichneten Amtsgericht schriftlich oder zu Protokoll der Geschäftsstelle **Einspruch** einlegen. Bei schriftlicher Einlegung ist die Frist nur gewahrt, wenn die Einspruchsschrift vor Ablauf von zwei Wochen bei dem Gericht eingegangen ist. Sie können den Einspruch auf bestimmte Beschwerdepunkte beschränken. In der Einspruchsschrift können Sie auch weitere Beweismittel (Zeugen, Sachverständige, Urkunden) angeben. Ist der Einspruch verspätet eingelegt oder sonst unzulässig, so wird er ohne Hauptverhandlung durch Beschluß verworfen. Andernfalls findet eine Hauptverhandlung statt. In dieser entscheidet das Gericht nach neuer Prüfung der Sach- und Rechtslage. Dabei ist es an den in dem Strafbefehl enthaltenen Ausspruch nicht gebunden, soweit sich der Einspruch auf ihn bezieht.

Gegen die Entscheidung über die Verfahrenskosten und die Auslagen können Sie, wenn der Wert des Beschwerdegegenstandes 100,— DM übersteigt, bei dem umstehend bezeichneten Amtsgericht **binnen einer Woche nach Zustellung** allein oder neben dem Einspruch schriftlich oder zu Protokoll der Geschäftsstelle das Rechtsmittel der **sofortigen Beschwerde** einlegen.

Die Wochenfristen beginnen mit dem Tage der Zustellung, der auf dem Briefumschlag vermerkt ist, und enden mit dem Ablauf des entsprechenden Tages der zweiten Woche (im Falle des Einspruchs) bzw. der folgenden Woche (im Falle der sofortigen Beschwerde). Fällt das Ende der Frist auf einen Sonntag, einen allgemeinen Feiertag oder einen Sonnabend, so endet die Frist mit Ablauf des nächsten Werktages.

Die schriftliche Rechtsmitteleinlegung muß in deutscher Sprache erfolgen.

Dr. Faber, Richterin am Amtsgericht   Ausgefertigt: Zimmermann, Justizangestellte
_____
(Name, Amtsbezeichnung)
als Urkundsbeamter der Geschäftsstelle

Zahlen Sie bitte nur nach schriftlicher Aufforderung.

Die Staatsanwaltschaft wird Ihnen nach Rechtskraft eine Zahlungsaufforderung übersenden, in der auch die Verfahrenskosten berechnet sein werden.

Hinweis zu den Verfahrenskosten (Stand 1.1.1987):

Für das Strafbefehlsverfahren werden Kosten nach dem Gerichtskostengesetz erhoben, und zwar

1. eine Gebühr   in Höhe von

   a) für die Festsetzung einer Geldstrafe

         bis zu 90 Tagessätzen   30,— DM,

         bis zu 180 Tagessätzen   60,— DM,

         von mehr als 180 Tagessätzen   120,— DM;

   b) für eine Verwarnung mit dem Vorbehalt einer   dieselbe Gebühr wie zu a)
      Verurteilung zu einer Geldstrafe   bei Festsetzung einer Geldstrafe,

   c) für die Entziehung der Fahrerlaubnis   30,— DM.

2. Auslagen,

   die in dem bisherigen Verfahren entstanden sind.

   Dazu zählen unter anderem insbesondere die Beträge

   (Entschädigungen, Ersatz von Aufwendungen),

   die an Zeugen und — zum Beispiel für eine Blutuntersuchung —

   an Sachverständige gezahlt worden sind,

   und die Postgebühren in Höhe von 5,— DM für jede Zustellung.

Der Polizeipräsident Aachen   Aachen, den 3.1.1990
Tgb.-Nr.: 200/89

Vorgeladen erscheint die Zeugin
Helga Paquet geb. Deitz, geb. am 29.4.1942, wohnhaft:
Grashang 17, Kornelimünster,
und erklärt nach Belehrung über ihr Aussageverweigerungsrecht gem. § 52
Abs. 1 Nr. 3 StPO sowie nach Ermahnung zur Wahrheit:

Ich bin zur Aussage bereit.
Mein Bruder und ich suchten einen Parkplatz, weil wir ins Kino wollten. Ich
bemerkte, daß eine Parklücke frei wurde. Die Situation ist in der Skizze
des Herrn Beimer in etwa richtig wiedergegeben.
Ich füge jedoch hinzu, daß ich den PKW des Herrn Beimer zunächst nicht gesehen hatte. Ich kann also nichts dazu sagen, ob der Wagen dort schon länger stand.
Mein Bruder stieg aus, um mich in die freigewordene Parklücke einzuwinken,
nachdem der betreffende PKW aus ihr herausgefahren war. Während ich langsam
in die Parklücke fuhr, bemerkte ich, wie ein anderer PKW, der des Herrn
Beimer, auf meinen Bruder losfuhr. Mein Bruder stand frontal zu dem Wagen
des Herrn Beimer. Das Fahrzeug fuhr nun mehrere Male gegen meinen Bruder.
Es war kein durchgehendes Weiterfahren, sondern ein mehrmaliges, ruckarti-
ges Anfahren.
Ich bin absolut sicher, daß mein Bruder mehrmals angefahren wurde. Ich kann
nichts dazu sagen, ob mein Bruder zurücktreten mußte. Ich war jetzt auch in
die Parklücke gefahren und konnte nunmehr den Vorgang nicht mehr beobachten.
Mein Bruder sagte mir dann später auf dem Weg ins Kino, daß er Schmerzen
im Bein habe.

                                                        v.g.u.

      gez. Donna, POM   gez. Paquet

                              ―――――――――

Der Polizeipräsident Aachen   Aachen, den 3.1.1990
Tgb.-Nr.: 200/89

Vorgeladen erscheint der Zeuge
Leo Hannot, geb. am 26.7.1911 in Hamburg, wohnhaft Heinrichstraße 34,
5100 Aachen.

Er erklärt nach Belehrung, die Wahrheit sagen zu müssen:

Ich kann mich an den Vorfall gut erinnern. Es war am 13.11.1989, gegen
19.28 Uhr. Ich fuhr meinen PKW AC-SX 13 zur Hotmannspief und suchte einen
Parkplatz. Ich fuhr dort dreimal herum und sah nach, ob ein Platz frei
wurde. Jedes Mal, wenn ich an der Seite zur Peterstraße vorbeikam, sah ich
den PKW des Herrn Beimer (dessen Namen ich allerdings erst heute erfahren
habe). Er wartete ganz offensichtlich auf einen freien Parkplatz. Nachdem

ich an Herrn Beimer vorbeigefahren war, sah ich beim dritten Hinfahren, daß die Parklücke freigeworden war. In der Parklücke stand ein Mann, auf den Herr Beimer zufuhr. Herr Beimer setzte dann zurück und fuhr, nachdem er mit dem Fußgänger gesprochen hatte, weg. Ein anderer PKW fuhr in die Parklücke, der vorher nur kurz gewartet haben kann.

Weitere Angaben kann ich nicht machen. Die Skizze des Herrn Beimer, die mir vorgelegt wird, stimmt im übrigen.

                                                        v.g.u.

        gez. Donna, POM   gez. Hannot

Der Polizeipräsident Aachen   Aachen, den 3.1.1990

Tgb.-Nr.: 200/89

Vorgeladen erscheint der Zeuge
Peter Römgen, geb. am 4.8.1959 in Aachen, Lackierer, wohnhaft
Mathiashofstraße 17, 5100 Aachen.

Er erklärt nach Belehrung: Ich bin Halter des PKW AC-Z 850. Am 13.11.1989 wollte ich mit meiner Frau Einkäufe machen. Wir hatten unseren PKW an der Hotmannspief geparkt. Als wir zurückkamen, sahen wir, daß unser Wagen eine ziemliche Delle im linken vorderen Kotflügel hatte. Ich habe noch am selben Abend Strafanzeige wegen Sachbeschädigung gegen Unbekannt bei der nächsten Polizeirevierwache gestellt.

Einen Tag später meldete sich bei uns telefonisch ein Herr Hans Beimer aus Aachen. Er hatte unsere Fernsprechnummer aus dem Telefonbuch herausgesucht. Er erklärte mir, daß er über die Fahrzeugzulassungsstelle unsere Anschrift erfahren habe und daß er für den Schaden an unserem Wagen verantwortlich sei. Er bat uns, die Kostenrechnung zu übersenden, was wir später auch taten. Herr Beimer zahlte daraufhin prompt den Schaden über 346,-- DM.

                                                        v.g.u.

        gez. Juppes, POM   gez. Römgen

Der Polizeipräsident Aachen   Aachen, den 4.1.1990

Tgb.-Nr.: 200/89

                              Vfg.

U.m.A.
der Staatsanwaltschaft

5100 Aachen

zur weiteren Veranlassung übersandt.

                                             i.A.

                                    gez. Salowki, KOR

                              _____

Staatsanwaltschaft   Aachen, den 9.1.1990

- 70 Js 728/89 -

                              Vfg.

1) Auskünfte aus dem Bundeszentralregister und aus dem Verkehrszentral-
   register betreffend Hans Beimer, Blatt 2, einfordern.

2) Folgende Akten
   a) 6 Cs 64 Js 1222/89 (= 87 VRS 33/89)
   b) 6 Cs 64 Js 666/89,
   die laut telefonischer Auskunft an die Stadt Aachen versandt sind,
   zurückfordern.

3) Nach 2 Wochen.

                                          gez. Hall

                                          Staatsanwalt

Vermerk:

Nach der Auskunft aus dem Bundeszentralregister und dem Verkehrszentral-
register sind dort die von dem Beschuldigten genannten Verurteilungen ein-
getragen.

In dem Verfahren 6 Cs 64 Js 1222/89 wurde gegen den Beschuldigten wegen
Trunkenheit im Straßenverkehr gemäß § 316 StGB eine Geldstrafe von
30 Tagessätzen à 50,- DM festgesetzt. Strafbefehl vom 21.8.1989,
rechtskräftig seit 6.9.1989.

Dem Beschuldigten wurde außerdem die Fahrerlaubnis entzogen, der Führerschein eingezogen und der Verwaltungsbehörde untersagt, ihm vor Ablauf
von 10 Monaten eine neue Fahrerlaubnis zu erteilen.

Vermerk für den Bearbeiter

Der Sachverhalt ist zu begutachten; die Entschließung der Staatsanwaltschaft
ist zu entwerfen.

Im Gutachten ist bei der Erörterung der einzelnen Merkmale der untersuchten
Straftatbestände nicht nur in rechtlicher, sondern auch in tatsächlicher
Hinsicht zu prüfen, ob die Beschuldigten nach den Ergebnissen des vorberei-
tenden Verfahrens der Begehung von Straftaten hinreichend verdächtig sind.
Im wesentlichen Ergebnis der Ermittlungen (§ 200 Abs. 2 S. 1 StPO) braucht
die tatsächliche Würdigung nicht ausführlich wiederholt zu werden.

Sollten weitere Ermittlungen für erforderlich gehalten werden, so ist davon
auszugehen, daß diese durchgeführt worden sind und keine neuen Gesichtspunkte ergeben haben.

Wird Anklage beim Strafrichter erhoben, so ist § 200 Abs. 2 S. 2 StPO nicht
anzuwenden.

Gelangt der Verfasser zu einer Entscheidung, in der er zur materiellen
Rechtslage nicht Stellung nimmt, so hat er die materielle Rechtslage in
einem Hilfsgutachten zu erörtern.

Am Ende der Klausur ist anzugeben, in welchen Auflagen ggf. die Hilfsmittel Dreher/Tröndle, StGB, und Kleinknecht/Meyer, StPO, dem Bearbeiter
zur Verfügung standen.

Hinweis

Der von Ihnen benutzte Aufgabentext wird nicht zu Ihren Prüfungsunterlagen
genommen. Bezugnahmen oder Verweisungen, die nur durch Einsicht in das von
Ihnen benutzte Exemplar des Aufgabentextes verständlich werden, verbieten
sich deshalb.

L ö s u n g

Vorschlag

Ich schlage vor, den Beschuldigten Beimer wegen fortgesetzten Fahrens ohne
Fahrerlaubnis, versuchter Nötigung, gefährlicher Körperverletzung, uner-
laubten Entfernens vom Unfallort und Fahrens ohne Fahrerlaubnis vor dem
Schöffengericht in Aachen anzuklagen.

Gutachten

A. Prozessuale Vorfrage

Der rechtskräftige Strafbefehl des Amtsgerichts Aachen vom 4.12.1989
- 6 Cs 64 Js 666/89 - könnte einem neuen Verfahren und der Verfolgung der
dem Beschuldigten Beimer (B.) in der Anzeige des Gregor Deitz (D.) vom
14.11.1989 vorgeworfenen Tat vom 13.11.1989 sowie des Verhaltens beim Anfahren des geparkten PKW und der Weiterfahrt als Verfahrenshindernis des
Strafklageverbrauchs (Art. 103 Abs. 3 GG) entgegenstehen.

Die ab 1.4.1987 gültige Fassung der §§ 373 a, 410 StPO auf Grund des Straf-
verfahrensänderungsgesetzes 1987 (StVÄG)[1] hat die Rechtskraftwirkung des
Strafbefehls neu und klar geregelt: Der Strafbefehl steht, soweit gegen
ihn nicht wirksam Einspruch erhoben worden ist, einem rechtskräftigen Urteil gleich; er hat auch die gleiche Rechtskraftwirkung.

Die bisherige Rechtsprechung zur eingeschränkten materiellen Rechtskraftwirkung des Strafbefehls[2] ist damit überholt.

Der rechtskräftige Strafbefehl gegen den B. wegen Fahrens ohne Fahrerlaubnis (§ 21 Abs. 1 Nr. 1 StVG) könnte die Strafklage verbraucht haben, wenn
es sich bei der durch den Strafbefehl geahndeten "Einzeltat" und dem jetzt
zur Erörterung stehenden fortgesetzten Fahren ohne Fahrerlaubnis, dem Vorfall an der Parklücke, dem Unfall mit dem PKW und der Weiterfahrt um "dieselbe Tat" i.S.v. Art. 103 Abs. 3 GG und damit auch im prozessualen Sinne
(§ 264 Abs. 1 StPO) handeln würde.

Tat i.S.v. § 264 Abs. 1 StPO ist der gesamte historisch einheitliche Ge-
schehensablauf, ungeachtet etwaiger sachlich-rechtlicher selbständiger
Teile. Eine Tat im verfahrensrechtlichen Sinne sind die einzelnen Teile,
wenn sie äußerlich miteinander eng verknüpft und innerlich derart miteinander verbunden sind, daß der Unrechts- und Schuldgehalt der einzelnen
Handlungen nicht getrennt, sondern nur unter Berücksichtigung aller Umstände gewürdigt werden kann.

Die einzelnen Tathandlungen gehen ohne größere Unterbrechungen ineinander
über und sind auch innerlich dadurch verknüpft, daß während des Fahrens
ohne Fahrerlaubnis zusätzlich andere mit dem Führen eines Kraftfahrzeugs
zusammenhängende Fehl- und Fahrverhaltensweisen hinzukommen. Insoweit besteht aufgrund des von dem Beschuldigten gefaßten Gesamtvorsatzes bezüglich

des Fahrens ohne Fahrerlaubnis für eine überschaubare Zeit von 3 Tagen ein einheitlicher fortgesetzter Lebenszusammenhang zwischen dem dreitägigen fortgesetzten Fahren ohne Fahrerlaubnis, den Vorgängen an der Parklücke, dem Unfall beim Verlassen des Parkplatzes und die sich daran anschließende Weiterfahrt.

Die Verhaltensweise des B. könnte daher einen einheitlichen Lebensvorgang i.S.v. § 264 Abs. 1 StPO darstellen[3]. Einer Antwort auf diese Frage bedürfte es u.U. nicht. Denn ein Verbrauch der Strafklage für die jetzt zur Erörterung stehenden Vorfälle durch den rechtskräftigen Strafbefehl des Amtsgerichts Aachen vom 4.12.1989 könnte nicht eingetreten sein, weil das Amtsgericht nämlich diese Einzelfahrt nicht als Teilakt einer fortgesetzten Handlung, sondern als selbständige Einzeltat geahndet hat.

Zu dieser Frage werden zwei Auffassungen vertreten. Nach einhelliger Rechtsprechung des RG und weit überwiegend auch des BGH bildet der rechtskräftige Strafbefehl oder das rechtskräftige Urteil kein Hindernis, die weiteren von der Verurteilung nicht erfaßten Teilakte des jetzt als fortgesetzte Handlung zu wertenden Gesamtverhaltens gesondert zu verfolgen.

Diese Auffassung wird überwiegend auch im Schrifttum vertreten[4].

Die gegenteilige Ansicht - als obiter dictum - hat der 5. Strafsenat des BGH[5] sowohl für den Fall vertreten, in dem die Vorverurteilung wegen mehrerer selbständiger Taten als auch nur wegen einer Einzeltat erfolgte.

Es kann unentschieden bleiben, ob dieser Auffassung nicht dann zuzustimmen ist, wenn Gegenstand der Vorverurteilung m e h r e r e Taten sind, die bei der Beurteilung der dem Angeklagten neu zur Last gelegten fortgesetzten Tat eine neue Bewertung durch den nun erkennenden Richter hinsichtlich der Frage des Fortsetzungszusammenhangs erfahren könnten. In einem solchen Fall konnte und mußte der erste Tatrichter die Möglichkeit ins Auge fassen, daß in den möglichen bzw. angenommenen Fortsetzungszusammenhang weitere Einzelhandlungen fallen könnten, die dann dem Urteil mit zugrundezulegen waren. Handelt es sich bei der Vorverurteilung dagegen nur um eine Einzeltat, sprechen die besseren Argumente für die herrschende Auffassung.

Entscheidendes Gewicht kommt dem bereits vom RG hervorgehobenen Gesichtspunkt zu, daß ein Verbrauch der Strafklage nur durch die Aburteilung von Taten oder Einzelakten einer Tat eintreten kann, die Gegenstand "der Strafklage" waren. Bei Verfolgung einer Tat als selbständige Einzelhandlung kann sich indessen die Strafklage tatsächlich nicht auf weitere, unbekannt gebliebene Taten oder Teilakte einer fortgesetzten Handlung erstrecken. Eine solche Möglichkeit hat weder die Anklage noch der Eröffnungsbeschluß zum Gegenstand. Der Blick des Richters ist auf ein historisch begrenztes Einzelgeschehen gerichtet.

Ein Strafklageverbrauch liegt daher nicht vor.

B. Strafbarkeit des Beschuldigten Beimer (B.)

I. Das Geschehen auf dem Parkplatz

1. B. könnte einer vollendeten Nötigung (§ 240 Abs. 1 u. 2 StGB) hinreichend verdächtig sein. Eine vollendete Nötigung scheidet aus. B. hat sein Ziel, D. zum Weggehen zu veranlassen und dann in die Parklücke einzufahren, nicht

erreicht. Der Zeuge D. ist nicht zur Seite getreten, der Beschuldigte hat
nicht in die Parklücke einfahren können.

2. B. könnte jedoch einer versuchten Nötigung (§§ 240, 22, 23 StGB) hinreichend verdächtig sein.

a) B. müßte dann entschlossen (§ 22 StGB) gewesen sein, den D. mit Gewalt
zu zwingen, die Zufahrt zur Parklücke freizugeben, also einen entsprechenden Vorsatz gehabt haben. Der Beschuldigte gibt - was auch durch die Bekundungen der Zeugen P. und H. bestätigt ist - glaubhaft zu, mit dem PKW auf
D. zugefahren zu sein, um ihn zu zwingen, den Weg freizumachen. Aufgrund
dessen[6] ist B. hinreichend verdächtig, bewußt und gewollt mit dem Kraftwagen erhebliche physische Kraft mit Zwangswirkung entfaltet zu haben, um
D. zu einem Handeln zu veranlassen. Somit hat B. den Entschluß gehabt,
eine Nötigung zu begehen. Er hat auch damit begonnen, diesen Entschluß
durch das Zufahren mit dem PKW auf D. zu verwirklichen; darin liegt bereits
eine teilweise Tatbestandsverwirklichung, nämlich die Ausübung von Gewalt.

b) Das Verhalten des B. müßte rechtswidrig sein. Ein rechtswidriger Nötigungsversuch kann in dem Verhalten des B. allerdings nur gesehen werden,
wenn keine allgemeinen Rechtfertigungsgründe vorliegen und die Anwendung
der Gewalt zu dem angestrebten Zweck verwerflich ist (§ 240 Abs. 2 StGB).

B. könnte in Ausübung von Notwehr (§ 32 StGB) gehandelt haben. Dann müßte
die Blockierung der Parklücke durch D. ein gegenwärtiger, rechtswidriger
Angriff auf B. sein.

Zwar durfte D. den Parkplatz für seine Schwester nicht freihalten. An einer
Parklücke hat nämlich nach allgemeiner Auffassung derjenige Kraftfahrer
den Vorrang, der sie als erster erreicht[7], und das war B. Ein Angriff
i.S.v. § 32 StGB ist das Verhalten des D. aber nur dann, wenn ein - zu Ver-
teidigungshandlungen berechtigendes - rechtlich geschütztes Interesse des
B. gefährdet oder verletzt worden wäre. Dieses kann zwar nicht in der Verletzung der öffentlichen Ordnung gesehen werden, weil diese für den einzelnen grundsätzlich nicht notwehrfähig ist. Es könnte aber in der Berechtigung des B. zur Ausübung seiner Befugnis zum Gemeingebrauch (Parken)[8] zu
sehen sein, und zwar unabhängig davon[9], ob das verkehrswidrige Verhalten
des D. die Voraussetzungen einer Nötigung nach § 240 Abs. 1, 2 StGB erfüllt[10].

Diese Frage bedarf aber keiner Entscheidung[11], wenn die Verteidigungshandlung des B. gegenüber D. rechtsmißbräuchlich gewesen wäre. Zwar ist die-
jenige Verteidigungshandlung zur Abwehr eines gegenwärtigen rechtswidrigen
Angriffs erforderlich, die eine sofortige Beendigung des Angriffs mit
Sicherheit erwarten läßt und die endgültige Beseitigung der Gefahr am
besten gewährleistet. Jedoch ist die Verteidigungshandlung nur dann gerechtfertigt, wenn sie nicht völlig unverhältnismäßig, nicht rechtsmißbräuchlich ist. Dies ist dann der Fall, wenn die Folgen der Abwehr in einem
solch krassen Mißverhältnis zum drohenden Schaden stehen, daß die Verletzung des Angreifers als unerträglich empfunden wird[12]. Das Recht soll
nicht mit Mitteln verteidigt werden, die im Hinblick auf die durch den
Angriff erwartete Gefährdung völlig maßlos sind. Die Gefährdung und Verletzung eines Menschen durch gefährliches Zufahren mit einem PKW stehen
völlig außer Verhältnis zu dem relativ gering zu bewertenden, auch aus
der Natur der Sache her nur zeitweiligem Vorrecht an einer Parklücke.

Danach war die Handlungsweise des B. rechtsmißbräuchlich und aus § 32 StGB nicht gerechtfertigt. Die Anwendung der Gewalt zu dem angestrebten Zweck ist auch aus den dargelegten Gründen als verwerflich anzusehen (§ 240 Abs. 2 StGB); sie steht in keinem Verhältnis zu dem von B. angestrebten Zweck.

B. ist also einer versuchten Nötigung gem. §§ 240, 22, 23 StGB hinreichend verdächtig[13]). Der Strafaufhebungsgrund des § 24 StGB ist nicht gegeben; ein freiwilliger Rücktritt liegt nicht vor, weil B. angesichts der Wirkungslosigkeit des eingesetzten Mittels von der Tat Abstand nahm.

3. B. könnte einer gefährlichen Körperverletzung gem. §§ 223 Abs. 1, 223 a Abs. 1 StGB hinreichend verdächtig sein. B. müßte hinreichend verdächtig sein, mit seinem PKW D. angefahren und verletzt - somit körperlich mißhandelt und an seiner Gesundheit beschädigt - zu haben.

B. bestreitet dies. Dem steht die Bekundung des Zeugen D. entgegen, der Beschuldigte B. habe ihn mehrfach "angefahren", wodurch ihm Schmerzen zugefügt worden seien. Bestätigt wird diese Bekundung durch die Aussage der Zeugin P., B. sei mehrmals ruckartig auf den frontal vor ihm stehenden D. zugefahren, der so wiederholt angefahren worden sei und ihr anschließend von den dadurch verursachten Schmerzen im Bein berichtet habe. Die Aussage der Zeugin, gegen deren Glaubwürdigkeit trotz der Tatsache, daß sie die Schwester des Verletzten ist, keine Bedenken bestehen, ist glaubhaft. Sie ist folgerichtig und fügt sich nahtlos in das vom Beschuldigten zugegebene eigene Verhalten und die Schilderung des Geschehens durch den Verletzten D. und den unbeteiligten Zeugen H. ein. Bestätigt wird der von D. und P. geschilderte Vorgang mittelbar auch durch das Attest des Dr. Graf v. Stenner, das typische, durch Anfahren entstehende Verletzungen ausweist. Irgendwelche Anhaltspunkte dafür, daß diese Verletzungen anders entstanden und von D. fälschlicherweise einem Anfahren durch B. zugeschrieben worden sind, liegen nicht vor. Aufgrund dieser Aussagen und Feststellungen ist die Einlassung des Beschuldigten als widerlegt und dieser als hinreichend verdächtig anzusehen, D. mit dem PKW angefahren und verletzt zu haben.

Die Körperverletzung geschah auch mittels eines gefährlichen Werkzeuges, nämlich des PKW. Denn das Kraftfahrzeug war nach seiner objektiven Beschaffenheit und der Art seiner Benutzung auch bei langsamer Fahrt geeignet, erhebliche Verletzungen zu verursachen[14]). Die Handlungsweise B.s war auch - wie oben bereits dargelegt - rechtswidrig[15]).

Zweifelhaft ist, ob hinreichender Verdacht dafür vorliegt, daß B. vorsätzlich gehandelt hat. Er bestreitet dies. Diese Einlassung könnte durch die Bekundungen der Zeugen D., P. und H. als widerlegt angesehen werden. Hinsichtlich der Wertung dieser Aussagen gilt das oben zur Frage des Anfahrens Ausgeführte. Das danach als hinreichend sicher festgestellte objektive Geschehen deutet auf ein wissentliches und eine Verletzung des D. durch das Anfahren jedenfalls billigend in Kauf nehmendes Handeln des B. hin. Dies folgt vor allem daraus, daß B. - wie sich aus den glaubhaften Zeugenaussagen ergibt - mehrmals ruckartig auf D. zugefahren ist und - wie er selbst einräumt - bis unmittelbar vor D. gefahren ist; denn er hat erklärt, er "meine, rechtzeitig angehalten zu haben". Das Verhalten des B. war besonders gefahrenträchtig und wegen der nicht genauen Einsehbarkeit des Abstandes von der Stoßstange zum Körper des D. auch nicht voll beherrschbar; gleichwohl ist B. mehrmals auf D. zugefahren und hat damit die Gefahr vervielfacht. Diese Umstände wiegen in Verbindung mit den Zeugenaussagen so schwer, daß sich daraus der hinreichende Verdacht ableitet, B. habe eine Verletzung des D. billigend in Kauf genommen[16]).

B. ist somit einer gefährlichen Körperverletzung (§§ 223 Abs. 1, 223 a
Abs. 1 StGB) hinreichend verdächtig.

4. Der Beschuldigte könnte eines gefährlichen Eingriffs in den Straßenverkehr gem. § 315 b Abs. 1 Nr. 3 StGB hinreichend verdächtig sein.

Dies setzt zunächst voraus, daß B. durch das Zufahren auf D. einen dem
Zerstören, Beschädigen oder Beseitigen von Fahrzeugen oder Anlagen oder
dem Hindernisbereiten ähnlichen, ebenso gefährlichen Eingriff[17] vorgenommen hat[18].

Verkehrsgefährliche Verstöße von geringem Gewicht werden von § 315 b
Abs. 1 Nr. 3 StGB nicht erfaßt[19]. Denn sie sind dem Hindernisbereiten
oder Zerstören von Fahrzeugen oder Anlagen weder ähnlich noch so gefähr-
lich wie diese. Das langsame Zufahren des B. auf den Fußgänger D. hat keine
Ähnlichkeit mit den erwähnten, in § 315 b beschriebenen Eingriffen in den
Straßenverkehr, es ist in seiner Gefährlichkeit diesen auch nicht ähnlich.
Deshalb hat B. den Tatbestand des § 315 b Abs. 1 Nr. 3 StGB nicht verwirk-
licht[20].

5. B. könnte weiterhin eines unerlaubten Entfernens vom Unfallort gem.
§ 142 Abs. 1 Nr. 1 StGB hinreichend verdächtig sein.

Dann müßte ein Unfall im Straßenverkehr vorliegen. Dieser könnte in dem
Anfahren des Fußgängers D. gesehen werden. Unter einem Verkehrsunfall ist
jedes mit dem Straßenverkehr und seinen Gefahren zusammenhängende Ereignis
zu verstehen, das einen nicht völlig belanglosen Personen- oder Sachschaden
zur Folge hat[21], selbst wenn es sich um eine im Straßenverkehr erfolgte
vorsätzliche Schädigung handelt; dies gilt jedenfalls dann, wenn - wie
hier - die vorsätzliche Schädigung nicht alleiniger Zweck des Handelns ist,
sondern dieses mit dem Verkehrsgeschehen in Verbindung steht, so daß der
Schadenseintritt noch in unmittelbarem Zusammenhang mit den im Straßenverkehr typischen Gefahren steht und eine Auswirkung des allgemeinen Verkehrs-
risikos ist. Das Feststellungsinteresse des Geschädigten ist bei vorsätzlicher Tat nicht geringer als bei einem unvorsätzlich herbeigeführten
Unfall.

Die Verletzungen, die D. erlitten hat, sind im Straßenverkehr erfolgt und
nicht als völlig belanglos anzusehen.

Es handelt sich daher um einen Verkehrsunfall, bei dem B. sich auch der
Feststellung seiner Person[22] durch die Weiterfahrt entzogen hat.

Es könnte aber an einem hinreichenden Verdacht dafür fehlen, daß B. rechtswidrig gehandelt hat. D. könnte nämlich auf weitere Feststellungen ver-
zichtet haben, so daß eine Wartepflicht für B. nicht mehr bestand. Diese
Frage bedarf jedoch keiner Beantwortung, wenn davon auszugehen ist, daß B.
von einem solchen Verzicht des D. ausgegangen ist. B. behauptet dies. Er
hat sich dahin eingelassen, D. habe von seinen angeblichen Verletzungen
nichts gesagt und auch nicht erklärt, er solle an Ort und Stelle bleiben;
er habe ihn "wegfahren lassen". Für die Richtigkeit dieser Einlassung
spricht, daß die Verletzungen des D. äußerlich nicht sichtbar waren. D. hat
auch nach dem Inhalt seiner Anzeige den B. nicht auf seine Verletzung hingewiesen und auch kein Feststellungsinteresse geäußert, obwohl B. ihm wegen
seines Verhaltens unwiderlegt Vorhaltungen gemacht hat. Er hat B. vielmehr - so ist seiner Anzeige zu entnehmen - wegfahren lassen.

Die Einlassung des B. ist somit mit der für eine Anklage erforderlichen Sicherheit nicht zu widerlegen. Es liegen danach keine hinreichenden Anhaltspunkte dafür vor, daß B. wissentlich ohne das Einverständnis des D. weggefahren ist. Er hat sich über die tatsächlichen Voraussetzungen eines Rechtfertigungsgrundes[23] geirrt und daher nicht vorsätzlich (§ 16 Abs. 1 StGB in entsprechender Anwendung) gehandelt. B. ist somit jedenfalls nicht hinreichend verdächtig, sich vorsätzlich vom Unfallort entfernt zu haben; fahrlässige Begehung ist nicht unter Strafe gestellt.

6. B. ist[24] des vorsätzlichen (fortgesetzten) Fahrens ohne Fahrerlaubnis gem. § 21 Abs. 1 Nr. 1 StVG hinreichend verdächtig, er führte aufgrund eines zuvor gefaßten Gesamtvorsatzes vom 11.11. bis 13.11.1989 einen PKW, obwohl er die dazu erforderliche Fahrerlaubnis, die ihm durch Strafbefehl des Amtsgerichts Aachen vom 21.8.1989 entzogen worden war, nicht hatte.

II. Das Anfahren des geparkten PKW und die anschließende Weiterfahrt

1. Soweit B. durch das Anfahren des geparkten PKW eine Ordnungswidrigkeit nach den §§ 1, 49 StVO, § 24 StVG begangen hat, ist wegen der gleichzeitig begangenen Straftat des Fahrens ohne Fahrerlaubnis gem. § 21 Abs. 1 OWiG nur das Strafgesetz anwendbar[25].

2. B. könnte durch das Verlassen der Unfallstelle nach dem Anfahren des geparkten PKW eines unerlaubten Entfernens vom Unfallort gem. § 142 Abs. 1 Nr. 1 StGB hinreichend verdächtig sein.

Bei dem Anfahren des an der Ausfahrt des Parkplatzes geparkten PKW des R. handelt es sich um einen Verkehrsunfall, bei dem ein Fremdschaden von 346,- DM entstanden ist. Es bestand somit ein Feststellungsinteresse des Geschädigten. Da nach der Verkehrsunfallanzeige sich zumindest der Zeuge H., der aus nächster Nähe das Unfallgeschehen beobachtet hatte, als feststellungsbereite Person am Unfallort aufhielt, war B. verpflichtet, seine Warte- und Vorstellungspflicht zu erfüllen.

Das Verbleiben am Unfallort war dem B. auch zumutbar, obschon er sich dadurch der Strafverfolgung wegen Fahrens ohne Fahrerlaubnis aussetzte; denn wenn es sich um eine Straftat handelt, die beim Unfall selbst begangen wird, ist das Warten stets zumutbar. Sinn und Zweck des § 142 StGB ist es gerade, die Ursachen des Unfalls im Interesse aller Beteiligten zu klären.

B. handelte auch vorsätzlich, denn er wußte, daß er Verursacher des Verkehrsunfalles war und sich durch die Weiterfahrt nach dem Unfall den Feststellungen entzog; dies wollte er.

Daß er nachträglich den Geschädigten informieren wollte und informiert hat, ist bedeutungslos, weil er sich nicht erst nach Ablauf der Wartefrist vom Unfallort entfernt hat.

B. hat damit rechtswidrig und schuldhaft gehandelt.

Er ist des unerlaubten Entfernens vom Unfallort hinreichend verdächtig.

3. B. könnte hinreichend verdächtig sein, sich durch die Weiterfahrt mit dem PKW nach dem Unfall erneut wegen Fahrens ohne Fahrerlaubnis (§ 21 Abs. 1 Nr. 1 StVG) strafbar gemacht zu haben.

Das hängt von der Frage ab, ob das Fahren ohne Fahrerlaubnis nach dem Unfall eine rechtlich unselbständige Fortsetzung der vor dem Unfall liegenden Fahrt ohne Fahrerlaubnis ist. Die Dauerstraftat des Fahrens ohne Fahr- erlaubnis ist jedoch durch den Unfall zum Abschluß gekommen[26]. Da B., wie er wußte, durch die sich aus § 142 StGB ergebende Wartepflicht an dem Un- fallort gebunden war, hat er dieser gesetzlichen Pflicht zuwider einen neuen Fahrentschluß gefaßt. Die vor diesem Entschluß liegende Dauerstraf- tat des Fahrens ohne Fahrerlaubnis war beendet, so daß B. sich durch die Fluchtfahrt eines weiteren Fahrens ohne Fahrerlaubnis hinreichend verdäch- tig gemacht hat.

III. Konkurrenzen

Die Tatbestände der versuchten Nötigung, der gefährlichen Körperverletzung und des Fahrens ohne Fahrerlaubnis stehen in Idealkonkurrenz (§ 52 StGB), denn sie sind durch eine Handlung verwirklicht worden.

Zwischen diesen Delikten und dem durch die Weiterfahrt nach dem Unfall ebenfalls tateinheitlich begangenen unerlaubten Entfernen vom Unfallort mit Fahren ohne Fahrerlaubnis besteht Tatmehrheit (§ 53 StGB). Denn die Einheit- lichkeit der Dauerstraftat des Fahrens ohne Fahrerlaubnis wird durch das Unfallgeschehen unterbrochen, so daß nach dem Unfall eine neue (zweite) Dauerstraftat beginnt.

IV. § 69 StGB

Aus den dem Beschuldigten zur Last gelegten Taten ergibt sich, daß er zum Führen von Kraftfahrzeugen ungeeignet ist (§ 69 Abs. 1 StGB). Zwar liegen die Voraussetzungen von § 69 Abs. 2 Nr. 3 StGB nicht vor, weil die verur- sachten Verletzungen nicht erheblich sind und der entstandene Schaden nicht bedeutend ist. Aus den Taten und den Vorbelastungen ergibt sich jedoch eine charakterliche Unzuverlässigkeit[27], die den Beschuldigten zur Führung von Kraftfahrzeugen ungeeignet erscheinen läßt.

V. § 21 StVG

Eine Einziehung des Fahrzeugs gem. § 21 Abs. 3 Nr. 1 u. Nr. 3 StVG scheidet wegen Unverhältnismäßigkeit aus.

C. Verfahrensfragen

Der Strafbefehl vom 4.12.1989 hat die Strafklage nicht verbraucht und steht einer neuen Anklage wegen der oben angeführten Straftaten nicht entgegen.

Anklage gegen B. soll vor dem Schöffengericht Aachen, das gem. §§ 24, 25, 28 GVG sachlich und gem. § 7 Abs. 1 StPO örtlich zuständig ist, erhoben werden; eine Anklageerhebung vor dem Strafrichter erscheint nicht sachge- recht. Zwar ist keine Freiheitsstrafe über 1 Jahr zu erwarten (vgl. § 25 GVG), doch handelt es sich nicht mehr um eine Strafsache "minderer Bedeu- tung"[28]. Die Vorwürfe sind nicht unerheblich; die Beweiswürdigung ist nicht ohne Schwierigkeit.

Abschlußentscheidung der Staatsanwaltschaft

I. Anklageschrift

Staatsanwaltschaft   Aachen, den 16.1.1990
- 70 Js 728/89 -

An das
Amtsgericht
- Schöffengericht -

5100 Aachen

                            Anklageschrift

Der kaufmännische Angestellte Hans Beimer, geboren am 16.12.1946 in Bonn,
wohnhaft Peterstraße 4, 5100 Aachen, ledig,

wird a n g e k l a g t ,

in der Zeit vom 11.11.1989 bis 13.11.1989 in Aachen

durch zwei selbständige Handlungen

1) a) vorsätzlich fortgesetzt ein Kraftfahrzeug im öffentlichen Straßen-
      verkehr geführt zu haben, obwohl er die dazu erforderliche Fahrerlaub-
      nis nicht hatte, und tateinheitlich damit

   b) versucht zu haben, einen anderen rechtswidrig mit Gewalt zu einer
      Handlung zu nötigen,

   c) vorsätzlich einen anderen mittels eines gefährlichen Werkzeugs kör-
      perlich mißhandelt und an der Gesundheit beschädigt zu haben,

2) a) als Unfallbeteiligter sich nach einem Unfall im Straßenverkehr vom
      Unfallort entfernt zu haben, bevor er zugunsten des anderen Unfall-
      beteiligten und Geschädigten die Feststellung seiner Person, seines
      Fahrzeuges und der Art seiner Beteiligung durch seine Anwesenheit
      und durch die Angabe, daß er an dem Unfall beteiligt gewesen sei, er-
      möglicht hatte,

      und tateinheitlich damit

   b) vorsätzlich ein Kraftfahrzeug im öffentlichen Straßenverkehr geführt
      zu haben, obwohl er die dazu erforderliche Fahrerlaubnis nicht hatte.

Der Angeschuldigte fuhr aufgrund eines vorher gefaßten Entschlusses vom
11.11. bis 13.11.1989 im öffentlichen Straßenverkehr mit dem PKW mit dem
amtlichen Kennzeichen AC-A 1, ohne eine Fahrerlaubnis zu haben. Am
13.11.1989 fuhr er in der Zeit von 19.28 Uhr bis 19.31 Uhr mit dem PKW auf
den Parkplatz Hotmannspief und versuchte, in eine freigewordene Parklücke,
die Rechtsanwalt Gregor Deitz für ein anderes Fahrzeug freihalten wollte,
einzufahren; als Deitz ihm keinen Platz machte, fuhr er mehrmals auf diesen
zu und verletzte ihn mit der Stoßstange am linken Unterschenkel, um sich
die Einfahrt in die Parklücke zu erzwingen.

Als Gregor Deitz gleichwohl nicht beiseite ging, verließ er mit seinem Fahrzeug den Parkplatz und stieß aus Unachtsamkeit an der Ausfahrt des Parkplatzes zur Peterstraße gegen den dort geparkten PKW mit dem amtlichen Kennzeichen AC-Z 850 des Peter Römgen; an diesem Fahrzeug entstand ein Schaden von 346,-- DM. Obwohl der Angeschuldigte den Unfall bemerkt hatte, flüchtete er mit dem Fahrzeug von der Unfallstelle.

Er hat sich dadurch als ungeeignet erwiesen, ein Kraftfahrzeug zu führen.

Vergehen des unerlaubten Entfernens vom Unfallort, der gefährlichen Körperverletzung, der versuchten Nötigung und des Fahrens ohne Fahrerlaubnis, strafbar nach den §§ 142 Abs. 1 Nr. 1, Abs. 4, 223 Abs. 1, 223 a Abs. 1, 240, 22, 23, 52, 53, 69, 69 a StGB, § 21 Abs. 1 Nr. 1 StVG.

Beweismittel:

I. Eigene Angaben und Teilgeständnis des Angeschuldigten.

II. Zeugen:

1) Rechtsanwalt Gregor Deitz, Hauptstraße 62, 5100 Aachen,

2) Helga Paquet, Grashang 17, 5100 Aachen-Kornelimünster,

3) Leo Hannot, Heinrichstraße 34, 5100 Aachen,

4) Peter Römgen, Matthiashofstraße 17, 5100 Aachen,

5) Gerd Hein, Friedensstraße 60, 5100 Aachen.

III. Urkunden:

1) Attest des Dr. med. Graf v. Stenner vom 14.11.1989, Bl. 5 d.A.,

2) Strafbefehl des AG Aachen vom 4.12.1989
   - 6 Cs 64 Js 666/89 - 339/89 -.

IV. Strafakten:[29)]

1) 6 Cs 64 Js 1222/89 StA Aachen,

2) 6 Cs 64 Js 666/89 StA Aachen.

Wesentliches Ergebnis der Ermittlungen

Der 43jährige ledige Angeschuldigte ist kaufmännischer Angestellter. Er ist wegen Trunkenheit im Verkehr vorbestraft. Durch Strafbefehl des Amtsgerichts in Aachen vom 21.8.1989 wurde ihm u.a. auch die Fahrerlaubnis mit einer Sperre von 10 Monaten entzogen.

Obwohl er keine Fahrerlaubnis hatte, führte der Angeschuldigte aufgrund eines zuvor gefaßten Entschlusses vom 11.11. bis 13.11.1989 seinen PKW mit dem amtlichen Kennzeichen AC-A 1 im öffentlichen Straßenverkehr. Am 13.11.1989 fuhr er in der Zeit von 19.28 Uhr bis 19.55 Uhr mit dem PKW auf den Parkplatz Hotmannspief, um dort zu parken.

Der Angeschuldigte wartete zunächst auf das Freiwerden einer Parklücke. Als unmittelbar vor ihm eine Parklücke frei wurde, wollte er in diese hineinfahren. Nunmehr stellte sich jedoch der Zeuge Deitz, der Beifahrer der Zeugin Paquet war, die ebenfalls einen Parkplatz suchte, vor das Fahrzeug des Angeschuldigten, um ihr die freie Parklücke zu sichern.

Der Angeschuldigte fuhr auf den Zeugen Deitz zu, um diesen zu veranlassen, den Weg freizugeben. Als dieser nicht zur Seite trat, setzte der Angeschuldigte gleichwohl die Fahrt fort und stieß mit der vorderen Stoßstange mehrmals gegen die Beine des Zeugen, der dadurch am linken Unterschenkel verletzt wurde.

Als der Zeuge Deitz dennoch den Platz nicht freimachte, gab der Angeschuldigte sein Vorhaben, dort zu parken, auf. Er verließ den Parkplatz, wie er meinte, im Einverständnis mit dem Zeugen D., der von seinen Verletzungen nichts gesagt hatte.

Bei der Ausfahrt von dem Parkplatz auf die Peterstraße streifte er den dort geparkten PKW mit dem amtlichen Kennzeichen AC-Z 850 des Zeugen Römgen. An dem PKW entstand ein Sachschaden von 346,- DM.

Obwohl er den Unfall bemerkt hatte, verließ er mit seinem PKW die Unfallstelle.

Der Angeschuldigte ist geständig, seinen PKW ohne Fahrerlaubnis im öffentlichen Straßenverkehr geführt zu haben. Er gibt auch zu, daß er den Zeugen Deitz durch das Zufahren zwingen wollte, zur Seite zu treten und die Parklücke freizumachen.

Soweit er sich darauf beruft, die Verletzungen des Zeugen nicht gewollt zu haben, besteht aufgrund der Aussagen der Zeugen hinreichender Tatverdacht dafür, daß er die Verletzungen zumindest billigend in Kauf genommen hat. Seine weitere Einlassung bezüglich der Weiterfahrt nach dem Anfahren des geparkten PKW, er habe den Geschädigten ermitteln und den Schaden ersetzen wollen, kann ihn nicht entlasten. Dies berechtigte ihn nicht, die Unfallstelle vor Erfüllung der Vorstellungspflicht bzw. Ablauf der Wartefrist zu verlassen.

Es wird beantragt, das Hauptverfahren vor dem Amtsgericht - Schöffengericht - Aachen zu eröffnen.

gez. Müller

Staatsanwalt

———

II. Begleitverfügung

Staatsanwaltschaft   Aachen, den 16.1.1990
- 70 Js 728/89 -

Vfg.

1) Die Ermittlungen sind abgeschlossen.

2) Fotokopien von Bl. 1 - 11, 13 - 15 d.A. fertigen und mit beglaubigter Abschrift von Nr. 2) dieser Verfügung als neue Js-Sache gegen Rechtsanwalt Gregor Deitz wegen Verdachts der Nötigung im Dezernat 700 eintragen.

3) Aktenzeichen des gemäß Nr. 2) eingeleiteten Verfahrens hier vermerken:

4) Anklage in Reinschrift fertigen.

5) Entwurf und 1 Durchschlag zu den Handakten.

6) Als Prüfungssache (Klausur) vermerken.

7) U. m. A.
Herrn Vorsitzenden
des Schöffengerichts

<u>in Aachen</u>

unter Bezugnahme auf die anliegende Anklageschrift übersandt. Die in der Anklageschrift angeführten Akten sind eingefordert; sie werden bei Eingang nachgereicht.

8) 2 Monate.

gez. Müller
Staatsanwalt

<u>A n m e r k u n g e n</u>

zu 1): Strafverfahrensänderungsgesetz 1987 (StVÄG 1987) vom 27.1.1987 (BGBl. I S. 475 ff.).

zu 2): Vgl. BVerfGE 3, 248, BGHSt 3, 13; 6, 123; 18, 141; 28, 69, RGSt 56, 253.

zu 3): Vgl. dazu BGHSt 24, 185, 186; 23, 141, 147, KK § 264 Rdnr. 3 ff.; eine sehr umstrittene Frage, in der auf den Einzelfall abzustellen ist.

zu 4): BGH-Urteil vom 15.1.1985 (NJW 85, 1174), RGSt 47, 397 (401); 54, 283 (285); 54, 333 (334/335); 72, 257 (258), BGH NJW 63, 549 (550), BGH GA 70, 84 (85), BGH NStZ 84, 281; berichtigend: BGHSt 29, 63 (64); vgl. Leipziger Kommentar Vorb. § 52 Rdnr. 96, Schönke/Schröder Vorb. § 52 Rdnr. 73, Löwe/Rosenberg § 264 Rdnr. 37, Karlsruher Kommentar § 264 Rdnr. 19, Kleinknecht/Meyer Einl. Rdnr. 175.

zu 5): BGHSt 15, 268 (272); unentschieden 2. Senat NJW 85, 1173, 1174.

zu 6): Die Frage, ob B. den D. verletzt hat und hat verletzen wollen, könnte auch schon hier - und nicht erst bei § 223 a StGB - geprüft werden. Denn die Tatsache, daß B. den D. angefahren hat, verdeutlicht den Entschluß des B.

zu 7): OLG Stuttgart NJW 66, 745 ff., OLG Hamm NJW 70, 2074 f., BayObLG NJW 61, 2074, BayObLG NJW 63, 824 ff.

zu 8): Die als Unterfall der allgemeinen Handlungsfreiheit (Art. 2 GG) ein subjektives Recht darstellt; Bockelmann in Anm. zu OLG Stuttgart NJW 66, 745 ff. vertritt die Ansicht, verkehrswidriges Verhalten als solches verletze nur öffentliches Recht, nicht aber die Rechtssphäre des einzelnen Verkehrsteilnehmers, den es benachteiligt; ein rechtswidriger Angriff i.S.v. § 32 StGB auf den Verkehrsteilnehmer liege daher nicht vor.

zu 9): OLG Stuttgart NJW 66, 745, Schönke/Schröder § 32 Rdnr. 9 m.w.N.

zu 10): Wer einen Parkplatz als Fußgänger unberechtigt freihält, begeht noch keine Nötigung: so OLG Köln NJW 79, 2056.

zu 11): Ist eine Frage bei den Vorüberlegungen nicht als entscheidungserheblich erkannt worden, ist es statthaft - und wegen der so gewonnenen Zeit - anzuraten, diese Frage zu "überspringen" (vgl. die Ausführungen zum Aufbau der Klausur).

zu 12): Vgl. dazu Schönke/Schröder § 32 Rdnr. 43 ff.

zu 13): Auf Vorsatz ist nicht mehr einzugehen, weil er sich aus den Darlegungen zum Entschluß ergibt. Nur floskelhafte Sätze zu Schuldausschließungsgründen erübrigen sich.

zu 14): Vgl. Leipziger Kommentar § 223 a Rdnr. 7, 8 m.w.N. Die Darlegungen im knappen - zusammenraffenden - Urteilsstil sind bei so klarer Sachlage statthaft.

zu 15): Weitere Ausführungen dazu erübrigen sich angesichts der Darlegungen zur versuchten Nötigung.

zu 16): Sofern der Bearbeiter zu der Ansicht kommt, B. habe angesichts langsamer Fahrweise auf Nichteintritt des Verletzungserfolges gehofft, wird er auf den Auffangtatbestand des § 230 StGB zurückgreifen müssen, vgl. BGHSt 17, 210, 212.

zu 17): Ausführlich zu "Schutzgut des § 315 b StGB" vgl. Klausur Nr. 4.

zu 18): Der BGH hat dies bejaht in dem Fall "gezieltes Zufahren auf einen Halt gebietenden Polizeibeamten, um ihn zur Freigabe der Fahrbahn zu zwingen", vgl. BGHSt 22, 6; 26, 176.

zu 19): Vgl. BGH VRS 40, 105, Schönke/Schröder § 315 b Rdnr. 9 - 12.

zu 20): Vgl. BGHSt 26, 51.

zu 21): Vgl. BGHSt 24, 382 ff.

zu 22): Diese Fragen sind aus didaktischen Gründen erörtert worden; sie hätten in der Examenssituation wegen der folgenden Darlegungen "übersprungen" werden müssen.

zu 23): Vgl. Schönke/Schröder § 142 Rdnr. 63, 70; Dreher/Tröndle § 142 Rdnr. 15 werten die Einwilligung des Feststellungsberechtigten als Tatbestandsausschluß; dann wäre § 16 Abs. 1 StGB unmittelbar anwendbar.

zu 24): Angesichts der Eindeutigkeit: ein Satz im Urteilsstil.

zu 25): Ordnungswidrigkeit ist den Referendaren wenig vertraut; die Anmerkungen bei Göhler zu § 21 sollten gelesen werden.

zu 26): Vgl. BGHSt 21, 203.

zu 27): Vgl. Dreher/Tröndle § 69 Rdnr. 9, 9 a.

zu 28): Vgl. KK § 25 GVG Rdnr. 6.

zu 29): Die Vorgänge 6 Cs 64 Js 1222/89 und 6 Cs 64 Js 666/89 sind aufgeführt; in der Begleitverfügung wird darauf hingewiesen, daß sie nachgereicht werden.

Sachverzeichnis

Amtsanmaßung 81

Aufbau des Gutachtens 6, 16

Aufgabe des Gutachtens 1

Auslegung 8, 9

Begleitverfügung 15, 18

Bescheid 14, 15, 17, 18

Besonderes öffentliches Interesse 11, 14, 17

Bestechlichkeit 76

Betrug 36, 60, 65, 85, 133

Beweiswürdigung 3, 4 ff.

Denkansatz 4, 5

Diebstahl 35, 130

-, räuberischer 106

Dringender Tatverdacht 14

Eingriff in den Straßenverkehr 111, 161

Einstellung 3, 14, 15, 18

Einstellungsbescheid 15

Entscheidungsmöglichkeiten 14

Erpressung 84

Fortsetzungszusammenhang 132

gefährlicher Eingriff in den Straßenverkehr 111, 161

Gesetzeskonkurrenz 7, 9, 11

Grundtatbestand 7

Haftantrag 17, 112, 116

Hehlerei 33, 135

Interesse, besonderes öffentliches 11, 14, 17

Interesse, öffentliches 11, 14, 17

Jugendgericht 17

Körperverletzung 110

-, gefährliche 160

Konkurrenzen 7, 17, 132

Leichtfertigkeit 109

Mittäterschaft 8, 9, 32

Mord 109

Mordversuch 111

Musteraufbau 16

Nachtat 132

Nötigung 158

Nötigungsversuch 159

Norminhalt 8

Normtext 8

Notwehr 159, 160

Öffentliches Interesse 11, 14, 17

Parkberechtigung 159

Privatklage 2, 15

Privilegierung 7

Prozeßstation 14, 17

Qualifikation 7

Raub 107, 108

Rechtfertigungsgrund 159

Rechtskraft 157

Rechtsmittelbelehrung 16, 18, 91

Sachverhaltsfeststellung 4 ff.

Scheck 131

Spezialität 7

"Springen" 9 ff.

Strafantrag 11

Strafbefehl 15, 17

Strafklageverbrauch 157

Strafvereitelung 85, 135

Strafzumessungserwägungen 15, 17

Strafzumessungstatsachen 15, 17

Straßenverkehr 111, 161

Subsumtion 13

Tat i.S.v. § 264 StPO 157

Tatkomplexe 6

Tatsachenirrtum 162

Tatverdacht, dringender 14

Teilakte eines Delikts 37

Teileinstellung des Verfahrens 15, 18, 90

Tötung, fahrlässige 110

Unerlaubtes Entfernen vom Unfallort 162

Unterschlagung 36, 62

Untreue 62

Urkundenfälschung 131 ff.

Verfahrensfragen 14, 17, 157

Verfahrenshindernis 157

Verstrickungsbruch 86

Versuch 13, 111, 159

Verursachung 109

Wilderei 31, 34

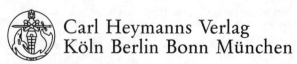